FUNDAMENTOS DA RESPONSABILIDADE DO ESTADO EM MATÉRIA TRIBUTÁRIA

CIP-BRASIL. CATALOGAÇÃO NA PUBLICAÇÃO
SINDICATO NACIONAL DOS EDITORES DE LIVROS, RJ

B356f

Becker, Josiane
Fundamentos da responsabilidade do estado em matéria tributária / Josiane Becker. - 1. ed. - São Paulo : Noeses, 2019.

256 p.
ISBN 978-85-8310-130-7

1. Responsabilidade do Estado - Brasil. 2. Direito tributário - Brasil. I. Título.

19-58908 CDU: 341.236:351.713(81)

Meri Gleice Rodrigues de Souza - Bibliotecária CRB-7/6439

Josiane Becker

Pós-doutora pela Università degli Studi di Messina – Unime/IT. Doutora e Mestre pela Pontifícia Universidade Católica de São Paulo – PUC/SP. Professora e Advogada.

FUNDAMENTOS DA RESPONSABILIDADE DO ESTADO EM MATÉRIA TRIBUTÁRIA

2019

editora e livraria
NOESES

Copyright © Editora Noeses 2019
Fundador e Editor-chefe: Paulo de Barros Carvalho
Gerente de Produção Editorial: Rosangela Santos
Arte e Diagramação: Renato Castro
Revisão: Georgia Evelyn Franco
Designer de Capa: Aliá3 - Marcos Duarte

2019

editora e livraria
NOESES

Editora Noeses Ltda.
Tel/fax: 55 11 3666 6055
www.editoranoeses.com.br

"A simples menção ao termo República já evoca um universo de conceitos intimamente relacionados entre si, surgindo a noção do princípio jurídico que a expressão quer designar.

Dentre tais conceitos, o de responsabilidade é essencial.

Regime republicano é regime de responsabilidade."

(Geraldo Ataliba)

Para quem leva meu coração, Gabriela Becker Schmitz.

AGRADECIMENTOS

A elaboração da presente obra só foi possível mediante a colaboração direta e indireta de diversas pessoas. Inicialmente, registro o reconhecimento dos ensinamentos dados pelo meu orientador e amigo, Professor Dr. Tácio Lacerda Gama, que teceu considerações imprescindíveis para a evolução deste estudo. Registro também meu agradecimento ao Professor Dr. Heleno Taveira Torres, que há tempo contribuiu para avistar a profícua matéria da pesquisa proposta. Agradeço ainda à Professora Dra. Fabiana Del Padre Tomé e ao Professor Dr. Robson Maia Lins, pelos valiosos conselhos jurídicos dados quando da elaboração e conclusão de meu trabalho. Agradeço à Professora Dra. Clarice von Oertzen de Araújo, minha primeira e admirável professora na PUC/SP; à Professora Dra. Karen Jureidini Dias e ao Professor Dr. Paulo Ayres Barreto, que teceram fundamentais considerações para o aprimoramento do estudo. Sou grata também à estimável Professora Dra. Elizabeth Nazar Carrazza, que pacientemente me orientou no início de minha trajetória.

Aponto meu mais profundo agradecimento à Professora Dra. Teresa Arruda Alvim e ao Professor Dr. Paulo de Barros Carvalho, que me proporcionaram trilhar o caminho dos estudos que culminaram com a presente tese.

Faço especial referência aos meus amigos, aos colegas e aos alunos pela paciência, apoio e incentivo, sobre os quais guardo no coração a consideração de terem contribuído silenciosamente para a elaboração do meu trabalho. Por fim, agradeço eternamente à minha amada família, que esteve ao meu lado mas em muitos momentos foi privada da minha presença. Agradeço, em especial, à Gabriela, minha filha.

PREFÁCIO

Há, pelo menos, três funções essenciais para um livro sobre "Responsabilidade do Estado por dano tributário". A primeira, e mais evidente, é sistematizar os conceitos fundamentais e os casos paradigmáticos, deixando acessível a todos a experiência vivida no passado. A segunda, menos comum, é conseguir captar as demandas do presente, estabelecendo um diálogo com as questões que ainda seguem sem resposta. A terceira função, muito mais rara, é reservada para aqueles poucos trabalhos que conseguem desempenhar com eficiência as duas outras que enumerei, mas são, também, ousados para oferecer critérios seguros para o desenvolvimento do tema no futuro. É, justamente, este o papel que me parece estar reservado para o livro de estreia de Josiane Becker.

Para sistematizar a experiência de responsabilidade do Estado por dano tributário, a Autora dispensou especial atenção à estrutura do livro. Na sucessão de capítulos e tópicos, percebe-se o estabelecimento seguro das premissas e o tratamento analítico das categorias que são fundamentais para o desenvolvimento do trabalho. Nesta linha, são submetidos a um processo de reconstrução racional: *i.* a disciplina jurídica das funções do Estado em matéria tributária; *ii.* os critérios para a distinção entre desempenho lícito e desempenho ilícito destas funções; *iii.* os tipos de fato que ensejam dano e suas respectivas classificações; *iv.* os tipos de responsabilidade e, por fim, *v.* as formas de reparação previstas pelo direito brasileiro. Conectando cada um destes temas, forma-se um conjunto de instrumentos teóricos que ganham vida com a análise dos muitos casos concretos já julgados pelas cortes brasileiras.

Ao contextualizar suas ideias críticas com a experiência vivida, a Autora transcende o estatuto teórico da reconstrução racional de conceitos e insere suas ideias numa conversação maior, com forte caráter pragmático.

O tempo que vivemos é o mais oportuno para o lançamento de uma obra desta natureza. Dois fatores fundamentam o que digo: aumento da capacidade de fiscalização proporcionada pela tecnologia e da presença do Estado nas relações empresariais. Sendo mais eficiente na fiscalização, foi mais fácil para o Estado identificar e punir ilícitos praticados pelos particulares.

Toda a sociedade ganha com a ação eficiente do Estado arrecadador. Desde que, porém, essa ação seja feita segundo o devido processo legal. É fato curioso, neste sentido, não se perceberem ações de responsabilização dos agentes arrecadadores sendo desencadeadas na mesma proporção em que as ilicitudes são cometidas. E por que isso não acontece? Porque não temos a cultura de responsabilizar o Estado e seus prepostos pelos ilícitos cometidos, que causam danos aos contribuintes. Transformar esta cultura é imperioso. A máxima segundo a qual toda ilicitude será identificada e punida não pode continuar valendo só para o contribuinte. É necessário estimular iniciativas consistentes que exijam compensações compatíveis com os danos causados na instituição, arrecadação ou fiscalização de tributos.

Estou convencido de que este trabalho desempenhará um notável papel ao apontar sólidos fundamentos para aplicação da norma que prevê o dever do Estado de responder por dano causado no exercício da tributação. Sua autora, com justiça, estará entre aqueles que tiveram competência para tratar do tema, sensibilidade para perceber a sua urgência e coragem por propor esta necessária mudança na cultura jurídica de acomodação e passividade que, além de prejudicar os contribuintes, acaba por impedir que o Estado aprenda com seus próprios erros.

É importante notar que trabalhos assim não surgem do acaso. Antes, ocorre bem o contrário. São frutos de uma justa combinação entre talento e determinação, devidamente balanceados por espírito pesquisador perseverante e coragem. Ao longo de quase onze anos de convívio, pude acompanhar, ora como professor, depois como orientador, e hoje, como amigo, a presença de cada uma destas características em Josiane. Por isso, não me surpreendeu que, a despeito das oposições e críticas, ela tenha sido aprovada de forma unânime, com nota dez em seu doutorado. Não me admira, também, o respeito e admiração que paulatinamente foi conquistando junto aos seus colegas de academia e profissão.

A mim, só resta agradecer à Pontifícia Universidade Católica de São Paulo por me permitir acompanhar de perto o desenvolvimento de pessoas singulares, capazes de conceber trabalhos com todos estes elevados atributos e felicitar a Editora Noeses pela inciativa da publicação.

São Paulo, junho de 2019.

TÁCIO LACERDA GAMA

Professor de Direito Tributário da PUC-SP.
Presidente do Instituto de Aplicação do Tributo – IAT.
Advogado.

SUMÁRIO

INTRODUÇÃO

O tema que nos ocupa é o de analisar se o Estado tem o dever de responder patrimonialmente por danos causados aos contribuintes[1] no exercício de condutas de conteúdo tributário e, consequentemente, de balizar os termos pelos quais pode ser aplicada referida responsabilidade. Nesse contexto, o conhecimento científico aqui desenvolvido tem início em reflexões sobre a origem da norma de responsabilidade como categoria moral, com posterior projeção jurídica, passando pela conduta do Estado, originária do dano, bem como pelo fato danoso tributário e pelas limitações do instituto, até se chegar ao estudo da reparação pelos atos estatais de conteúdo tributário praticados em detrimento dos contribuintes.

Sobre isso, constata-se que desde a tese da irresponsabilidade (*the king can do not wrong* para os ingleses, e *le roi ne peut mal faire* para os franceses) até a teoria do risco integral, o tema apresentado tem relevantes questões a serem analisadas. Não obstante a norma de responsabilidade do Estado por atos de conteúdo tributário ser tema pouco tratado na doutrina e na jurisprudência, com o que a matéria carece de estudo sistematizado, a ser aqui realizado pelo método dogmático hermenêutico analítico.

---

1. No presente estudo, traremos a palavra *contribuinte* como a pessoa que se enquadra no conceito da classe delimitada no consequente da regra-matriz de incidência tributária, ou seja, no polo passivo da relação obrigacional.

Para submeter o Estado à responsabilidade pela reparação de danos ilegítimos (em que o ofendido não tem o dever jurídico de suportá-lo), causados mediante atos tributários próprios de todos seus entes, será necessário realizar um trabalho de digressão do ordenamento jurídico apto a definir conceitos e estabelecer as relações jurídicas delimitadoras do campo de aplicação da responsabilidade do Estado perante o sujeito passivo. Referida determinação dos conceitos é fundamental para formar a noção dos elementos da responsabilidade tributária do Estado. Já a identificação das relações jurídicas é de suma importância para o conhecimento dos critérios da norma de responsabilidade.

Em outros termos, será necessário passar pela determinação das referências conceituais do instituto, a fim de serem expostos os elementos da responsabilidade tributária do Estado. Além da identificação dos limites da relação jurídica tributária, mediante a definição dos direitos e garantias dos contribuintes, que trará o estudo da possibilidade do desencadeamento da responsabilidade do Estado sempre que este causar lesão injusta ao patrimônio do particular confiscado indevidamente.

Nesse sentido, como os direitos subjetivos dos sujeitos passivos das obrigações tributárias são incluídos na categoria dos direitos fundamentais, verifica-se que a Constituição estabeleceu a proibição de o Estado lesar os direitos e garantias do contribuinte e, não cumprido o comando normativo, a injusta lesão dará azo ao dever de indenizar o particular, mediante a incidência da norma de responsabilidade. É que reconhecer e respeitar os direitos fundamentais do contribuinte como sendo aquela faixa de liberdade das pessoas na qual a tributação não pode se desenvolver, importa em identificar e assegurar os meios que possam garantir efetividade a referidos direitos.

Concorda-se, assim, que a prescrição normativa que imputa ao Estado o dever de indenizar passa pelo estudo da relação jurídica fiscal (entre Estado e contribuinte) como fonte de danos e pela análise de quais as características que deve reunir referido dano, a fim de que seja indenizável. Aqui surge a suposição de no *poder-dever* de exigir um tributo estar – ou não – contido um dever de proteção estatal, cuja violação dá origem ao dano passível de incidência da norma de responsabilidade do Estado, para efeitos de indenização.

Analisando os conceitos e as relações conforme apresentadas no estudo proposto, desvendar-se-á a norma de responsabilidade[2] capaz de imputar sanções ao Estado quando este, por atos de conteúdo tributário, causar danos ilegítimos aos contribuintes. Logo, examinando-se a lógica de funcionamento do sistema jurídico, seremos capazes de revelar os fundamentos da norma de responsabilidade tributária do Estado.

No entanto, para formação da norma de responsabilidade, a pertinência da forma como o Estado age (se lícita ou ilicitamente) será analisada diante da dificuldade de concepção de responsabilidade civil sem a presença do ilícito. E isso num sistema tributário concebido com base na legalidade, em que supostamente a consequência de um ato danoso ao contribuinte seria meramente a anulação do ato, e não o ressarcimento do dano (que é ínsito à ilicitude). Quanto a isso, parece-nos que o papel da ação do Estado na relação jurídica tributária é anódino para eventual composição do dano, já que a ilicitude é um elemento secundário da norma de responsabilidade por atos tributários. A conduta estatal servirá apenas para especificar o nexo causal que define qual é o autor da lesão indevidamente suportada pelo particular, a fim de imputar àquele o dever de reparar o prejuízo suportado pelo sujeito passivo.

---

2. De acordo com Hans Kelsen (KELSEN, Hans. *Teoria pura do direito*. 8. ed. São Paulo: Martins Fontes, 2009, p. 79-80), o conhecimento jurídico-científico pode considerar o objeto do direito sobre duas perspectivas: de acordo com uma teoria estática ou a partir de uma teoria dinâmica do direito. Na teoria estática, as normas são vistas enquanto reguladoras de condutas humanas, e seu estudo é operado mediante o relacionamento das normas entre si como elementos da ordem em vigor. Aqui são abordados temas como os direitos subjetivos, a sanção, a *responsabilidade*, entre outros. Já na teoria dinâmica, as normas são tomadas pelo processo de sua produção e aplicação, sob a perspectiva das normas jurídicas que regulam o processo de produção normativa. Com isso, estuda-se assuntos como a validade da norma, as lacunas do direito etc.

É claro que, antes, é necessário esclarecer o que é licitude e ilicitude para, após, constatar se a responsabilidade do Estado persiste em caso de atos lícitos ou apenas de atos ilícitos. Aqui ainda se expõem a diferença entre recomposição – decorrente de sacrifício de direito – e ressarcimento originário de dano ilegítimo, cujo efeito é a indenização.

Com efeito, verifica-se que a responsabilidade do Estado se configura quando, com uma ação ou omissão do Legislativo, Executivo ou Judiciário, se impõe um dano antijurídico aos sujeitos passivos, isto é, impõe-se uma carga superior à que estes devem suportar. Isso independe da ilicitude da ação estatal, eis que a irresponsabilidade, em quaisquer das funções do Estado, é inconcebível diante do Estado de Direito.

Diante disso, quando o Estado, ainda que agindo de forma lícita, gera um dano a terceiro, deve-se inicialmente verificar se estão presentes os pressupostos para reparação civil e após, identificado o rompimento do equilíbrio justo da relação jurídica tributária, obriga-se imputar ao Estado o dever de restabelecer o *status quo ante*, mesmo que isso se constitua em uma ficção jurídica.

Esse estudo da coligação entre responsabilidade por atos lícitos e ilícitos traz importantes consequências do ponto de vista prático, já que amplia as garantias dos sujeitos passivos em face do Estado, assegurando a restauração do reequilíbrio econômico rompido pelo dano indevido, originário da conduta estatal.[3]

Assim sendo, o Estado, como sujeito de direitos e obrigações, não está à margem do princípio norteador da responsabilidade civil, consagrado constitucionalmente, que impõe a quem causa dano a outrem o dever de reparar. Nesse sentido, as ações ou omissões do Estado estão sujeitas a este controle imposto pela Constituição sempre que for identificada a ocorrência de um dano indenizável.

3. TRUJILLO, Élcio. *Responsabilidade do Estado por ato lícito*. São Paulo: LED Editora de Direito, 1996, p. 100.

No presente trabalho, identificou-se que a responsabilidade tributária do Estado não difere da Responsabilidade Civil do Estado, como se fossem dois conjuntos distintos. Na verdade, dita responsabilidade tributária é espécie do gênero Responsabilidade Civil do Estado, sendo aquela um conjunto específico contido no conjunto desta. O que se pretende mostrar então são os fundamentos da particular responsabilidade do Estado desencadeada quando do implemento da obrigação tributária.

Para isso, foram trazidos como objetivos específicos desse estudo o de examinar as bases teóricas da responsabilidade civil do Estado, com seus pressupostos e instrumentos jurídicos relacionados; verificar a relação juridica-tributária existente entre Estado e contribuinte lesionado; identificar a atuação antijurídica do Estado no exercício da atividade tributária; definir se a atuação legítima do Estado pode causar dano antijurídico ao contribuinte; examinar como deve ser operada a recomposição do dano; trazer jurisprudências para identificar os pilares de sustentação das decisões, tudo com o objetivo de se tentar responder à questão posta – de estudar os fundamentos da responsabilidade do Estado decorrente de danos por sua atividade própria tributária – e desenhar a norma de responsabilidade do Estado quando este, por atos de conteúdo tributário, causa dano antijurídico ao contribuinte.

Porém, diante da ausência legal de tipificação do dano indenizável, buscou-se trazer as condutas mais recorrentes que pressupõem o fato danoso apto a irromper o dever de o Estado indenizar pelos prejuízos indevidos suportados pelo contribuinte, sem, contudo, ter a pretensão de esgotar a matéria. E, a fim de eliminar qualquer reduto de imunidade, analisou-se o exercício de todos os poderes, pois tanto Executivo, Legislativo ou Judiciário, mediante condutas omissivas ou comissivas, podem inflingir danos que os particulares não têm o dever legal de suportar.

Além disso, no estudo que ora se inicia, a responsabilidade do Estado, enquanto resultado da norma que traz como suporte fático o dano indevido, será qualificada a fim de trazer os limites do instituto, ou seja, será caracterizada para se cunhar a extensão do objeto em exame. Assim é que o presente trabalho identifica as balizas que acenam a incidência (ou não) da norma de responsabilidade, trazendo os princípios informadores, o nexo causal e as excludentes de responsabilidade, por exemplo. Todas essas demarcações trabalham para formar a apreciação dos direitos e deveres das partes envolvidas na relação tributária, originada pela lesão a ser indenizada pelo Estado.

Não obstante a isso, a responsabilidade carrega consequências que vão além da reparação da ordem jurídica, como a anulação do ato originário do dano ou a função educativa. Em outras palavras, a responsabilidade não se esgota no pagamento de determinada indenização que recompõe o patrimônio e a dor moral do contribuinte lesado, havendo outras medidas que caminham ao lado do ressarcimento do dano indevidamente suportado. Contudo, a reparação decorrente da responsabilidade tributária do Estado passa por diversas questões importantes para sua equalização, como definição de seu montante indenizatório, ônus da prova do fato danoso e prazo prescricional do direito à reparação. Além de outros, esses comedimentos serão tratados com vistas à implementação na seara tributária do instituto em análise.

Definida a tarefa que nos ocupará nas próximas linhas, confere-se que a responsabilidade do Estado decorrente de danos por sua atividade própria tributária carece de uma investigação teórica, embasada na teoria geral do direito, apta a definir a norma de imputação ao Estado do dever de indenizar os danos ilegítimos causados aos contribuintes. Assim, estudar a responsabilidade do Estado por atos de conteúdo tributário sob o enfoque da norma é o escopo deste projeto, que poderá servir de consulta para operadores do direito.

Ainda, quanto à relevância do tema, o estudo poderá contribuir para os membros da administração pública (em caráter pedagógico) e para os contribuintes, já que a consequência pela prática de atos tributários que culmina em danos indevidos não se deve restringir a uma mera anulação do ato ilegal praticado, mas sim pode-se estender na reparação da ordem jurídica que afeta o contribuinte e na sanção imputável ao Estado.

Com este aparato teórico que se pretende formar, almeja-se auxiliar a formação de um direito tributário eficiente, moderno e responsável, do qual o Estado responda pelas lesões nas esferas jurídicas dos sujeitos passivos, quando assim ordenar a Constituição, não permitindo que o poder político conserve suas imunidades seculares. E, mediante os problemas postos, o estudo também visa a fornecer parâmetros doutrinários aos operadores do direito, considerando que se verifica uma deficiência na pesquisa de temas relativos à responsabilidade do Estado em matéria tributária. Em suma, com o estudo dos fundamentos da responsabilidade do Estado em matéria tributária, busca-se auxiliar a resolução de casos característicos mediante a determinação da norma de responsabilidade, a qual fixa o dever do Estado de indenizar os danos indevidamente suportados pelos sujeitos passivos da obrigação tributária.

Capítulo 1

PRESSUPOSTOS

O direito e a moral[4] compartilham dois modais deônticos obrigatórios, permitido e proibido, já que tanto regras jurídicas quanto regras morais reproduzem a exigência de uma determinada conduta. Além de compartilharem o mesmo comando, podemos encontrar coincidência entre as proposições jurídicas e as morais na medida em que a justiça pode ser vista como virtude apaziguadora que instrumentaliza o direito mediante balizas morais de uma sociedade.

Sobre o tema, Hart assim se manifesta:

> As normas morais impõem obrigações e subtraem certas áreas de conduta à livre opção do indivíduo de agir como desejar. Assim como um sistema jurídico obviamente contém elementos que se assemelham de perto aos casos simples de ordens apoiadas por ameaças, assim, de modo igualmente óbvio, contém também elementos estreitamente relacionados a certos aspectos da moral.

---

4. De acordo com Alf Ross (ROSS, Alf. *Direito e justiça*. Trad. Edson Bini. 2. ed. São Paulo: Edipro, 2007, p. 87), a moral é uma interpretação metafísica que não possui padrões científicos, baseada em valores que ultrapassam a ciência da consciência e estão calcados em princípios inerentes ao indivíduo, ou seja, que independem da experiência prévia, obtidos por uma consciência *a priori*. Moral para o autor é intrínseca à consciência humana. São suas palavras: "Quando no uso corrente da linguagem se fala da 'moral' como se fosse um sistema objetivo de normas análogo ao 'direito' está se pagando tributo a uma interpretação metafísica da consciência como revelação de princípios *a priori* autoevidentes da razão".

> Em ambos os casos é igualmente difícil identificar precisamente qual é a relação, e em ambos existe a tentação de ver na estreita semelhança uma identidade. Não só o direito e a moral compartilham um mesmo vocabulário, de modo que há obrigações, deveres e direitos tanto jurídicos como morais, mas também todos os sistemas jurídicos internos ou internacionais reproduzem a substância de certas exigências morais fundamentais.[5]

Os anseios e valores cristalizados na moral se constituem em comandos de ordenação e orientação da conduta humana. Na mesma medida, a norma jurídica também realiza comandos e se alimenta dos conceitos morais para expedir novas regras.[6]

No domínio da moral inexiste o âmbito da força, ou seja, da coação, que é o traço característico das normas jurídicas.[7] E, embora distintas, a ordem moral e a ordem jurídica mantêm-se ligadas em alguns aspectos, como ao se retroalimentarem na orientação do comportamento humano.

É nesse contexto que verificamos a cristalização universal da ideia de responsabilidade, já que tanto na moral quanto no direito é inerente da atividade humana a ideia da responsabilidade. A diferença reside no fato de que no campo da moral a resposta deve ser perquirida no estado de alma do indivíduo, já na esfera jurídica a responsabilidade resultará

---

5. HART, Herbert Lionel Adolphus. *O conceito de direito*. Pós-escrito organizado por Penelope A. Bulloch e Joseph Raz; Trad. Antônio de Oliveira Sette-Câmara; revisão da tradução Marcelo Brandão Copolla; revisão técnica Luiz Vergílio Dalla-Rosa. São Paulo: Martins Fontes, p. 9.

6. Nesse sentido, Alf Ross (ibidem, p. 89) esclarece que: "...a consciência jurídica formal tem caráter moral e os fenômenos morais são parte essencial dos fenômenos jurídicos".

7. Sobre a diferença entre moral e direito, Hans Kelsen (KELSEN, Hans. *Teoria geral das normas*. Porto Alegre: Fabris Editor, 1986, p. 30-31) esclarece: "A moral diferencia-se do Direito pelo fato de que a reação por aquela prescrita, suas sanções, não têm como as do Direito o caráter de atos de coação, quer dizer: – como a sanção do Direito – não são executáveis com o emprego da força física, quando elas enfrentam a resistência, e porque as sanções da Moral não são como as do Direito, não representam apenas reações a uma conduta contrária à norma, como também reações a uma conduta conforme à norma. Assim como a conduta contrária à Moral deve ser desaprovada pelos membros da coletividade, a conduta conforme à Moral deve ser por eles aprovada através de ato de louvor, divulgação da honra e outros atos semelhantes."

na tentativa de recompor um direito de outrem injustamente violado, mediante a aplicação de uma sanção.

Não obstante, essa ideia dissociada entre ordem moral e ordem jurídica nos traz a lume a possibilidade de a responsabilidade moral não encontrar espeque na ordem jurídica nacional, embora seja intrínseco que a moralidade alimenta a norma jurídica. Nesse sentido, a legislação nem sempre encontra consonância com a moral – já que o dever de reparar o dano sofrido por alguém é moralmente devido por quem deu causa ao referido dano, porém a obrigatoriedade de responder por seus atos, causadores de prejuízo, pode não possuir regra específica positivada.

A esse respeito, cumpre trazer que o estabelecimento do dever jurídico de não causar prejuízo a outrem é uma função essencial do direito, embora intrínseco a uma ideia de valor moral absoluto. A esse respeito, Hans Kelsen bem sintetiza a ideia:

> A palavra "dever" ("Pflicht") está ligada na língua alemã – especialmente depois da Ética de kant – à ideia de um valor moral absoluto. O princípio segundo o qual o homem deve cumprir sempre o seu "dever" ou os seus "deveres" pressupõe evidentemente que haja valores absolutos, inteligíveis para todos. De outro modo, isto é, se se admitisse que não há uma moral absoluta, mas várias e muito diversas ordens morais que prescrevem condutas que se contrariam, o princípio citado, que constitui o princípio fundamental da ética Kantiana, reconduzir-se-ia à tautologia de que o homem deve sempre fazer aquilo que, de conformidade com a ordem moral tomada em consideração, é prescrito, ou seja: que ele deve fazer o que deve fazer. O conceito de dever jurídico refere-se exclusivamente a uma ordem jurídica positiva e não tem qualquer espécie de implicação moral. Um dever jurídico pode – embora isso não se verifique necessariamente – ter como conteúdo a mesma conduta que é prescrita em qualquer sistema moral, mas também pode ter como conteúdo a conduta oposta, de forma a existir – como costuma-se admitir-se em tal hipótese – um conflito entre dever jurídico e dever moral.[8]

A responsabilidade, como categoria moral que se projeta para o mundo jurídico, encontra sua origem no princípio do

---

8. KELSEN, Hans. *Teoria pura do direito*. 8. ed. São Paulo: Martins Fontes, 2009, p. 131.

neminem laedere,[9] segundo o qual se recomenda agir de forma a não lesar os direitos de outrem. E, se dano ocorrer, deve-se dar a compensação pelo desequílibrio do direito desse outrem, de modo a manter-se a equivalência de posições jurídicas entre os integrantes da relação reconhecida pelo direito.

Referida raiz histórica da responsabilidade civil encontra fundamento na escola epicurista (iniciada por Epicuro de Samos), cuja corrente de pensamento afirma haver uma convenção entre os homens no sentido de não causar danos a outros, objetivando-se o prazer geral da "sociedade e a garantia da tranquilidade e do equilíbrio das relações que envolvem uma pluralidade de indivíduos".[10]

De acordo com referida escola, há um compromisso dos membros da sociedade de não se perturbarem injustamente, com o objetivo de manutenção da convivência pacífica e harmoniosa em busca do prazer. Além disso, a sociabilidade ética do epicurismo fala tanto do equilíbrio das relações quanto das sanções a serem aplicadas aos culpados de prejudicarem e causarem preocupações nos outros.

Aqui podemos acrescentar a ideia do solidarismo de Léon Victor Auguste Bourgeois[11] no discurso jurídico da responsabili-

9. Em relação ao momento histórico do princípio *neminem laedere*, Carlos Eduardo Silva e Souza (SOUZA, Carlos Eduardo Silva e. O princípio neminem laedere e a prevenção dos danos ambientais. Disponível em: https://bit.ly/2XnQpW9. Acesso em: 03 jun. 2019) esclarece que "O princípio do *neminem laedere* já se evidenciava como premissa básica, na Roma antiga, em 526 a.C., sendo possível detectar a sua presença no *Código Justineaneu*, também conhecido como *Corpus Juris Civilis*, especificamente no Digesto 1.1.10.1 (de Ulpiano), cujo significado pode ser entendido como 'não lesar a outrem'. (...) Em que pese se verificar o primeiro registro escrito do princípio do *neminem laedere* no *Código Justinianeu*, vale dizer que já se tinha como presente sua ideia entre os gregos no ano 510 a.C., fase essa, inclusive, na qual a Grécia foi dominada por Roma, mas que acabou por incorporar a cultura do período helenista em sua civilização".

10. BITTAR, Eduardo Carlos Bianca; ALMEIDA, Guilherme Assis de. *Curso de filosofia do direito*. 4. ed. São Paulo: Atlas, 2006, p. 133.

11. Daniel Ustárroz (USTÁRROZ, Daniel. *Responsabilidade civil por ato lícito*. São Paulo: Atlas, 2014, p. 18) esclarece que Léon Bourgeois recebeu o título de pai do solidarismo, cuja doutrina nasceu na virada do século XX e tem por ambição re-

dade, para o qual, além do respeito aos direitos alheios, o ser social depende de uma associação voluntária e mutualista contra os riscos da sociedade. Assim, todos devem pagar para que a coletividade tenha proteção dos imprevisíveis capítulos futuros.

Referida solidariedade "apenas terá sentido se as pessoas se responsabilizarem, mediante a percepção de que o bem-estar geral é garantido pelos esforços individuais".[12] Nesse sentido, de acordo com referida doutrina, a responsabilidade estatal aparece como garantidora dos riscos individuais que as pessoas estão sujeitas em prol de toda a coletividade, ou seja, como afiançadora dos direitos privados violados na preservação dos interesses da sociedade.

Em termos sintéticos, a responsabilidade tem raiz na moral e se sustenta na ideia de não prejudicar terceiros mediante danos que desequilibrem as relações sociais. A projeção dessa responsabilidade para a esfera jurídica traz o Estado como garantidor dos prejuízos causados aos indivíduos em prol de toda a sociedade, garantindo compensação material pelo desequilíbrio das posições jurídicas.

1.1 Definição de Responsabilidade do Estado

Responsabilidade é instituto jurídico[13] que designa o objeto de uma relação jurídica obrigacional[14] havida entre o causador de um dano e o que suporta esse dano. Versa sobre a

---

pensar a organização social e política a partir de uma lei moral: a solidariedade.

12. Daniel Ustárroz. *Responsabilidade civil por ato lícito*. São Paulo: Atlas, 2014, p. 62.

13. Instituto jurídico pode ser entendido como o conjunto de normas reguladoras de certa criação legal, com características próprias e específicas que integram uma entidade autônoma do direito.

14. De acordo com Hans Kelsen (KELSEN, Hans. *Teoria pura do direito*. 8. ed. São Paulo: Martins Fontes, 2009, p. 182-183), relação jurídica "é definida como relação entre sujeitos jurídicos, quer dizer, entre o sujeito de um dever jurídico e o sujeito do correspondente direito... Dizer que dever e direito se correspondem significa que o direito é um reflexo do dever, 'Relação jurídica obrigacional' é o modo dos sujeitos de se comportarem entre si com a imposição de deveres jurídicos às partes".

imputação àquele do dever de reparar referido dano a este. Em outras palavras, responsabilidade é a obrigação que é imposta a alguém de ressarcir os danos causados a terceiros, em decorrência de sua atividade (ação ou omissão, lícitas ou ilícitas).[15] E ser responsável é suportar referida obrigação, ou seja, é responder pelos seus atos no caso de haver causado dano a alguém, mediante a reparação da lesão ocasionada.

É nesse sentido que o art. 37, § 6°, da Constituição Federal estabelece que "As pessoas jurídicas de direito público e as de direito privado prestadoras de serviços públicos responderão pelos danos que seus agentes, nessa qualidade, causarem a terceiros, assegurado o direito de regresso contra o responsável nos casos de dolo ou culpa". Aqui está a natureza da responsabilidade do Estado, já que decorrente da incidência da citada norma. Por isso, se o Estado praticar atos danosos em decorrência de sua atuação, estará obrigado legalmente a ressarcir os danos causados a terceiros.

Para Celso Antônio Bandeira de Melo, o Estado pode, mediante sua atuação, causar prejuízo a alguém, o que resulta na obrigação legítima de recompor os danos. Vejamos o conceito de responsabilidade do Estado para o referido jurista:

> Entende-se por responsabilidade patrimonial extracontratual do Estado a obrigação que lhe incumbe de reparar economicamente os

---

15. Conforme leciona Marcelo Meireles Lobão (LOBÃO, Marcelo Meireles. *Responsabilidade do Estado pela desconstituição de contratos administrativos en razão de vícios de nulidade*. São Paulo: Malheiros, 2008, p. 14), o instituto da responsabilidade transita por quase todos os ramos do direito, sendo que no campo do direito administrativo, a responsabilidade patrimonial do Estado é corolário do Estado Democrático de Direito, vejamos: "A concepção de 'responsabilidade' transcende quase todos os ramos do Direito adquirindo em cada um deles, pressupostos e sentidos diversos. A responsabilidade penal distancia-se da responsabilidade patrimonial pela natureza do bem lesionado: aquela encontra campo de incidência quando a lesão afeta diretamente a ordem social, com significativo grau de lesividade; esta incide quando há violação de um direito subjetivo, absoluto ou relativo. A par da responsabilidade penal e patrimonial, existem também a administrativa, a disciplinar, a política e a político-social. [...] A responsabilidade do Estado é de caráter exclusivamente patrimonial. E, como não poderia se diferente, pertence ao direito público, e é disciplinada pelo regime jurídico-administrativo".

> danos lesivos à esfera juridicamente garantida de outrem e que lhe sejam imputáveis em decorrência de comportamentos unilaterais, lícitos ou ilícitos, comissivos ou omissivos, materiais ou jurídicos.[16]

No caminho do conceito acima e de acordo com a elocução do art. 37, § 6°, da Constituição, não há responsabilidade patrimonial do Estado sem a ocorrência de um dano, razão pela qual o dano é pressuposto para o nascimento da Responsabilidade. Nas palavras de Maurício Zockun, "Não há responsabilidade patrimonial do Estado sem que – na dicção do art. 37, § 6°, da Constituição da República – haja lesão à esfera juridicamente protegida de outrem".[17] Assim, o elemento configurador da responsabilidade do Estado é o prejuízo decorrente do desequilíbrio econômico-jurídico causado a alguém em decorrência da atividade estatal.

Nesse sentido, a responsabilidade pressupõe que o causador de um dano participe da recomposição do mesmo, pois quem causou dano deve ser responsabilizado pelo resultado prejudicial de seu ato. Logo, será pela responsabilidade que haverá a reparação dos danos causados em razão da atividade do Estado.

Importante esclarecer que na responsabilidade do Estado estão contidos os três poderes pelos quais se repartem as funções estatais: Executivo, Legislativo e Judiciário. É do Estado a capacidade de ser responsável pelos danos que seus agentes, nessa qualidade, causarem a terceiros, já que tanto o Poder Executivo, quanto o Legislativo e o Judiciário não são dotados de personalidade jurídica própria necessárias para responderem individualmente pelos danos advindos de suas atividades. Assim, conforme leciona Maria Sylvia Zanella Di Pietro,[18] é equi-

---

16. MELLO, Celso Antônio Bandeira de. *Curso de direito administrativo*. 23. ed. São Paulo: Malheiros, 2007, p. 1.057 e 1.011.

17. ZOCKUN, Maurício. *Responsabilidade patrimonial do Estado*. Matriz Constitucional, a responsabilidade do Estado por atos legislativos, a obrigatoriedade da prévia indenização e a responsabilidade pessoal do parlamentar. São Paulo: Malheiros, 2010, p. 24.

18. Para Maria Sylvia Zanella Di Pietro (DI PIETRO, Maria Sylvia Zanella. *Direito administrativo*. 18. ed. São Paulo: Atlas, 2005, p. 561), "Quando se fala em

vocado falar em responsabilidade da Administração Pública, responsabilidade do Judiciário ou responsabilidade do Legislador. A responsabilidade sempre será do Estado como um todo.

Os fundamentos da responsabilidade patrimonial do Estado são aqui entendidos como as razões pelas quais é estabelecida a responsabilização. Referidos fundamentos se encontram de modo imediato no Estado Constitucional, em que a Constituição Federal regra a relação do indivíduo com o Poder Público, criando um campo privativo àquele que é colocado a salvo das investidas do Executivo, do Judiciário e do Legislativo.

Pelo fato de que o Estado tem o dever de tutelar o interesse coletivo, não possuindo a prerrogativa de lesá-lo, a ordem constitucional prevê uma reparação para quem for golpeado pelo Estado, mediante a fixação de uma sanção jurídica.

O Estado não vive à margem do Direito que, mediante a sujeição do Executivo, Legislativo e Judiciário à Carta Constitucional, é o instrumento adequado para o estabelecimento de limites do poder estatal. Essa ideia, trazida originariamente pelo Estado de Direito,[19] informa que a responsabilidade

---

responsabilidade do Estado, está-se cogitando dos três tipos de funções pelas quais se reparte o poder estatal: a administrativa, a jurisdicional e a legislativa. Fala-se, no entanto, com mais frequência, de responsabilidade resultante de comportamentos da Administração Pública, já que com relação aos Poderes Legislativo e Judiciário, essa responsabilidade incide em casos exepcionais. Trata-se de dano resultante de comportamento do Executivo, do Legislativo ou do Judiciário, a responsabilidade é do Estado, pessoa jurídica; por isso é errado falar em responsabilidade da Administração Pública, já que esta não tem personalidade jurídica, não é titular de direitos e obrigações na ordem civil. A capacidade é do Estado e das pessoas jurídicas públicas ou privadas que o representam no exercício de parcela de atribuições estatais".

19. A maioria dos autores traz que o fundamento da responsabilidade do Estado está no Estado de Direito, como para José Joaquim Gomes Canotilho (CANOTILHO, José Joaquim Gomes. *O problema da responsabilidade do Estado por actos ilícitos*. Coimbra: Almedina, 1974, p. 132), que afirma a responsabilidade civil do Estado decorre do Estado de Direito e constitui uma garantia constitucional "positivamente plasmada em recentes diplomas fundamentais". Não obstante, embora o Estado de Direito tenha dado origem ao Estado Constitucional, preferimos afirmar que é só com o Estado Constitucional que a ideia de responsabilidade se afirma. Para entender o assunto, já escrevemos sobre a diferença entre Estado de Direito e Estado Constitucional: "Com o constitucionalismo e a incorporação da ideia de que a Constituição vincula a todos, inclusive

estatal decorre da submissão indistinta de todos ao direito estabelecido pela carta constitucional, não excluindo o Estado de responder por seu comportamento violador do direito alheio. Nesse sentido, o dever de reparar os danos causados aos particulares também é decorrência lógica do princípio da igualdade, já que para tentar ser justa, a lei deve colocar as partes de uma relação jurídica em posição de igualdade,[20] e "é injurídico o comportamento estatal que agrave desigualmente

o próprio Estado, não se deu apenas consistência à ideia de Estado de Direito, como também se passou ao desenvolvimento da ideia de Estado de Constituição. Assim, verifica-se que o Estado de Direito difere do Estado Constitucional na medida em que naquele o Legislativo é livre para atuar, já que o princípio da legalidade não é aplicado a ele. E neste, a Constituição é o fundamento de validade de toda a ordem jurídica nacional, disciplinando a atuação não só dos Poderes Executivo e Judiciário, mas também do Legislativo. No Estado Constitucional, a Constituição regula a situação do indivíduo perante o Poder Público, criando-lhe um campo privativo, que o coloca a salvo das investidas não só do Executivo e do Judiciário, como, principalmente, do Legislativo. Já Estado de Direito apresenta-se como modelo de supremacia do Direito a exigir a realização de certos valores, como o respeito aos direitos fundamentais pelos indivíduos e pelo Estado, bem como a pressupor determinadas garantias, como a separação dos poderes e o acesso ao Judiciário". (BECKER, Josiane. Princípio da segurança jurídica e tributação. Disponível em: https://bit.ly/2ETBWdA Acesso em: 03 jun. 2019). Maurício Zockun (ZOCKUN, Maurício. Responsabilidade patrimonial do Estado. Matriz Constitucional, a responsabilidade do Estado por atos legislativos, a obrigatoriedade da prévia indenização e a responsabilidade pessoal do parlamentar. São Paulo: Malheiros, 2010, p. 62) também diverge da maioria da doutrina ao trazer que o fundamento da responsabilidade do Estado está no princípio Republicano, e não no Estado de Direito: "é por força do princípio republicano que, entre nós, se edifica o Estado de Direito, daí defluindo a responsabilidade patrimonial do Estado." Não obstante a isso, temos como referência que é Estado Constitucional que sujeita o Estado à lei, e não o princípio Republicano. Por isso, ousamos em discordar da maioria da doutrina, trazendo que o fundamento da responsabilidade do Estado estaria no Estado Constitucional.

20. O princípio da igualdade tem aplicação insipiente nas relações jurídicas tributárias, como bem afirmou Hugo de Brito Machado (MACHADO, Hugo de Brito. *Direitos fundamentais do contribuinte e a efetividade da jurisdição.* São Paulo: Atlas, 2009, p. 12): "É lamentável que essa posição de igualdade, mesmo teoricamente, ainda esteja longe de ser alcançada na relação tributária, que ainda é muito mais uma relação de poder. Basta ver-se que a lei tributária comina penalidades para a violação de seus dispositivos, pelo contribuinte, mas em geral não comina penalidades para as violações dos direitos dos contribuintes, praticadas pelos agentes e pelas autoridades da Administração Tributária. Estabelece penas pecuniárias para a não prestação, pelo contribuinte, de suas obrigações tributárias, principal e acessória, mas no âmbito administrativo ou cível não estabelece nenhuma sanção para o agente público que exige do contribuinte, indevidamente, a prestação de qualquer de suas obrigações".

a alguém, ao exercer atividades no interesse de todos, sem ressarcir ao lesado".[21]

Em suma, a responsabilidade do Estado encontra seu fundamento no Estado Constitucional e no princípio da igualdade; decorre da lesão à esfera jurídica patrimonial dos administrados, tem como finalidade reparar os danos motivados a terceiros e se extingue com o pagamento da indenização. Tomando isso como premissa, o Estado, ao causar um dano decorrente de uma relação tributária, estará na posição de civilmente responsável, ou seja, deverá reparar a lesão que causou na esfera jurídica de outrem.

1.2 Teorias sobre a Responsabilidade do Estado

A obrigação que tem o Estado de responder pelos seus atos, configuradora do instituto da responsabilidade, passou por modificações ao longo do tempo. Saiu do terreno da irresponsabilidade para o da responsabilidade com culpa e, após, para a responsabilidade sem culpa. Em outros termos, a evolução histórica da responsabilidade do Estado passou pelo momento em que se apregoava sua irresponsabilidade, após sua responsabilidade subjetiva, e por último, sua responsabilidade objetiva.[22]

---

21. MELLO, Celso Antônio Bandeira de. *Curso de direito administrativo*. 23. ed. São Paulo: Malheiros, 2007, p. 1.016.

22. A evolução normativa da responsabilidade patrimonial nas constituições brasileiras teve inicio na *Constituição do Império em 1824*. De acordo com referido ordenamento, o Imperador não estava sujeito a qualquer responsabilidade ("Art. 99. A Pessoa do Imperador é inviolavel, e Sagrada: Elle não está sujeito a responsabilidade alguma"). Já os agentes públicos eram pessoalmente responsáveis pelos danos causados em decorrência do exercício de suas funções ("Art. 179, XXIX. Os Empregados Publicos são strictamente responsaveis pelos abusos, e omissões praticadas no exercicio das suas funcções, e por não fazerem effectivamente responsaveis aos seus subalternos"). A *Constituição de 1891* repetiu o ordenamento anterior, no sentido de que somente os agentes públicos deveriam responder pelos danos causados pelas suas funções ("Art 82. Os funcionários públicos são estritamente responsáveis pelos abusos e omissões em que incorrerem no exercício de seus cargos, assim como pela indulgência ou negligência em não responsabilizarem efetivamente os seus subalternos"). Na sequência, a *Constituição de 1934* manteve a culpa como fundamento da responsabilidade, e trouxe a responsabilidade solidária entre a Fazenda Pública e o autor do ato

Assim, nessa trajetória, inicialmente, vigorou a teoria da irresponsabilidade estatal, em que o Estado estava alheio a qualquer reparação pelos danos decorrentes de atos praticados pelos seus agentes, ou seja, de acordo com essa teoria, não ensejavam o dever de o Estado indenizar os atos causadores de dano realizados pelos agentes estatais.

Essa fase da irresponsabilidade, conforme citado por Zulmar Fachin,[23] "fundava-se em princípios inspiradores do Estado absoluto", mediante o qual todo o agir do Estado era legitimado pela lei. Era pelo fato de que o Estado representava o

---

lesivo ("Art 171. Os funcionários públicos são responsáveis solidariamente com a Fazenda nacional, estadual ou municipal, por quaisquer prejuízos decorrentes de negligência, omissão ou abuso no exercício dos seus cargos. § 1º - Na ação proposta contra a Fazenda pública, e fundada em lesão praticada por funcionário, este será sempre citado como litisconsorte. § 2º. Executada a sentença contra a Fazenda, esta promoverá execução contra o funcionário culpado"). O novo *regime constitucional de 1937* manteve a regra da responsabilidade patrimonial do Estado, atribuindo ao agente e à Fazenda pública solidariedade na reparação dos danos ("Art 158. Os funcionários públicos são responsáveis solidariamente com a Fazenda nacional, estadual ou municipal por quaisquer prejuízos decorrentes de negligência, omissão ou abuso no exercício dos seu cargos"). A *Constituição Redemocratizadora de 1946* inovou o ordenamento trazendo a responsabilidade objetiva do Estado, abandonando a culpa como pressuposto da responsabilização e a solidariedade antes prevista. Não obstante restabeleceu o direito de regresso do Estado no caso de culpa do agente público ("Art 194. As pessoas jurídicas de direito público interno são civilmente responsáveis pelos danos que os seus funcionários, nessa qualidade, causem a terceiros. Parágrafo único. Caber-lhes-á ação regressiva contra os funcionários causadores do dano, quando tiver havido culpa destes"). A *Constituição de 1967* manteve a responsabilidade objetiva e assegurou o regresso no caso de culpa ou dolo do agente público ("Art 105. As pessoas jurídicas de direito público respondem pelos danos que seus funcionários, nessa qualidade, causem a terceiros. Parágrafo único. Caberá ação regressiva contra o funcionário responsável, nos casos de culpa ou dolo"). A *Emenda Constitucional 1°, de 17/10/1969*, repetiu os termos da regra da responsabilidade, apenas transferindo seu comando para o art. 107. Por fim, a *Constituição de 1988* optou por sustentar a responsabilidade objetiva do Estado, trazendo como inovação a extensão da responsabilidade às pessoas jurídicas de direito privado prestadoras de serviço público ("Art. 37. A administração pública direta e indireta de qualquer dos Poderes da União, dos Estados, do Distrito Federal e dos Municípios obedecerá aos princípios de legalidade, impessoalidade, moralidade, publicidade e eficiência e, também, ao seguinte: [...] § 6º. As pessoas jurídicas de direito público e as de direito privado prestadoras de serviços públicos responderão pelos danos que seus agentes, nessa qualidade, causarem a terceiros, assegurado o direito de regresso contra o responsável nos casos de dolo ou culpa.").

23. FACHIN, Zulmar. *Responsabilidade patrimonial do Estado por ato jurisdicional.* Rio de Janeiro: Renovar, 2001, p. 73.

direito que todas as suas ações estavam justificadas. E no caso de ser verificada alguma lesão na esfera jurídica dos administrados, a responsabilidade era atribuída exclusivamente à pessoa física que exercia a atividade Estatal, e não ao Estado. Com isso, o Estado gozava de imunidade total e não respondia pelos atos praticados por seus agentes, e estes eram individualmente responsáveis pelos danos que indevidamente causassem a terceiros.

Com o progresso da ciência jurídica, o Estado passou a ser patrimonialmente responsável pelos atos de seus agentes que causassem lesão aos administrados. Assim, foi inaugurado o dever estatal de ressarcir as vítimas de comportamentos danosos realizados por agentes investidos na função pública.

Essa nova fase da responsabilidade do Estado teve seu fundamento na culpa,[24] podendo ser analisada sob dois enfoques: 1) da *culpa civil*; e 2) da *culpa administrativa*.

Quanto ao primeiro, a responsabilidade do Estado estaria presente apenas no caso de haver culpa do agente no desempenho de atos de gestão, assim entendidos como os atos realizados no desempenho do gerenciamento do Estado, sem o uso das prerrogativas públicas. Já em relação aos atos de império – praticados com supremacia em relação aos administrados – não deveria haver indenização a quaisquer danos, mesmo que presente a culpa do agente.

Quanto à responsabilidade em relação às duas classes de funções desempenhadas pelo Estado, Yussef Said Cahali bem avaliou:

> Em condições tais, agindo o Estado no exercício de sua soberania, na qualidade de poder supremo, supraindividual, os atos praticados nessa qualidade, atos *jure imperii*, restariam incólumes a qualquer julgamento e, mesmo quando danosos para os súditos, seriam insuscetíveis de gerar direito à reparação.

---

24. De acordo com Nicola Abbagnano (ABBAGNANO, Nicola. *Dicionário de filosofia.* São Paulo: Martins Fontes, 2007, p. 261), originalmente culpa é "termo jurídico para indicar a infração de uma norma cometida 'involuntariamente', sem premeditação, em contraposição a delito (*dolus*), que é a transgressão premeditada."

> Todavia, na prática de atos *jure gestionis*, o Estado equipara-se ao particular, podendo ter sua responsabilidade civil reconhecida, nas mesmas condições de uma empresa privada, pelos atos de seus representantes ou prepostos lesivos ao direito de terceiros, distinguia-se, então, conforme tivesse havido ou não culpa do funcionário: havendo culpa, a indenização seria devida; sem culpa, não haveria ressarcimento do dano.[25]

Com o passar do tempo passou-se a entender que referida distinção em relação à fonte dos atos administrativos (se de gestão ou de império) não deveria prosperar, já que em qualquer circunstância o Estado deveria responder pelos danos injustamente causados aos administrados. Por isso, passou-se a entender que, havendo culpa, impunha-se o dever de indenizar independentemente da natureza dos atos administrativos.

Entretanto, para deflagrar a responsabilidade do Estado deveriam estar presentes os seguintes pressupostos: a) ação ou omissão do agente; b) culpa do agente; c) causalidade; e d) lesão na esfera jurídica do administrado.[26] Com isso, a solução ora preconizada pela teoria da Responsabilidade do Estado baseada na culpa impunha que quem suportasse o dano demonstrasse o prejuízo sofrido e a conduta culposa do agente estatal.

Por outro lado, sob o enfoque da *culpa administrativa*, a responsabilidade do Estado estaria presente não só em casos de danos decorrentes de atos praticados pelos seus agentes, mas também diante dos danos causados pelo não funcionamento adequado do serviço público, quando é impossível identificar um agente determinado. Aqui a culpa a ser verificada está presente na conduta do agente ou também na conduta anônima que causa dano pela falta do do serviço público ("faute du service").[27]

---

25. CAHALI, Yussef Said. *Responsabilidade civil do Estado*. 5. ed. São Paulo: Editora Revista dos Tribunais, 2014, p. 574.

26. FACHIN, Zulmar. *Responsabilidade patrimonial do Estado por ato jurisdicional*. Rio de Janeiro: Renovar, 2001, p. 81.

27. Conforme amplamente divulgado na doutrina, a "faute du serviçe" é configurada: "a) pelo mau funcionamento do serviço, quando deveria ter funcionado bem; b)

Essa despersonalização da culpa representou um caminho para a responsabilidade do Estado sem culpa, ou responsabilidade objetiva, baseada no *risco administrativo* e no *risco integral*, em que basta a prova da conduta danosa praticada pelo agente público para que o Estado seja responsável pelo dano causado ao administrado.

Para a teoria do *risco administrativo,* a culpa é irrelevante, pois o que importa é a existência de causalidade entre o dano e a ação do agente público. Assim, havendo nexo de causalidade entre o dano e o ato realizado pelo agente que representa o Estado, este deve indenizar os danos suportados por terceiros.

Esta fase da responsabilidade patrimonial do Estado traz como pressupostos: a) a conduta do agente administrativo; b) o dano; e c) a relação de causalidade entre a conduta do agente e o dano. Sendo que o dever de o Estado indenizar somente é afastado quando ausente o nexo causal entre a ação estatal e o dano, ou seja, quando presentes excludentes de responsabilidade.[28]

Aliás, é nesse ponto que a teoria do *risco administrativo* difere da teoria do *risco integral*[29] – inserida no nosso ordenamento pelo parágrafo único do art. 927 do Código Civil – já que os pressupostos para configuração de ambas são os mesmos, mas para a teoria do risco integral não se admite a existência de excludentes de responsabilidade. Aqui, o Estado é responsável por indenizar todo e qualquer dano causado por

---

pelo tardio funcionamento do serviço, quando deveria ter funcionado a tempo; c) pelo não-funcionamento do serviço, quando deveria ter funcionado". (FACHIN, Zulmar. *Responsabilidade patrimonial do Estado por ato jurisdicional.* Rio de Janeiro: Renovar, 2001, p. 85).

28. Conforme preconiza Alexandre Santos de Aragão (ARAGÃO, Alexandre Santos de. *Curso de direito administrativo.* 2. ed. Rio de Janeiro: Forense, 2013, p. 591-593), "somente são indenizáveis os danos que sejam consequência direta e imediata da conduta do agente", com o que se o "dano sofrido pela pessoa tem como causa a sua própria culpa, de terceiros, ou fatos da natureza (força maior)", a responsabilidade do Estado estaria excluída.

29. Art. 927. Aquele que, por ato ilícito (arts. 186 e 187), causar dano a outrem, fica obrigado a repará-lo.
Parágrafo único. Haverá obrigação de reparar o dano, independentemente de culpa, nos casos especificados em lei, ou quando a atividade normalmente desenvolvida pelo autor do dano implicar, por sua natureza, risco para os direitos de outrem.

um agente investido na função pública, independentemente de culpa ou dolo da vítima, bem como da presença de supostas excludentes de responsabilidade.

O direito brasileiro, mediante a regra constitucional inserida no art. 37, § 6º, adotou como fundamento geral a teoria do risco administrativo, trazendo como preceito a responsabilidade objetiva do Estado, que elimina a perquirição de qualquer elemento psíquico ou volitivo e condiciona a incidência da norma de responsabilidade à existência de nexo entre a atividade do Estado e o dano sofrido pelo particular. Sobre o conceito de responsabilidade objetiva do Estado, Celso Antônio Bandeira de Mello expôs que "é a obrigação de indenizar que incumbe a alguém em razão de um procedimento lícito ou ilícito que produziu uma lesão na esfera juridicamente protegida de outrem. Para configurá-la basta, pois, a mera relação causal entre o comportamento e o dano".[30]

Com isso, diante de um fato danoso, para que a responsabilidade do Estado esteja presente, será necessário verificar a existência de relação de causa e efeito entre o comportamento estatal (ação ou omissão) e o dano suportado pelo particular. Em relação à responsabilidade do Estado por atos positivos, basta que o ato estatal seja causa mediata do dano, expondo o particular à situação de risco, não necessitando que o dano derive imediatamente da ação do Estado. Já para a responsabilidade por atos negativos, esta só se apresenta quando, tendo o dever de agir, o Estado fica inerte.[31]

1.3 Esfera jurídica protegida: Direito Fundamental Individual

Os direitos fundamentais são direitos eleitos pelo legislador constituinte para integrar a carta constitucional a fim

---

30. MELLO, Celso Antônio Bandeira de. *Curso de direito administrativo*. 23. ed. São Paulo: Malheiros, 2007, p. 1.024.

31. SUNDFELD, Carlos Ari. *Fundamentos de direito público*. 5. ed. São Paulo: Malheiros, 2010, p. 189.

de que tenham *status* elevado, em conformidade com os princípios informadores da ordem jurídica máxima. São aqueles direitos que a Constituição elegeu como núcleo central do *status* jurídico do indivíduo, com eficácia direta, vinculação a todos os poderes e especial rigidez em sua reforma.[32] Em decorrência, referidos direitos obrigam o Estado positivamente (obrigando a fazer algo) ou negativamente (obrigando a abster de atuar), a fim de garantir que a atuação estatal não viole a esfera jurídica tutelada dos particulares.

De acordo com Dimitri Dimoulis e Leonardo Martins, os direitos fundamentais "são direitos público-subjetivos de pessoas (físicas ou jurídicas), contidos em dispositivos constitucionais e, portanto, que encerram caráter normativo supremo dentro do Estado, tendo como finalidade limitar o exercício do poder estatal em face da liberdade individual".[33]

Essas referências, sobre os direitos fundamentais, encontram identidade com o direito tributário na medida em que este se constitui nas limitações do Estado no seu poder de tributar, inseridas na carta constitucional. Nesse sentido, para que os administrados não fiquem à mercê do arbítrio das pessoas políticas tributantes, a tributação deve ocorrer dentro de certos limites impostos pela Constituição Federal, são os "limites constitucionais ao poder de tributar" expressos nos princípios que informam todo o ordenamento tributário, garantidores do sobreprincípio da segurança jurídica.

Ressalte-se que a ação de tributar excepciona o princípio constitucional que protege a propriedade,[34] disposto nos arts.

---

32. FERNÁNDEZ. Juan Ignacio Moreno. *La responsabilidad patrimonial del estado-legislador en materia tributaria y vías para reclamarla*. Pamplona: Thomson Reuters, 2009, p. 221.

33. DIMOULIS, Dimitri; MARTINS, Leonardo. *Teoria geral dos direitos fundamentais*. 5. ed. São Paulo: Atlas, 2014, p. 41.

34. Sobre a convivência entre direito de propriedade e tributação no direito da comunidade europeia, Juan Ignacio Moreno Fernández (FERNÁNDEZ. Juan Ignacio Moreno. *La responsabilidad patrimonial del estado-legislador en materia tributaria y vías para reclamarla*. Pamplona: Thomson Reuters, 2009, p. 37) explica que "Conforme a

5º, XXII, e 170, II, da Constituição Federal,[35] porque "o tributo consiste em prestação pecuniária compulsória, devida por força de lei, implicando sua satisfação, obrigatoriamente, a diminuição do patrimônio do sujeito passivo – diminuição, essa, que, no entanto, jamais poderá caracterizar confisco (art. 150, IV)".[36] Além disso, a tributação afeta indiretamente a liberdade dos particulares, isso na medida em que a exigência do tributo e sua consequente afetação do patrimônio modulam o comportamento do sujeito passivo.

Por essa razão, a Carta Magna estabeleceu, de modo tão rígido e pormenorizado, o mecanismo de tributação, ao mesmo tempo em que atribuiu aos contribuintes direitos e garantias contra eventuais excessos do Estado. Assim sendo, os direitos fundamentais constitucionalmente reconhecidos refreiam as competências que as pessoas políticas receberam para tributar, a fim de evitar que o Estado atinja indevidamente o patrimônio dos contribuintes.

Com efeito, a Constituição discriminou competências para as pessoas políticas e estabeleceu uma série de direitos fundamentais que os entes tributantes devem respeitar. As garantias estabelecidas na Constituição se apresentam como

---

lo que acabamos de señalar, debe tenerse bien presente que el derecho a la propriedad se encuentra, entonces, intimamente conectado con el deber constitucional de contribuir del art. 31.1 CE, razón por la cual, el pago de tritutos no sólo debe considerarse como uma injerencia 'debida' en el derecho de propriedad sino, lo que es más importante, como una injerencia obligada por nestro orde constitucional".

35. "Art. 5º Todos são iguais perante a lei, sem distinção de qualquer natureza, garantindo-se aos brasileiros e aos estrangeiros residentes no País a inviolabilidade do direito à vida, à liberdade, à igualdade, à segurança e à propriedade, nos termos seguintes: [...]
XXII - é garantido o direito de propriedade;"
"Art. 170. A ordem econômica, fundada na valorização do trabalho humano e na livre-iniciativa, tem por fim assegurar a todos existência digna, conforme os ditames da justiça social, observados os seguintes princípios: [...]
II – propriedade privada;"

36. COSTA, Regina Helena. Tributação e direitos. In: PARISI, Fernanda Drummond; TORRES, Heleno Taveira; MELO, José Eduardo Soares de; (Coord.). *Estudos de direito tributário em homenagem ao Professor Roque Antônio Carrazza*. Vol. 1. São Paulo: Malheiros, 2014, p. 236.

proibições ao Estado de lesar, por meio de leis, atos administrativos, ou decisões judiciais os direitos e garantias dos contribuintes. Nesse contexto, referido diploma confere a estes contribuintes diversos direitos irrenunciáveis e imprescritíveis, sendo que o exercício de tais direitos cria garantias subjetivas oponíveis a qualquer pessoa, inclusive ao Estado.

Como a tributação se desenvolve dentro dos limites estabelecidos constitucionalmente, o Estado deve respeitar os direitos públicos subjetivos dos contribuintes. Consequentemente, o direito positivo proíbe que Executivo, Legislativo e Judiciário ingressem na esfera de liberdade assegurada às pessoas, bem como permite que os contribuintes façam o que a Constituição lhes faculta, sem quaisquer interferências, mormente estatais.

Assim sendo, a Constituição Federal determinou de modo negativo – através de proibições – o conteúdo possível das leis tributárias, pelo que os entes federativos, ao fazerem uso de suas competências, são obrigados a respeitar os direitos fundamentais do contribuinte e aquela faixa de liberdade das pessoas, em que a tributação não pode se desenvolver.

Também, é pelos limites impostos pela carta constitucional que a Administração Pública, ao seguir o princípio da estrita legalidade tributária, pauta sua atuação, a fim de não violar o direito fundamental do contribuinte. Não se trata apenas de um dever da Administração em respeitar o limite, mas também de uma ausência de poder em relação à zona onde a tributação não pode ocorrer.[37] E isso se prolonga para o Judi-

37. Sobre a ausência de poder em tributar, esclarece Regina Helena Costa (COSTA, Regina Helena. Tributação e direitos fundamentais. In: PARISI, Fernanda Drummond; TÔRRES, Heleno Taveira; MELO, José Eduardo Soares de (Coord.). *Estudos de direito tributário em homenagem ao Professor Roque Antônio Carrazza*. Vol. 1. São Paulo: Malheiros, 2014. p. 240): "Endereça-se também ao *legislador infraconstitucional*, que, ao instituir os tributos, não pode embaraçar o exercício de direitos considerados fundamentais. Ao eleger os fatos que serão apreendidos pelas hipóteses de incidência tributária, o legislador infraconstitucional deve considerar os direitos cujo exercício eventualmente poderá ser afetado pela exigência fiscal, de modo a não obstacularizar seu exercício. A concessão de isenções, por exemplo, pode constituir-se num valioso instrumento de viabilização da eficácia desse princípio".

ciário, cujas decisões devem observar as garantias subjetivas dos contribuintes, sob pena de não o fazendo violar os direitos fundamentais afetos a estes.

A garantia dos direitos fundamentais do contribuinte por parte do Estado passa pela abstenção deste na invasão sobre a esfera das liberdades individuais, a ser observada na busca de recursos tributários. Normalmente coloca-se o Estado como possuidor de garantias, como o princípio da supremacia do interesse público sobre o privado,[38] a presunção de legalidade dos atos administrativos, entre outras. Mas aqui as garantias estão voltadas para o particular, titular de direito fundamental na relação tributária que possui com o Estado.

E, conforme bem coloca Hugo de Brito Machado, referidos direitos fundamentais dos contribuintes devem ser ressaltados e sedimentados a fim de que o Estado não ultrapasse os limites nas suas relações conflituosas com os contribuintes:

> Nessas relações, tem-se de um lado o Estado, que corporifica o poder, e de outro o cidadão. Como todo titular de poder tende a dele abusar, é natural que o Estado, na relação tributária, esteja permanentemente ultrapassando os limites ao mesmo estabelecidos pelo Direito. Daí a necessidade de se dar destaque a certos direitos do contribuinte, considerados fundamentais, para que eles não sejam amesquinhados e possam servir como fundamento essencial da questionada relação.[39]

---

38. Sobre a invocação da supremacia do interesse público sobre o privado para solucionar questões tributárias, Hugo de Brito Machado (MACHADO, Hugo de Brito. *Direitos fundamentais do contribuinte e a efetividade da jurisdição.* São Paulo: Atlas, 2009, p. 32-33) assim comenta: "Não é raro depararmos a afirmação de que as questões que se instauram na relação tributária devem ser solucionadas com a predominância do interesse público sobre o interesse paticular. Em outras palavras, diz-se que os interesses da Fazenda Pública devem prevalecer sobre as do contribuinte. Essa doutrina teria fundamento na consideração de que o Estado, ao tributar, nada mais está a fazer do que coletar recursos financeiros para viabilizar a realização de direitos fundamentais dos cidadãos. [...] Realmente, não são raras as situações nas quais o agente público pretende justificar determinada conduta, contrária à Constituição ou às leis, invocando o interesse público".

39. MACHADO, Hugo de Brito. *Direitos fundamentais do contribuinte e a efetividade da jurisdição.* São Paulo: Atlas, 2009, p. 34.

Sobre isso, tem-se que reconhecer e respeitar os direitos fundamentais do contribuinte como sendo aquela faixa de liberdade das pessoas na qual a tributação não pode se desenvolver. Isso importa em "reforçar eficácia das normas protetivas do contribuinte em face do Fisco",[40] de modo a assegurar os meios que possam garantir efetividade a referidos direitos.[41]

No caso de a violação dos direitos fundamentais dos contribuintes acarretar dano, a norma de responsabilidade deverá ser imputada ao Estado a fim de que seja reparada a lesão, com o pagamento de indenização correlata. Nesse sentido, a responsabilidade do Estado é instituto garantidor de direitos fundamentais individuais dos contribuintes, na medida em que garante o restabelecimento do patrimônio do particular confiscado indevidamente.

A relação entre Estado e contribuinte não deve ser de poder, mas sim uma relação jurídica em que ambas as partes estão sujeitas ao cumprimento das normas constitucionais que dão efetividade aos direito fundamentais dos particulares. Não obstante, conforme será explicado em capítulo próprio, não é a conduta do Estado de descumprir o direito do particular que dará azo à responsabilidade, mas sim o dano injustamente suportado este.

Nesse contexto, importa trazer que o Estado age de acordo com o princípio da legalidade administrativa, em que todos os

---

40. BRANCO, Paulo Gonet; CORREIA NETO, Celso de Barros; MEIRA, Liziane Angelotti (Coord.). *Tributação e direitos fundamentais*. São Paulo: Saraiva, 2012, p. 18. Sobre o tema, na obra citada ainda ainda é esclarecido que "o efeito de sentido que se obtém pelo uso da expressão 'direitos fundamentais' ou 'direitos humanos' não é idêntico ao que se observa no uso da expressão 'limites', 'limitações' ou 'restrições' ao poder de tributar. Além de destacar a posição do contribuinte, que faz juz a direito 'reflexo', diante da norma de limitação ao poder tributário, a afirmação de tais direitos como 'fundamentais' implica em *(sic)* ganho de *status*, à medida que os eleva à categoria de norma, hierárquica e axiologicamente, mais importante do ordenamento jurídico – cláusulas pétreas do texto constitucional".

41. Convém trazer as palavras de Felipe Faria de Oliveira (OLIVEIRA, Felipe Faria de. *Direito tributário e direitos fundamentais*. Belo Horizonte: Arraes Editores, 2010, p. 228), no sentido de que "Todos os elementos que possam auxiliar na possibilidade de melhoria de condições fáticas capazes de realizar a inclusão do contribuinte no cenário de cidadania são abarcados pelos direitos fundamentais do Estado Democrático".

seus atos precisam estar calcados em leis que autorizem sua execução. Na medida em que o Estado só faz o que a lei permite, temos atos do Executivo, Legislativo e Judiciário baseados em leis válidas no sistema nacional, mas que se passarem sobre o crivo de constitucionalidade, poderia ser constatado que referidas leis ferem os direitos fundamentais individuais do sujeito passivo por causarem dano ao patrimônio do particular.

Entretanto, embora referidas leis causem lesão injusta ao patrimônio dos particulares, elas só serão consideradas inconstitucionais a partir de sua efetiva declaração de inconstitucionalidade. Até então os atos tomados por fundamento nessas leis serão lícitos e produzirão os efeitos nefastos que podem ser coibidos pela norma de responsabilidade.

Além dessas considerações, importa trazer que as ações tomadas pelo Estado, no sentido de arrecadar tributos, são realizadas em prerrogativa de toda a sociedade, pois o fisco "passa a ter garantidos alguns direitos que visam *(sic)* assegurar uma arrecadação que irá auxiliar na concretização dos ideais sociais (e também liberais!)".[42]

Assim, algumas condutas lícitas, porém violadoras de direitos fundamentais individuais dos sujeitos passivos, poderão não ser afastadas do ordenamento pelo controle difuso de constitucionalidade, já que pela supremacia do interesse público, beneficiam a comunidade como um todo na arrecadação de recursos financeiros. Aqui, compete a quem suportou o dano apenas invocar a norma de responsabilidade do Estado para dar efetividade ao seu direito fundamental, já que o prejuízo suportado decorre de ação lícita tomada sob o manto da supremacia do interesse público, em que o Estado se vê diante de interesses antagônicos e legítimos de ambas as partes (interesses cometidos à tutela do Poder Público *versus* interesses individuais particulares), harmonizando-os de acordo com as metas gerais da sociedade.[43]

---

42. OLIVEIRA, Felipe Faria de. *Direito tributário e direitos fundamentais*. Belo Horizonte: Arraes Editores, 2010, p. 54.

43. Romeu Felipe Bacellar Filho (BACELLAR FILHO. Romeu Felipe. *Direito*

É assim que, ao nosso ver, as garantias dos particulares estendem-se para além da obrigação tributária. Na referida obrigação, estarão presentes os princípios informadores do direito tributário protetivos dos interesses fundamentais e garantidores da legítima expropriação do patrimônio do sujeito passivo. Afora isso, ainda encontramos a norma de responsabilidade tributária do Estado como garantidora da recomposição de dano injustamente suportado pelos particulares, quando de investidas do fisco no cumprimento da obrigação tributária.

Nesse contexto, atribuir responsabilidade na atuação do Estado para o fim de assegurar o pagamento de prejuízos causados aos particulares na relação jurídica tributária também se constitui em uma idônea limitação no exercício de um poder absoluto por parte do Estado. Em outras palavras, na medida em que a responsabilidade tributária do Estado protege a esfera jurídica dos sujeitos passivos, está compreendida na gama de direitos fundamentais individuais dos particulares que sofrem a exação fiscal.[44]

---

administrativo e o novo Código Civil. Belo Horizonte: Forum, 2007, p. 200-201) afirma que "O Estado tem um poder-dever legitimado pela busca do interesse coletivo. Significa também que ao buscar o interesse de todos – o bem comum – no uso das prerrogativas a ele conferidas, pode causar danos de pequena ou grande monta aos particulares e, em face dos mesmos princípios que orientam a busca desse interesse, deve zelar pela sua proteção, ressarcindo o lesado. Por conseguinte, se o regime jurídico administrativo é formado por prerrogativas e sujeições (aquelas supedaneadas pela supremacia do interesse público sobre o privado e estas, pela legalidade, finalidade, moralidade entre outros) não há alternativa no caso de dano causado pelo uso dessas prerrogativas senão o ressarcimento, em consonância com o próprio sistema principiológico norteador do regime".

44. Juarez de Freitas (FREITAS, Juarez de. *Direito fundamental à boa administração pública.* 3. ed. São Paulo: Malheiros, 2014. p. 21) também traz a Responsabilidade do Estado inserida no campo dos direitos fundamentais. Porém, ao falar em seu sentido amplo, qualifica-a como "direito fundamental à boa administração pública" vejamos: "O Estado Democrático, em sua crescente afirmação (nem sempre lienar) da cidadania, tem o compromisso de facilitar e prover o acesso ao direito fundamental à boa administração pública, que pode ser assim compreendido: trata-se do *direito fundamental à administração pública eficiente e eficaz, proporcional cumpridora de seus deveres, com transparência, sustentabilidade, motivação proporcional, imparcialidade e respeito à moralidade, à participação social e à plena responsabilidade por suas condutas omissivas e comissivas.* Tal direito corresponde o dever de observar, nas relações administrativas, a cogência da totalidade dos princípios constitucionais e correspondentes prioridades".

1.4 Acepções de licitude e ilicitude[45]

A norma estatui como deve ser a conduta do ser humano. Em outras palavras, a norma é um comando de expressão do sentido de um ato de vontade, isso ocorre na medida em que estabelece como as pessoas devem se conduzir de determinada maneira.[46] Nesse contexto, ao fixar como deve ser o comportamento humano, o objetivo da norma é conduzir uma determinada conduta aos termos correspondentes à prescrição do direito.

Contextualmente, se uma ação ou omissão é especificada pela ordem jurídica de modo a comandar a conduta humana, o agir em contrário ao estabelecido pelo ordenamento liga esta conduta a um ato coercitivo sancionatório, que age como consequência do ilícito. Assim sendo, o indivíduo deve cumprir o dever que lhe é imposto pela norma jurídica, porém, se realizar conduta que viola referidos deveres prescritos, sua ação ou omissão adquire o qualificativo de ilícito, provocando, como consequência, a sanção. Sobre isso, esclarece Hans Kelsen:

> Se se diz que alguém está juridicamente obrigado a uma determinada conduta "deve", por força do Direito, conduzir-se de modo prescrito, o que com isso se exprime é o ser-devido – ou seja, o ser positivamente permitido, o ser autorizado e o ser prescrito – do ato coercitivo que funciona como sanção e é estatuído como consequência da conduta oposta.[47]

Assim sendo, na medida em que a norma estabelece o dever jurídico a ser cumprido pelos sujeitos – em obrigatório, permitido ou proibido –, verifica-se que o próprio direito determina o que é ilícito no sistema jurídico.[48]

---

45. Tomamos como referência a "ilicitude" e "licitude" como o estado do que é "ilícito" e "lícito" respectivamente. Assim sendo, "ilicitude" é o estado do que é "ilícito", bem como "licitude" é o estado do que "lícito".

46. KELSEN, Hans. *Teoria geral das normas.* Porto Alegre: Fabris Editor, 1986, p. 49.

47. KELSEN, Hans. *Teoria pura do direito.* 8. ed. São Paulo: Martins Fontes, 2009, p. 133.

48. Em outros termos, Ricardo Maurício Freire Soares (SOARES. Ricardo Maurício Freire. *Elementos da teoria geral do direito.* São Paulo: Saraiva, 2013. p. 102) traz a

Mas essa interpretação sintática é apenas uma das facetas utilizadas para a demonstração do tema, pois, em sua acepção geral, o ato ilícito é todo ato contrário ao direito, considerado este em sua totalidade.[49] Aqui convém esclarecer que sob o prisma pragmático,[50] a conduta normada deve ser vista pela sua conexão com as demais normas do ordenamento jurídico, a fim de se obter seu significado integral.

Conforme leciona Alfredo Orgaz, não podemos dizer que o ilícito deriva de uma violação a uma determinada regra de direito, mas sim de uma ruptura ao ordenamento jurídico, já que poderia haver uma justificativa para o ato calcada em outra regra, vejamos:

> *(...) el acto contrario a una determinada regla de derecho, pues su violación puede estar justificada por otra regla particular: así, el homicidio no siempre importa un acto ilícito, desde que en ciertas circunstancias el proprio ordenamiento jurídico lo justifica (estado de necesidad, legítima defensa, etc.).*[51]

---

seguinte concepção para ilicitude: "A ilicitude é aquele elemento da relação jurídica que designa a conduta humana do sujeito passivo contrária ao dever jurídico, o qual está previsto abstratamente na norma jurídica e é exigido bilateralmente pelo sujeito ativo que titulariza um dado direito subjetivo". Esse é o mesmo pensamento de Renato Alessi (ALESSI, Renato. *L'illecito e la responsabilità civile degli enti pubblici*. 2. ed. Milano: Dott. A. Giuffrè Editore, 1972. p. 3), para o qual "il concetto di ilecito civile (3): comportamento tenuto da un soggetto in trasgressione di un dovere di condotta impostogli a protezione di interessi individuali altrui."

49. Para Sergio Cavalieri Filho (CAVALIERI FILHO, Sérgio. *Programa de responsabilidade civil*. 3. ed. São Paulo: Malheiros, 2002, p. 27), "Em sentido amplo, o ato ilícito indica apenas a ilicitude do ato, a conduta humana antijurídica, contrária ao direito, sem qualquer referência ao elemento subjetivo ou psicológico. Tal como o ato lícito, é também uma manifestação de vontade, uma conduta humana voluntária, só que contrária à ordem jurídica."

50. Para Alf Ross (ROSS, Alf. *Direito e justiça*. Trad. Edson Bini. 2. ed. São Paulo: EDIPRO, 2007, p. 177), "a interpretação pragmática é a integração de uma multiplicidade de valorações; e o propósito da lei indica somente uma consideração única dentro dessa nultiplicidade. Se apesar disso, se prefere usar a expressão interpretação *teleológica* (em lugar de interpretação *pragmática*), é mister enfatizar que telos não designa o propósito isolado da lei individual, mas *pars pro toto* se refere a todas as considerações admissíveis".

51. ORGAZ. Alfredo. *El Daño Resarcible (Actos Ilícitos)*. Buenos Aires: Bibliografica Argentina, 1952, p. 17.

Sobre o assunto importa esclarecer que não é a violação de uma regra em si, ou seja, a violação de apenas uma norma determinada, que caracteriza o ilícito. Para sua configuração, devemos verificar toda a lógica do sistema e constatar seu rompimento com o todo. Assim, temos que a realização de um comando individualizado de uma norma pode ser cumprido licitamente, porém, referido comando ao ser executado pode romper com a lógica do sistema trazendo o ilícito passível de indenização, se causador de dano injusto.

Não queremos dizer que uma ação ou omissão contrária à conduta normada não é ilícita, mas sim que a análise do que é ilícito deve-se dar em um plano mais amplo (pragmático), ou seja, é necessário verificar se referida ação ou omissão tem como resultado o rompimento do ordenamento jurídico como um todo. Com isso, se a realização de um ato (omissivo ou comissivo) for contrária a uma determinada conduta prevista em uma norma, e ao mesmo tempo for contrária ao ordenamento, estaremos diante de um ilícito. Porém, se o cumprimento do referido ato, contrário à conduta prescrita em uma determinada norma, encontrar legitimação em outra(s) norma(s) jurídica(s) do sistema, não podemos falar em ilícito. E o contrário também é verdadeiro, se uma conduta prescrita em lei for realizada nos limites de um específico comando normativo vigente, mas não encontrar legitimidade no ordenamento do direito, estaremos diante de um ato antijurídico, portanto, ilícito.

Sobre essa questão, Renato Alessi esclarece que não basta a lesão a um interesse jurídico para configurar a antijuridicidade, vejamos:

> *Non basta, peraltro, si noti, la lesione di un interesse giudicato meritevole della tutela offerta dall'art. 2043, a concretare la antigiuridicità del danno: ocorre altresì che il comportamento lesivo non sia legittimato da altra norma contrapposta: norma che può avere oggetto generico (ad es. 2044: legittima difesa: art. 2045: stato di necessità) ovvero oggetto specifico (ad es. Art. 843 c.c.).*[52]

52. ALESSI, Renato. *L'illecito e la responsabilità civile degli enti pubblici*. 2. ed. Mila-

Nesse diapasão, a norma jurídica que estabelece uma determinada conduta pressupõe toda uma série de deveres jurídicos correlatos que devem ser observados. Assim, na medida em que a norma estabelece que "dada a prestação de serviço, deve ser o pagamento do imposto sobre serviços", pressuposto está que referido tributo deve observar o princípio da legalidade, da anterioridade, do não confisco, entre outros. A transgressão a esses pilares jurídicos correlatos viola o ordenamento jurídico de modo a caracterizar a conduta do agente que realiza o comando contido na norma acima descrita como uma conduta antijurídica.

Como exemplo, temos o cumprimento, por parte de um agente administrativo, de uma lei "x" vigente que desobedece ao princípio da anterioridade tributária contido na Carta Constitucional. Ao executar o comando contido na norma infraconstitucional, o agente estará realizando ato que contraria o ordenamento jurídico, razão pela qual a ação realizada em cumprimento da norma "x" é antijurídica. Isso também ocorre quando um particular cumpre uma lei válida, mas que é contrária ao comando constitucional.

Convém registrar ainda que o ato ilícito tem por campo de incidência o direito civil e o direito penal. Sobre isso, Hermes Lima, ao tratar da ilicitude, distinguiu delito civil de delito penal de modo que apenas para este último considerou a condição de haver violação à lei. Vejamos:

> O delito civil configura-se muito diferente do delito penal. Este é um delito especificado, resultante da violação da lei que proibia um ato sob a sanção de determinada penalidade. Para haver delito penal necessário se torna que esteja previsto em lei: *nullum delictum sine lege*. Não assim quanto ao delito civil, cuja existência depende fundamentalmente do prejuízo que a ação ou conduta do agente tenha causado à esfera jurídica de outra pessoa.[53]

---

no: Dott. A. Giuffrè Editore, 1972, p. 3.

53. LIMA, Hermes. *Introdução à ciência do direito*. 13. ed. Rio de Janeiro: Freitas Bastos, 1964, p. 103.

Sob esse prisma, o elemento nuclear da ilicitude no campo penal seria o descumprimento de um dever jurídico por uma conduta voluntária do agente, e no campo civil seria o dano causado a outrem. Referida ilicitude se reportaria ao dano proveniente da conduta do agente, e não à própria conduta. Voltaremos a esse assunto oportunamente.

Por último, em relação à licitude, de acordo com a ideia de ilícito trazida acima, podemos extrair qual é a definição de ato lícito como: as ações e omissões consentidas e tuteladas pelo direito. Isto é, são atos lícitos os realizados em cumprimento das condutas prescritas pelas normas jurídicas. Aqui incluídos os atos permitidos, obrigatórios e não proibidos.

A esse respeito cumpre salientar, como bem posto por Arnaldo Vasconcelos,[54] que a licitude não deve ser considerada sinônimo de lei, pois "Vincular a licitude à existência de lei é estabelecer confusão entre coisas inteiramente distintas, quais sejam, os conceitos de legal e de lícito". Assim, lícito não é apenas o cumprimento de uma determinada conduta prescrita pela norma, mas também a conduta que o ordenamento não prescreve como proibida.

Verifica-se com tudo isso que o campo de estudo para a análise da licitude também deve ser o da pragmática, já que a conduta prescrita somente poderá ser aferida como lícita se verificado todo o ordenamento jurídico.[55]

---

54. VASCONCELOS, Arnaldo. *Teoria da norma jurídica*. 6. ed. São Paulo: Malheiros, 2006, p. 43.

55. Ao analisar o princípio da legalidade administrativa, Lucia Vale Figueiredo (FIGUEIREDO, Lúcia Valle. *Curso de direito administrativo*. 9. ed. São Paulo: Malheiros, 2008. p. 42) traz como necessário que a análise do que é "legal" parta do contexto normativo, e não da norma individualizada, vejamos: "Todavia, o princípio da legalidade não pode ser compreendido de maneira acanhada, de maneira pobre. E assim seria se o administrador, para prover, para praticar determinado ato administrativo, tivesse sempre que encontrar arrimo expresso em norma específica que dispusesse exatamente para aquele caso concreto. Ora, assim como o princípio da legalidade é bem mais amplo do que a mera sujeição do administrador à lei, pois aquele, necessariamente, deve estar submetido também ao Direito, ao ordenamento jurídico, às normas e princípios constitucionais, assim também há de se procurar solver a hipótese de a norma ser omissa ou, eventualmente, faltante".

Assim, podemos concluir que ilícito é atributo da conduta em desconformidade com os comandos normativos do ordenamento jurídico (assim considerado como um todo). Já licitude é predicado de uma determinada conduta que não afronta, ou seja, que não viola a plenitude do direito posto.

1.5 Noção do lícito e do ilícito em matéria tributária e a errônea interpretação da lei

A ilicitude da conduta do Estado aparece no momento em que as ações deste são tomadas em desacordo com o ordenamento de direito. E assim, a licitude corresponde às condutas conforme a lei, já que todo ato emanado pelo Estado deve encontrar fundamento em uma norma legal. Nesse sentido, importa verificar que tanto a licitude como a ilicitude no campo do direito tributário terão como base o cumprimento do princípio da legalidade administrativa, já que todas as condutas do Estado devem, obrigatoriamente, encontrar subsídio na lei formal.[56]

Assim, o Estado está autorizado a agir somente de acordo com o que a lei lhe permite ou obriga, com o que podemos afirmar que o conceito de ilicitude aqui estudado corresponde à conduta que não obedecer ao princípio da legalidade administrativa, já que contrária aos comandos ditados pelo ordenamento jurídico.

Seguindo o mesmo enfoque, o conceito de licitude corresponde ao que é equivalente aos comandos contidos na lei, já que somente será lícita a conduta que corresponder em todos os seus termos com os impérios descritos nas normas de direito.

Ademais, como para os particulares é permitido realizar todas as condutas que não são proibidas em lei, todas as condutas que não forem proibidas pelo direito posto são lícitas. Já

---

56. Todo ato administrativo deve encontrar fundamento numa norma legal, conforme expresso no art. 5°, II, da CF que veicula o princípio da legalidade, sendo que, em matéria tributária, referido princípio teve sua intensidade reforçada pelo art. 150, I, da CF.

para o Estado, somente podemos falar em licitude em relação às condutas que correspondem aos comandos de permitido, obrigatório e proibido contidos na norma positivada.

Em outras palavras, serão lícitas todas as condutas que forem praticadas em consonância com o ordenamento jurídico, obedecendo-se dessa forma ao princípio da legalidade administrativa – segundo o qual o Estado somente pode realizar as condutas permitidas.

Ressalta-se que, na mesma linha do raciocínio antes exposto, o lícito ou o ilícito em matéria tributária devem ser analisados sob a perspectiva de todo o ordenamento jurídico, e não sob aplicação mecanicista da norma individualizada. Quanto a isso, convém trazer o que a doutrina e a jurisprudência denominam de princípio da juridicidade do direito administrativo.[57] De acordo com o citado princípio, a administração não está adstrita apenas à lei formal, mas sim a uma gama de normas que compõem o ordenamento jurídico como um todo sistêmico.

A explicação do tema pode ser extraída das palavras de Alexandre Santos Aragão, vejamos:

> [...] a juridicidade costuma ser referida como a submissão dos atos estatais a um padrão amplo e englobante da legalidade, cujs critérios não seriam apenas a lei estrita, mas, também, os princípios gerais do Direito e, sobretudo, os princípios, objetivos e valores

57. Para Gustavo Binenbojm (BINENBOJM, Gustavo. A constitucionalização do direito administrativo no Brasil: um inventário de avanços e retrocessos. Disponível em: <http://www.direitodoestado.com/revista /RERE-13-MAR%C7O-2007-GUSTAVO-BINENBOJM.PDF>. Acesso em: 10 set. 2016. p. 14), "A ideia de juridicidade administrativa, elaborada a partir da interpretação dos princípios e regras constitucionais, passa, destarte, a englobar o campo da legalidade administrativa, como um de seus princípios internos, mas não mais altaneiro e soberano como outrora. Isso significa que a atividade administrativa continua a realizar-se, via de regra, (i) segundo a lei, quando esta for constitucional (atividade *secundum legem*), (ii) mas pode encontrar fundamento direto na Constituição, independente ou para além da lei (atividade *praeter legem*), ou, eventualmente, (iii) legitimar-se perante o direito, ainda que contra a lei, porém com fulcro numa ponderação da legalidade com outros princípios constitucionais (atividade contra legem, mas com fundamento numa otimizada aplicação da Constituição)".

> constitucionais. É a visão de que a Administração Pública não deve obediência apenas à lei, mas ao Direito como um todo. [...]
>
> O princípio da juridicidade nada mais é do que o princípio da legalidade entendido substancialmente, não se tendo em consideração apenas esta ou aquela regra legal específica, mas o ordenamento jurídico como um todo.[58]

A premissa básica aqui assumida é a de que as condutas do Estado não possuem apenas vinculação à lei positiva, "mas também aos preceitos fundamentais que norteiam todo o ordenamento".[59] Assim, todo o arcabouço normativo que compõem o regime jurídico administrativo compõe a vinculação administrativa à legalidade, em obediência ao princípio da juridicidade.

Com isso, o que é lícito e o que é ilícito no campo do direito tributário só pode ser observado mediante a vinculação da conduta do Estado à juridicidade, ou seja, pela correspondência da atuação deste ao direito como um todo, e não apenas à lei.

Outra questão a ser abordada é se a errônea interpretação[60] da lei por parte do Estado é conduta ilícita ou lícita, uma

58. O referido autor prossegue exemplificando o princípio da juridicidade mediante citação da jurisprudência do STF: "[...] valendo citar, dentre outras, a decisão do STF acerca da proibição do nepotismo no setor público, que culminou com na edição da Súmula Vinculante n.13, na qual o referido princípio foi citado e serviu como uma das razões para decidir. Na oportunidade, o STF entendeu que, independentemente da existência de lei, a Administração Pública deve vedar a contratação de parentes de agentes políticos. A Vedação, que indubitavelmente estringe direitos individuais (de profissão etc.), decorre diretamente, afirmou o STF, sem intermediação legislativa, dos princípios constitucionais da impessoalidade, moralidade e eficiência (art. 37, CF)." (ARAGÃO, Alexandre Santos de. *Curso de direito administrativo*. 2. ed. Rio de Janeiro: Forense, 2013, p. 58-59)

59. Odete Medauar (MEDAUAR, Odete. *O direito administrativo moderno*. 14. ed. 2. tir. São Paulo: Revista dos Tribunais, 2010, p. 127-128) ainda esclarece: "A Constituição de 1988 determina que todos os entes e órgãos da Administração obedeçam ao princípio da legalidade (*caput* do art. 37); a compreensão desse princípio deve abranger a observância da lei formal, votada pelo Legislativo, e também, pelos preceitos decorrentes de um Estado Democrático de Direito, que é o modo de ser do Estado brasileiro, conforme reza o art. 1°, *caput*, da Constituição; e, ainda, deve incluir a observância dos demais fundamentos e princípios de base constitucional. Além do mais, o princípio da legalidade obriga a Administração a cumprir normas que ela própria editou".

60. Como bem esclarece Eduardo Carlos Bianca Bittar (BITTAR, Eduardo Carlos

vez que as ações do Estado são pautadas pelo princípio da legalidade e a interpretação encontra-se além do direito positivado. Para tanto, primeiramente temos que estabelecer que "as leis tributárias são regras jurídicas com estrutura lógica e atuação dinâmica idênticas às demais regras jurídicas e, portanto, interpretam-se como qualquer outra lei".[61]

Por conseguinte, trazemos que a interpretação é um ato da consciência humana, mediante o qual o intérprete atribui um sentido de valor ao suporte físico (lei), construindo-se assim o conteúdo do texto dentro do horizonte de significações possíveis. Nesse caminho, Lourival Vilanova esclarece que "interpretar é atribuir valores aos símbolos, isto é, adjudicar-lhes significações e, por meio dessas, referências a objetos".[62]

As significações normativas são formadas na mente humana, ou seja, o significado da norma é produzido pelo intérprete. Por isso, compete exclusivamente ao homem interpretar o texto produzido e construir os juízos normativos de acordo com os seus referenciais. Ainda, por ser atividade humana, sempre haverá a possibilidade de novar os valores atribuídos aos símbolos, trazendo novéis e infinitas interpretações ao texto normativo, já que passíveis de diversos significados.

Adotando-se referida postura, a interpretação dos enunciados prescritivos não está sujeita a valores de verdade ou falsidade, eis que inexistem certeza e segurança em relação à existência de uma única significação correta para a lei. Assim, a interpretação, como sentido de determinação do significado

---

Bianca. *Linguagem jurídica:* semiótica, discurso e direito. 6. ed. São Paulo: Saraiva, 2015, p. 113), "interpretação é uma atividade noética, produtora de sentido, e, portanto, necessária à caracterização dos fenômenos jurídicos. Ser produtora de sentido significa que não se constrange com o fato de ser uma atividade criadora de sentido; é menos um percurso em torno do dado apriorístico (sentido único preexistente) e mais um fazer autônomo e construtivo (recriação sem sentido ao texto)".

61. BECKER, Alfredo Augusto. *Teoria geral do direito tributário.* 5. ed. São Paulo: Noeses, 2010, p. 117.

62. VILANOVA, Lourival. *Universo das formas lógicas e o direito.* Escritos jurídicos--filosóficos, vol. 1. São Paulo: IBET/Axis Mundi, 2003, p. 15.

mediante valoração do suporte físico, não conduz a qualquer resultado verdadeiro ou falso.

Embora verdade e falsidade não sejam valores atribuíveis às normas, as interpretações destas podem ser válidas ou não válidas. Isso de acordo com as técnicas de construção e justificação das valorações atribuídas às leis.

Quanto ao assunto, importa afirmar que todo texto (suporte físico) é parte integrante do sistema jurídico a que pertence, e a hermenêutica jurídica deve considerar a totalidade do ordenamento, de modo a respeitar o diálogo que os textos mantêm entre si e que determina todo processo gerador de sentido.[63]

Ao conceber a lei como instrumento susceptível de valoração em sua interpretação, as atribuições de sentido devem se dar em respeito a todo contexto que os envolve. Sendo que os vínculos intertextuais também são significações construídas mediante atos de valoração do intérprete, incompatíveis com valores de verdade ou falsidade. Em outras palavras, as técnicas de construção e justificações dos valores atribuídos aos suportes físicos devem encontrar pertinência com o ordenamento jurídico, razão pela qual podemos atribuir graus de juridicização às interpretações da lei de modo a verificar a condição de validade ou invalidade do argumento utilizado pelo intérprete.

Nesse contexto, e na medida em que uma lei comporta diversas interpretações (a depender do intérprete), exige-se um significado razoável, compatível com o ordenamento jurídico, para que a interpretação utilizada seja válida. Como consequência, ao contrariar critério reconhecido como válido e aplicável ao caso, estamos diante do erro de interpretação.

---

63. Conforme exposto por Paulo de Barros Carvalho (CARVALHO, Paulo de Barros. *Direito tributário.* Fundamentos Jurídicos da Incidência. 4. ed. São Paulo: Saraiva, 2006, p. 106), "tudo isso, porém, não nos impede de declarar que conhecer o direito é, em última análise, compreendê-lo, interpretá-lo, *construindo* o conteúdo, sentido e alcance da comunicação legislada. Tal empresa, que nada tem de singela, como vimos, requer o envolvimento do exegeta com as proporções inteiras do todo sintético, incursionando pelos escalões mais altos e de lá regressando com os vetores axiológicos ditados por juízos que chamamos de *princípios*".

Ao conceituar o que é erro, Nicola Abagnano trouxe importante esclarecimento para o tema em questão, vejamos:

> Tem-se um E. de segunda espécie quando se quer decidir das verdades ou falsidades dos postulados ou proposições iniciais das ciências ou de enunciados não significativos. Em geral, pode-se chamar de E. todo juízo ou valoração que contrarie critério reconhecido como válido no campo a que ser refere o juízo, ou aos limites de aplicabilidade do próprio critério. Portanto, o contrário de um juízo errado não é um juízo "verdadeiro", como se costuma acreditar, mas um juizo "correto", "exato" ou "regular"; o oposto de E. poderia ser a correção. A possibilidade de E. supõe duas condições: a) que haja um critério válido de juízo aplicável na situação dada; b) que tal critério não seja necessário e infalível. Sem a condição a) não haveria a possibilidade de distinguir o E. do que não é E. Sem a condição b) o E. seria impossível em princípio.[64]

Percebe-se, portanto, que o erro é um juízo não válido, ou seja, é um juízo incompatível com o critério a ser aplicável ao caso. Por isso, erro de interpretação corresponde a uma valoração do suporte fático (lei) contrária ao critério válido, aqui entendido como o que se coaduna com todas as normas do ordenamento jurídico.

Logo, falar que a interpretação de uma lei não corresponde com os critérios normativos estabelecidos pelo direito posto é a mesma coisa que afirmar que uma norma não corresponde ao ordenamento jurídico. Assim, se a norma que não encontra consonância com ordenamento é antijurídica, a interpretação da lei, em desacordo com os critérios do referido ordenamento, também o é. Portanto, de acordo com a premissa adotada, temos que errônea interpretação da lei resulta em uma construção de sentido ilícita.

---

64. Nicola Abbagnano (ABBAGNANO, Nicola. *Dicionário de filosofia.* 5. ed., São Paulo: Martins Fontes, 2007, p. 397-398) ainda esclarece que de acordo com os sofistas: "quem diz o falso não diz 'o que não é' (o que seria impossível), mas diz algo *diferente* do que é: exprime uma combinação de formas (gêneros e espécies) não conforme às possibilidades objetivas de relação entre essas fomas."

1.6 Funções do Estado: responsabilidade no âmbito dos Três Poderes

O Estado reflete em sua estrutura funções independentes, porém integradas, que convergem aos fins sociais almejados pela coletividade organizada em uma unidade. A partir de Platão e Aristóteles, nasceu a ideia de que referidas funções do Estado deveriam ser separadas a fim de evitar a concentração e o exercício despótico e arbitrário do poder.[65] Assim sendo, realizou-se a classificação das funções do Estado em três: legislativa (correspondente à edição de normas gerais e abstratas); executiva (aplicar as leis de ofício como na cobrança de tributos, prestar serviços, ordenar a vida privada etc.); e judiciária (aplicar as leis na composição dos conflitos havidos entre os indivíduos ou entre os indivíduos e o Estado).

Cada uma das referidas funções foi atribuída a um órgão independente em relação aos demais; o Poder Legislativo, o Poder Executivo e o Poder Judiciário, que exercem suas atividades típicas de modo não estanque, ou seja, sem soberania em suas esferas. Desse modo, cada órgão não se limita unicamente à função que lhe corresponde, já que possuem uma complexa gama de atribuições atípicas correspondentes às atividades de executar, legislar e jurisdicionar. É o caso da decisão dada pelo Executivo em processos administrativos fiscais, ou a expedição de regulamentos internos por parte do Judiciário a fim de

65. Conforme explica Regis Fernandes de Oliveira (OLIVEIRA, Regis Fernandes de. *Indagação sobre os limites da ação do Estado*. São Paulo: Editora Revista dos Tribunais, 2015, p. 115), "A ideia central da separação de exercício de funções ou poderes, no caso em análise, está vinculada à organização do poder do Estado, especialmente no que tange à sua melhor governabilidade, com relação ao aspecto da limitação do poder. Embora a ideia de separação de poder remonte à antiguidade clássica, é a teoria da constituição mista que representa a raiz histórica remota da doutrina. Aristóteles afirmava que 'em qualquer governo há três poderes essenciais. O primeiro é o que delibera sobre os negócios do Estado. O segundo compreende todas as magistraturas ou poderes constituídos e o terceiro abrange as tarefas de jurisdição' (ARISTÓTELES. *Tratado de política*. Trad. M. de Campos. Cintra: Ed. Europa-América, 1977, p. 107 e 207). Contudo, foi Montesquieu, inspirado em Locke, que escreveu a óbra célebre *De l'espirit des lois* em que busca distinguir os órgãos de exercício do poder".

definir o funcionamento dos tribunais, ou ainda a expedição de medidas provisórias por parte do chefe do Poder Executivo.

Embora as funções do Estado tenham sido cindidas em três, o poder estatal permanece um só. Sobre isso cabe explicar que função não pode ser confundida com poder. Aquela é o plexo de atribuições que deve ser exercido por determinado órgão para funcionamento do Estado. Já este é "a possibilidade jurídica de uma pessoa interferir na esfera jurídica de outra, impondo-lhe obrigação ou criando um direito".[66]

Ao discorrer que toda atividade estatal tem natureza de função, Vladimir da Rocha França[67] leciona que o exercício das prerrogativas do Estado constitui um poder jurídico que pode ser classificado em: direitos subjetivos e competência. O direito subjetivo consiste na exigibilidade de uma ação ou omissão, "é o reflexo do dever jurídico, é o dever jurídico posto à disposição de titular ativo".[68] Já competência é a aptidão de que são dotadas as pessoas políticas para expedir regras jurídicas, inovando o ordenamento jurídico. Assim, todas as pessoas que preenchem as condições de praticar a sequência procedimental, que culminará com a produção da norma jurídica individual, têm o direito de exercê-la nas suas respectivas esferas de direito. Com tudo isso, podemos entender que para o referido autor o poder é realizado em funções, as quais são exercidas pelos direitos subjetivos e pelas competências.

A formulação clássica da separação das funções estatais não desnaturaliza o exercício do poder soberano em uma só pessoa. Isso se justifica pelo fato de que o poder não é dividido se a organização interna do Estado for cindida em funções.[69]

---

66. OLIVEIRA, Regis Fernandes de. *Indagação sobre os limites da ação do Estado*. São Paulo: Editora Revista dos Tribunais, 2015, p. 115.

67. FRANÇA, Vladimir da Rocha. *Estrutura e motivação do ato administrativo*. São Paulo: Malheiros, 2007, p. 40-41.

68. VILANOVA, Lourival. *Causalidade e relação no direito*. 5. ed. São Paulo: Noeses, 2000, p. 178.

69. Lourival Vilanova (VILANOVA, Lourival. *Causalidade e relação no direito*. 5. ed. São Paulo: Noeses, 2000. p. 218) bem esclarece a unidade do Estado: "Suprimindo-se os órgãos, suprime-se o Estado. O órgão, não um sujeito de direito, *per se stante*,

Como consequência, diante da ausência de fragmentação do poder ou da autoridade do Estado, a responsabilidade patrimonial alcança todos os órgãos incumbidos na função estatal, aí incluído o Poder Legislativo, Poder Executivo e Poder Judiciário. Seguindo esses termos, o Estado é responsável por qualquer ato praticado por seus agentes, independentemente de estar no exercício de uma atividade legislativa, executiva ou jurisdicional.[70]

Zulmar Fachin, aliado a esse entendimento, bem esclarece:

> Em conclusão, tendo o Estado personalidade jurídica unitária e manifestando-se sempre por meio de um de seus órgãos (legislativo, executivo e judiciário), deverá indenizar quando do ato de seu agente resultar lesão a alguém. Pouco importa saber se o agente estatal desempenha uma atividade legislativa, executiva ou jurisdicional.
>
> Não pode haver dúvida de que a responsabilidade patrimonial do Estado pode decorrer de atos legislativos, executivos e judiciários. É por meio destes atos que se expressa o poder estatal. E o poder estatal precisa ser responsabilizado por suas manifestações danosas.[71]

Nesse sentido, a existência de entes criados pelos homem para desenvolver as funções e realizar os fins colimados pelo Estado, com personalidade distinta da de seu próprio

---

em face do Estado. Se este legisla, governa, sentencia, os atos se efetivam por meio de órgãos. Se estes tivessem personalidade jurídica ante o Estado, poderiam estar contra o Estado: o Estado legislando contra si mesmo, governando contra si mesmo, jurisdicionando contra si mesmo. Essa relação do Estado contra ele próprio é, juridicamente, impossível".

70. O Supremo Tribunal Federal já se manifestou sobre a possibilidade de incidir a responsabilidade do Estado para atos do Poder Judiciário, vejamos: "Agravo regimental em recurso extraordinário com agravo. 2. Direito Administrativo. Responsabilidade civil do estado. Erro judiciário. 3. Prisão provisória. Excesso de prazo. Absolvição por negativa de autoria. 4. Dever de indenizar. Danos morais. Ocorrência. Falta objetiva da prestação do serviço público da Justiça. Necessidade de revolvimento do acervo fático-probatório. Súmula 279 do STF. Precedentes. 5. Ausência de argumentos suficientes a infirmar a decisão recorrida. 6. Agravo regimental a que se nega provimento. (ARE 662105 AgR, Relator(a): Min. Gilmar Mendes, Segunda Turma, julgado em 27.10.2015, ACÓRDÃO ELETRÔNICO *DJe*-230 DIVULG 16-11-2015 PUBLIC 17-11-2015)."

71. FACHIN, Zulmar. *Responsabilidade patrimonial do Estado por ato jurisdicional.* Rio de Janeiro: Renovar, 2001, p. 67.

instituidor, demonstra apenas a estrutura de uma aparelhagem complexa da atividade funcional estatal. O Estado permanece como ser uno, indivisível em seu poder e soberania.

Com o reconhecimento de que o poder titularizado pelo povo[72] é exercido por intermédio de uma única pessoa jurídica denominada de Estado, que desempenha sua atividade por três órgãos distintos, não há justificativa para afastar a incidência da norma de responsabilidade nos atos emanados pelo Poder Legislativo ou Judiciário. Assim, de acordo com a norma de responsabilidade do Estado, todos os órgãos realizadores da função do Estado estão aptos a figurarem como sujeito da relação jurídica, havendo plena submissão de toda a atividade estatal ao direito.[73]

A despeito disso, como é impossível apreender todas as atividades do Estado que podem causar danos aos cidadãos, o presente estudo não pretende esgotar a matéria. Em capítulo específico, serão abordadas apenas as atividades causadoras de danos injustos mais recorrentes no âmbito do direito tributário, como o dano causado pelo lançamento indevido do tributo, o dano causado por lei declarada inconstitucional e o dano pela demora na prestação jurisdicional.

---

72. O parágrafo único do Art. 1º da Constituição Federal estabelece que o poder emana do povo. Vejamos:
"Art. 1º A República Federativa do Brasil, formada pela união indissolúvel dos Estados e Municípios e do Distrito Federal, constitui-se em Estado Democrático de Direito e tem como fundamentos:
I – a soberania;
II – a cidadania;
III – a dignidade da pessoa humana;
IV – os valores sociais do trabalho e da livre-iniciativa;
V – o pluralismo político.
Parágrafo único. *Todo o poder emana do povo,* que o exerce por meio de representantes eleitos ou diretamente, nos termos desta Constituição." (original sem grifo)

73. Esse também é o pensamento de Alexandre Santos Aragão (ARAGÃO, Alexandre Santos de. *Curso de direito administrativo.* 2. ed. Rio de Janeiro: Forense, 2013, p. 596), vejamos: "Apesar de a doutrina clássica francesa ter construído a responsabilidade civil do Estado sobretudo como responsabilidade civil da Administração, ela se aplica a todas as atividades do Estado. A nossa Constituição, por exemplo, em seu art. 37, § 6º, não faz qualquer exceção quanto a isso".

Capítulo 2
ESTRUTURA NORMATIVA DA RESPONSABILIDADE DO ESTADO

2.1 Pressupostos da norma jurídica

Linguagem são símbolos convencionais, ordenados em sua estrutura orgânica e com atribuição funcional própria de partes de linguagem, ou seja, são signos que servem para comunicação. Pela linguagem, o ser humano adquire saber científico, mediante interpretação e percepção do conhecimento, podendo exprimir a realidade que observa.

Nesse sentido, o Prof. Paulo de Barros esclarece que "compor um discurso científico é verter em linguagem rigorosa os dados do mundo, de tal sorte que ali onde não houver precisão linguística não poderá haver ciência".[74]

A Ciência do Direito imprescinde de linguagem, mormente pelo motivo de que esse ramo da ciência é formado por fatos, traduzidos em linguagem, que selecionados pelo legislador dentro do universo do mundo social, compõe o mundo

74. CARVALHO, Paulo de Barros. *Direito tributário, linguagem e método.* 2. ed. São Paulo: Noeses, 2008, p. 21.

jurídico. Por isso, sem a linguagem, não há o que se falar em direito e, consequentemente, não há como realizar o estudo da Ciência do Direito.

Explica-se que o direito positivo, como discurso normativo, relaciona-se com a linguagem na medida em que é esta que constitui o direito. Já a Ciência do Direito descreve a linguagem-objeto do direito, portanto, é metalinguagem. Assim, não podemos cogitar de manifestação do direito sem uma linguagem que lhe sirva de veículo de expressão.

O direito se vale de uma linguagem prescritiva para descrever seus comandos. Essa linguagem é um conjunto de proposições mediante o qual dá-se sentido ao direito. O legislador descreve no antecedente de normas condutas que são passíveis de ocorrerem, porém, referidas condutas nunca poderão ser verificadas em sua existência concreta, real e integral. Assim, sempre teremos a linguagem produzindo situações que entendemos serem legisladas.

O direito é produzido pelo homem mediante um conjunto de proposições a fim de disciplinar condutas intersubjetivas. Isso se dá mediante a edição de normas, necessariamente trazidas em linguagem que as manifestam. É a realidade jurídica, que é um ponto de vista – produzido em linguagem – sobre um determinado acontecimento, isto é, é a construção de significação realizada pelo intérprete, referente a um episódio, determinada pela experiência do agente cognoscente.

Aplicando-se isso ao direito, verificamos que a incidência da norma só se dará se houver um ser humano fazendo a subsunção e promovendo a implicação que o preceito normativo determina. A percussão do enunciado prescritivo pressupõe relato em linguagem própria, construindo a realidade jurídica.

Incidência normativa se refere à aplicação da norma jurídica (composição de dois ou mais enunciados prescritivos que impõe a realização ou abstenção de ato, construída a partir de textos positivados e estruturados) às condutas intersubjetivas, com a consequente produção dos efeitos que lhe são próprios. E é nos efeitos prescritos no consequente normativo que o direito se realiza, uma vez que com a produção da norma individual e concreta ocorre o estabelecimento do vínculo relacional ligado por um functor modalizado, em permitido, proibido e obrigatório.

Com a incidência tributária, a norma jurídica transforma em fato jurídico o suporte fático, sendo que, de acordo com Aurora Tomazini de Carvalho, ela se opera da seguinte forma:

> [...] o homem (aplicador), a partir dos critérios de identificação da hipótese de uma norma geral e abstrata, construída com a interpretação dos textos jurídicos, demarca imaginariamente (no plano do ser), a classe de fatos a serem juridicizados. Quando, interpretando a linguagem da realidade social (a qual tem acesso por meio da linguagem das provas), identifica um fato denotativo da classe da hipótese, realiza a subsunção e produz uma nova linguagem jurídica, relatando tal fato no antecedente de uma norma individual e concreta e a ele imputando a relação jurídica correspondente (como proposição consequente desta norma) e, assim o faz, com a denotação dos critérios de identificação do consequente da norma geral e abstrata (incidida), a qual será representativa de um liame a ser estabelecido no campo social.[75]

Assim, a fenomenologia da incidência normativa se dá com a verificação de todos os critérios descritos na regra-matriz de incidência e realização da operação de correspondência entre a norma e o fato. Havendo a relação de inclusão, opera-se a incidência normativa mediante subsunção do fato à norma.

Explica-se que referida subsunção é um processo de inclusão de classes do fato à hipótese normativa abstrata e da relação jurídica ao consequente normativo geral. Estando, portanto, no plano sintático da incidência da norma jurídica.

É correto afirmar que a incidência tributária é automática e infalível em relação ao fato jurídico, mas não em relação ao evento, uma vez que ela depende da produção de uma

---

75. CARVALHO, Aurora Tomazini de. *Curso de teoria geral do direito:* o constructivismo lógico-semântico. São Paulo: Noeses, 2009, p. 418.

linguagem competente que atribua juridicidade ao fato, instaurando-se os efeitos jurídicos a ele correspondentes de forma automática e infalível.

A relação entre o pressuposto normativo e a consequência, decorrente da imputação, consiste na causalidade jurídica, que se projeta no mundo social dos fatos. Se considerarmos a imputação como a responsabilização de alguém a algo, ocorrerá a identidade entre os conceitos, pois, a relação de causalidade jurídica é a relação entre o pressuposto (fatos) e a consequência, que tem o condão de emanar efeitos jurídicos. A causalidade natural difere da causalidade jurídica pelo fato de que esta é construída normativamente, correspondendo ao *dever*-ser. Já aquela constitui-se mera relação social equiparando ao *ser*.

O conceito de causalidade trata dos efeitos que se ligam ao fato, que se tornou jurídico pelo fenômeno da incidência.[76] Por sua vez, o conceito de incidência traz uma técnica do direito que relaciona causas (antecedentes) e efeitos (consequentes), os quais são unidos por um nexo lógico de implicação, estabelecendo, assim, uma relação de causalidade jurídica: um fato torna-se fato jurídico e, disso, provêm os efeitos.

No direito positivo, os fatos determinados no espaço e no tempo correspondem ao antecedente das normas individuais e concretas. Assim, o direito cria a sua realidade, de acordo com suas prescrições referentes aos acontecimentos do mundo fenomênico.

2.2 Norma jurídica

O objeto inicial de análise deve ser a norma em si, primeiro elemento da realidade jurídica. Como explicita Bobbio,[77] considera-se a árvore e não a floresta para a investigação elementar. Assim, preliminarmente, verifica-se o desenho da

76. De acordo com o Prof. Paulo de Barros Carvalho, causalidade jurídica é ligação do acontecimento factual com o vínculo aliorrelativo que se instaura entre sujeitos de direito.

77. BOBBIO, Norberto. *Teoria do ordenamento jurídico*. 10. ed. Brasília: UNB, 2006, p. 20.

norma de responsabilidade que descreve o dano, para somente depois inseri-la no sistema de direito.

De acordo com Nicola Abbagnano,[78] é possível distinguir dois conceitos de norma: 1°) como critério infalível para o reconhecimento ou a realização de valores absolutos (esse é o conceito elaborado pela filosofia dos valores, ainda aceito pelas doutrinas absolutistas); 2°) como procedimento que garante o desenvolvimento eficaz de determinada atividade. Também, de acordo com o construtivismo lógico-semântico, podemos definir norma jurídica como a composição de dois ou mais enunciados prescritivos que impõe a realização ou abstenção de ato, construída a partir de textos positivados e estruturados. Porém, a norma jurídica, quando utilizada para apontar indiscriminadamente as unidades do sistema jurídico, pode denotar: *i*) enunciados do direito positivo; *ii*) a significação deles construída; ou *iii*) a significação deonticamente estruturada, dependendo do plano em que o intérprete trabalha (sintático, semântico ou pragmático).[79]

Segundo Paulo de Barros Carvalho, as normas podem ser divididas em "sentido amplo" e "sentido estrito", sendo que aquelas "aludem aos conteúdos significativos das frases do direito posto, vale dizer, aos enunciados prescritivos, não enquanto manifestações empíricas do ordenamento, mas como significações que seriam construídas pelo intérprete. Ao mesmo tempo, a composição articulada dessas significações, de tal sorte que produza mensagens com sentido deôntico-jurídico completo"[80] corresponderia a estas.

---

78. ABBAGNANO, Nicola. *Dicionário de filosofia*. São Paulo: Martins Fontes, 2007, p. 837.

79. De acordo com Paulo de Barros Carvalho (CARVALHO, Paulo de Barros. *Direito tributário, linguagem e método*. 5. ed. São Paulo: Noeses, 2013. p. 127) "[...] a teoria da norma há de cingir-se à manifestação do deôntico, em sua unidade monádica, no seu arcabouço lógico, mas também em sua projeção semântica e em sua dimensão pragmática, examinando a norma por dentro, num enfoque intranormativo, e por fora, numa tomada extranormativa, norma com norma, na sua multiplicidade finita, porém indeterminada."

80. CARVALHO, Paulo de Barros. *Direito tributário, linguagem e método*. 2. ed. São Paulo: Noeses, 2008, p. 128.

Ainda, nesse contexto, a norma em sentido estrito tem estrutura dual, ou seja, composta de duas partes. A primeira, norma de índole dispositiva (endonorma), é onde se estatuem as relações deônticas de direitos/deveres, como consequência da verificação do pressuposto, fixados na proposição descritiva de situações fáticas ou situações já juridicamente qualificadas. A segunda, norma de índole sancionatória (perinorma), é onde se preceituam as consequências sancionadoras, no pressuposto do não cumprimento do estatuído no enunciado prescritivo determinante da conduta juridicamente devida.

Assim, normas jurídicas em sentido estrito denotam a mensagem deôntica completa, ou seja, são significações construídas a partir dos enunciados postos pelo legislador, estruturadas na forma hipotético-condicional, sendo que a referida estrutura é mostrada pela seguinte composição "se ocorrer o fato H, então deve ser a relação intersubjetiva C: "D (H → C)". Essa estrutura, chamada de norma primária, é a fórmula lógica das ordens, sendo assim que as linguagens prescritivas se manifestam formalmente: "(p → q) . (- q → r)".[81]

De acordo com o Prof. Paulo de Barros Carvalho,

> os comandos jurídicos, para serem compreendidos no contexto de uma comunicação bem-sucedida, devem apresentar um *quantum* de estrutura formal. Certamente que ninguém entenderia uma ordem, em todo o seu alcance, apenas com a indicação, por exemplo, da conduta desejada (ex.: pague a quantia de x reais). Adviria desde logo algumas perguntas e, no segmento das respectivas respostas, chegaríamos à fórmula que tem o condão de oferecer o sentido completo da mensagem, isto é, a identificação da pessoa titular do direito, do sujeito obrigado e, ainda, como quando, onde e porque deve fazê-lo. Somente então estaríamos diante daquela unidade de sentido que as prescrições jurídicas necessitam para serem adequadamente cumpridas.[82]

---

81. Ressalta-se que a bimembridade da estrutura lógica da norma jurídica impõe que a norma sancionatória sem a dispositiva reduz-se a instrumento carecedor de fim material, adjetivo sem o suporte do substantivo.

82. CARVALHO, Paulo de Barros. *Direito tributário*. Fundamentos Jurídicos da Incidência. 4. ed. São Paulo: Saraiva, 2006, p. 19.

Agrega-se na composição da estrutura normativa descrita acima que a norma primária imprescinde de coerção estatal, a qual pode ser verificada na prescrição de outra norma, denominada de secundária, cuja organização formal interna será a mesma. Contudo, o conteúdo desta última veicula na proposição antecedente a descrição da inobservância do fato prescrito no consequente da proposição tese da perinorma (ou norma de índole sancionatória), justamente para penalizar seu inadimplemento mediante providência a ser aplicada pelo Estado-Juiz.[83]

A norma secundária atribui juridicidade às normas primárias, e o faz mediante a coercitividade do Estado-juiz que obrigatoriamente ocupa posição em um dos polos da relação prescrita no consequente daquela. Logo, uma norma primária necessita de norma secundária a fim de que a norma completa tenha coercitividade. Com isso, o preceito veiculado terá aplicação no campo do direito.

Verifica-se que a estrutura hipotético-condicional das unidades do sistema tem como objeto disciplinar o comportamento entre os sujeitos em sentido amplo. Assim, todas os enunciados prescritivos são de conduta (classe universal). Algumas dessas estatuem como criar outras normas, formando uma subclasse própria denominada de "normas de estrutura". Todas as demais formam sua classe complementar, a das "normas de comportamento" ou de conduta em sentido estrito.

Nessa linha, também podemos extrair que referida estrutura hipotético-condicional não é mera decisão arbitrária do legislador, pois nenhuma norma pode fugir a essa construção sob pena de a mensagem prescritiva ser incompreensível. Ainda, todo o comando apresenta-se sob a mesma forma, sendo

83. Conforme informa Lourival Vilanova (VILANOVA, Lourival. *Causalidade e relação no direito*. 4. ed. São Paulo: Revista dos Tribunais, 2000. p. 188) "na primeira (norma primária), realizada a hipótese fática, sobrevém, a relação jurídica com sujeitos em posição ativa e passiva, com pretensões e deveres; na segunda (norma secundária) o pressuposto é o não cumprimento, que funciona como fato fundante de outra pretensão, a de exigir coativamente perante órgão estatal a efetivação do dever constituído na norma primária" .

que a variação encontra-se no conteúdo que satura a fórmula. Assim, a investigação estrutural das normas jurídicas e a construção dos sentidos a partir dos enunciados linguísticos que compõem a estrutura das unidades do sistema favorecem a compreensão do fenômeno jurídico.

2.3 Estrutura lógico-normativa da responsabilidade

Entender a norma de responsabilidade do Estado e qualificar seus critérios permite identificar as hipóteses em que o direito positivo autoriza seu nascimento, o momento e o local da incidência da norma, e como se opera a relação jurídica correlata, quem são seus sujeitos e qual é a obrigação referida.[84]

Assim, quanto ao teor da norma jurídica de responsabilidade do Estado por ato de conteúdo tributário,[85] verifica-se que a proposição-antecedente da norma de índole dispositiva (endonorma) é composta pela descrição hipotética de um fato

---

84. Essa questão não passou despercebida por Maurício Zockun (ZOCKUN, Maurício. Responsabilidade Patrimonial do Estado. Matriz Constitucional, a responsabilidade do Estado por atos legislativos, a obrigatoriedade da prévia indenização e a responsabilidade pessoal do parlamentar. São Paulo: Malheiros, 2010, p. 29), que assim explicou: "Se entendermos que a responsabilidade patrimonial do Estado se qualifica como uma *norma jurídica*, devemos, então, identificar as hipóteses em que o direito positivo autoriza seu nascimento. E isso de forma que, ao ensejo de definir uma dada hipótese como autorizadora do nascimento da responsabilidade patrimonial do Estado, não se descreva um fato que faz surgir uma relação jurídica de índole diversa da ora examinada."

85. Convém esclarecer que na norma geral e abstrata, a hipótese contém critérios de identificação de um fato jurídico (representada por uma classe de infinitos acontecimentos) e o consequente contém critérios de identificação de uma relação jurídica (representada por uma classe de infinitas relações que espelham a extensão), ambos ligados por um vínculo implicacional de dever-ser (→) próprio da causalidade normativa. Denotando o conceito da hipótese, o fato jurídico é constituído e a ele imputa a relação jurídica correspondente, contida na norma geral e abstrata (como proposição tese da norma individual e concreta). Sobre o conteúdo de "dever-ser", Hans Kelsen (KELSEN, Hans. *Teoria geral das normas*. Porto Alegre: Fabris Editor, 1986, p. 72) esclarece que: "Dever-ser é, porém, o sentido de todo ato de vontade dirigido à conduta de outrem, todo ato-mandamento, também de um tal que prescreve algo que está em conflito com as normas jurídicas positivas é um dever-ser, mesmo que estas normas jurídicas, do ponto de vista de qualquer uma Moral, possam ser julgadas como imorais."

jurídico tributário, de possível ocorrência em determinado tempo e espaço. Referida norma traz como proposição-tese a prescrição de uma conduta intersubjetiva, de conteúdo relacional, que enlaça o sujeito passivo e o sujeito ativo em torno de um comportamento regulado correspondente ao dever prestacional da obrigação tributária.[86]

Ressalta-se que estão contidas na proposição-tese as obrigações do Estado de fazer efetivada a prestação devida pelo sujeito passivo. Dito de outra forma, no consequente normativo estão prescritas tanto as ações devidas pelo sujeito passivo quanto as pelo sujeito ativo, este no dever de implementar o cumprimento da obrigação tributária por aquele.

Nesse contexto, tendo em vista que para a realização da obrigação tributária o sujeito ativo está habilitado a realizar diversas medidas, é certo que referidas ações (condutas omissivas ou comissivas) do Estado devem estar contidos nos limites ditados pela legalidade.

O ordenamento jurídico possibilita que, no caso de excesso (aqui entendido como o que causa dano) em relação aos citados limites do sujeito ativo para implementação da obrigação tributária, referido fato integrará a proposição antecedente da norma de índole sancionatória (perinorma). Nesse contexto, a proposição-tese será a prescrição do vínculo jurídico voltado a um objeto prestacional, que no caso será a relação jurídica a ser formada entre o sujeito ativo e o sujeito passivo que sofreu lesão na sua esfera jurídica, com o estabelecimento da responsabilidade do Estado, correspondente à conduta de indenizar o dano injustamente suportado.[87]

---

86. O objeto da obrigação tributária pode ser uma prestação de pagar (dar), ou de fazer, ou não fazer.

87. ZOCKUN, Maurício. *Responsabilidade patrimonial do Estado.* Matriz Constitucional, a responsabilidade do Estado por atos legislativos, a obrigatoriedade da prévia indenização e a responsabilidade pessoal do parlamentar. São Paulo: Malheiros, 2010, p. 25-26, esclarece que "o nascimento de um *fato* (cometimento de um dano) desencadeia uma *consequência* (surgimento de um vínculo jurídico que impõe o encargo de se reparar patrimonialmente o dano causado). E é justamente essa

A estrutura lógico-sintática da norma hipotética-condicional descrita acima, referente à responsabilidade do Estado por dano tributário, pode ser assim representada:

$$
Nje \left| \begin{array}{l} Ht \equiv Cm_{(v.c)} \,.\, Ce \,.\, Ct \\ \quad \Big\downarrow \; Dsn \\ Cst \equiv \underset{Dsm}{Cp_{(sa\,.\,sp)}} \,.\, Cq_{(bc\,.\,al)} \end{array} \right. \quad v \quad Njr \left| \begin{array}{l} \quad F \\ \quad \Big\downarrow \; Dsn \\ Cst' \equiv \underset{Dsm}{Cp_{(sa\,.\,sp)}}' \,.\, Cq' \end{array} \right.
$$

Em que,

- Nje = Norma jurídica tributária ou endonorma.
- Ht = Hipótese tributária.
- Cm = Critério material.
- (v . c) = verbo e complemento.
- Dsn = Functor deôntico não modalizado (dever-ser neutro).
- $\rightarrow$ = operador implicacional.
- Cst = Proposição antecedente da norma de índole dispositiva ou endonorma.
- Cp = Critério pessoal.
- (sa . sp) = relação jurídica *tributária* entre sujeito ativo e sujeito passivo.
- Dsm = Dever-ser modalizado.

---

imputação (de um fato a uma consequência) que caracteriza a existência de uma *norma jurídica.*" E ainda, "a conduta do Estado danosa ao patrimônio jurídico alheio configura o *antecedente* ou a *hipótese* de uma norma jurídica. Já o encargo do Estado de adotar medida econômica reparadora é o *consequente* ou o mandamento dessa norma jurídica. Por fim, o nexo causal nada mais é que o *vínculo interproposicional* que une o *antecedente* ao *consequente.*"

- Cq = Critério prestacional correspondente ao objeto da obrigação tributária.
- (bc . al) = base de cálculo e alíquota.
- " . " = operador conjuntivo lógico.
- " ≡ " = conectivo bicondicional.
- " v " = disjuntor includente.
- Njr = Norma jurídica de responsabilidade do Estado ou perinorma.
- F = Proposição antecedente da norma de responsabilidade, correspondente a um hipotético fato danoso tributário, decorrente de ação do Estado que excedeu os limites de cumprimento da obrigação tributária.
- Cst' = Proposição-tese da norma de índole sancionatória ou perinorma.
- (sa . sp)' = relação jurídica *obrigacional* de responsabilidade entre sujeito ativo e sujeito passivo.
- Cq' = Critério prestacional correspondente a descrição do dever do Estado de indenizar dano injustamente suportado pelo sujeito passivo da obrigação tributária.

Aqui importa firmar que o Estado é sujeito de poderes/deveres no implemento da obrigação tributária, correspondentes às condutas omissivas ou comissivas tidas para efetivar o cumprimento, por parte do sujeito passivo, dos deveres descritos na proposição-tese da regra-matriz de incidência tributária. Quando o Estado extrapolar os limites legais e gerar lesão na esfera jurídica do sujeito passivo, estar-se-á diante do antecedente normativo da norma de responsabilidade do Estado por atos de conteúdo tributário de índole sancionadora.

Referida norma indica o mínimo indispensável ao fato[88] descrito no antecedente, qual seja, a lesão, o dano injustamente

88. De acordo com Aurora Tomazini de Carvalho (CARVALHO, Aurora Tomazini de. *Curso de teoria geral do direito:* o constructivismo lógico-semântico. 4. ed. São Paulo:

suportado pelo sujeito passivo decorrente da realização da obrigação tributária. Aí está o fundamento para se denominar o fato em questão, descrito no antecedente normativo da norma de índole sancionatória (perinorma), de "fato danoso tributário".

Para aplicação da norma acima delineada (norma geral e abstrata) de responsabilidade do Estado por atos de conteúdo tributário, em primeiro lugar, verificar-se-á se a conduta do Estado, prevista no consequente da norma de índole dispositiva, foi realizada dentro dos padrões legais, isto é, se o fato ocorreu conforme o estabelecido na prescrição contida na endonorma. Se a conduta prescrita extrapolar e gerar lesão ao patrimônio do sujeito passivo além do que este deveria suportar, ou seja, acima do contorno permitido pela legislação, a perinorma está apta a incidir, com a consequente sanção nela prevista – pagamento de indenização. Com isso, e mediante a descrição dos fatos em linguagem competente, estar-se-á diante da norma individual e concreta de responsabilidade do Estado.

Não obstante, conforme já informado, a norma primária descrita acima não existe isoladamente. Na sua completude, as unidades do sistema estão vinculadas às prescrições de providências sancionatórias aplicáveis pelo Estado-Juiz. São as chamadas normas secundárias, em que a proposição antecedente

---

Noeses, 2014, p. 532), evento é o acontecimento no mundo fenomênico despido de qualquer formação linguística. O fato, por sua vez, é o relato do evento, constituindo-se num enunciado denotativo de uma situação delimitada no tempo e no espaço. Já por fato *jurídico*, entende-se o relato do evento em linguagem jurídica, constituído em linguagem competente e que ocupa posição de antecedente de uma norma jurídica individual e concreta.
Os fatos da realidade social, enquanto não constituídos mediante linguagem jurídica própria, qualificam-se como eventos em relação ao mundo do direito. Diz-se que um fato é jurídico quando produz efeitos na ordem jurídica – assim entendido a realização de alguma alteração no sistema do direito positivo. O fato jurídico pode ser entendido em sentido amplo e em sentido estrito. Aquele se caracteriza como um enunciado denotativo que ocupa posição sintática de antecedente de normas concretas, que se refere a uma ocorrência passada, verificada nos moldes de uma hipótese normativa. Já este é qualquer enunciado jurídico que relate a ocorrência de um evento e que produza efeitos na ordem jurídica, mas não necessariamente instituindo direito e deveres correlatos individualizados. Os fatos jurídicos são chamados de tributários quando revestidos da linguagem própria que o direito tributário impõe.

aponta para um comportamento do Estado violador da conduta prescrita na norma primária. Aqui, temos como proposição antecedente a descrição do fato de o Estado descumprir o comando de realizar o pagamento da indenização devida ao sujeito passivo que sofreu lesão por ato de conteúdo tributário. Como proposição tese, há a prescrição dirigida ao Estado-juiz para exigir coativamente a sanção cabível pelo descumprimento da norma primária de responsabilidade do próprio Estado.

Essa compreensão da estrutura da unidade do sistema jurídico, ou seja, da norma, tomada como um conjunto de partes que entram em relação formando um todo unitário,[89] importa para compreensão da responsabilidade do Estado perante atos de conteúdo tributário na medida em que permite a identificação e compreensão dos elementos que integram o suporte fático hipotético da norma. Bem como informa qual é o fundamento que faz com que a norma de responsabilidade incida. Lembrando-se que, havendo violação da norma jurídica, frustra-se o propósito do Direito – de garantir segurança jurídica às relações intersubjetivas, portanto, a todos.

Daí porque, nessa linha, Maurício Zockun traz que da análise normativa da responsabilidade decorre um grande número de consequências, sendo imprescindível identificar as hipóteses em que o direito positivo autoriza o nascimento da responsabilidade. Como exemplo da importância da análise da norma, o referido autor cita:

> Diz-se que, que no caso da responsabilidade objetiva, o Estado ou quem lhe faça as vezes deixará de responder se faltar nexo causal entre seu comportamento comissivo e o dano – como ocorre, por exemplo, no caso de culpa exclusiva do lesado ou da vítima.
>
> Pois bem, nesses casos, essas conclusões são extraídas da análise normativa da responsabilidade patrimonial do Estado. Deveras, se a lesão decorre de conduta exclusiva do lesado, o *antecedente*

89. CARVALHO, Paulo de Barros. Para uma teoria da Norma jurídica. Da teoria da norma à regra-matriz de incidência tributária. Disponívem em: http//www.ibet.com.br/para-uma-teoria-da-norma-a-regra-matriz-de-incidencia-tributaria-por-paulo-de-barros-carvalho/, p. 1. Acesso em: 20 jun. 2015.

> normativo (dano patrimonial ou extrapatrimonial economicamente relevante) não adveio do comportamento do Estado. Não está, por assim dizer, preenchida a hipótese que fará nascer a responsabilização patrimonial do Estado.
>
> Logo, nesse caso não se aperfeiçoou a norma jurídica que tipifica o nascimento da responsabilidade patrimonial do Estado, pois seu "suporte fático" não se verificou no mundo real.[90]

Nesse sentido, para a compreensão do tema, importa trazer pormenorizadamente qual é o conteúdo da proposição tese da perinorma. Aqui, estará prescrita a relação jurídica obrigacional a ser formada com a incidência da norma de responsabilidade, desencadeada entre o sujeito passivo e o sujeito ativo da obrigação tributária. Este com o dever de realizar o ressarcimento do prejuízo injustamente suportado por aquele. Referida relação terá como conteúdo a própria responsabilidade, que, conforme será analisado, trará o dever de o Estado indenizar o fato danoso.

Em linguagem formalizada, tem-se o seguinte esquema lógico: [D (p . -q) → Sn]. Com o seguinte desdobramento de Sn: (S' R S"). Em que: "p" é a ocorrência do fato de indenizar o dano; ".", o conectivo conjuntor; "- q" é o fato danoso tributário; "→", o operador implicacional; e "Sn" a sanção, desdobrada em S', como o sujeito ativo da obrigação tributária e pessoa coagida ao cumprimento da prestação de indenizar; "R", o relacional deôntico correspondente à *responsabilidade do Estado*; e S", o sujeito passivo da obrigação tributária e pessoa credora da indenização.

2.4 Suporte fático da norma de responsabilidade

O que faz nascer o dever de o Estado reparar o fato danoso tributário é a própria ocorrência do dano, já que esse é o suporte

---

90. ZOCKUN, Maurício. *Responsabilidade patrimonial do Estado.* Matriz Constitucional, a responsabilidade do Estado por atos legislativos, a obrigatoriedade da prévia indenização e a responsabilidade pessoal do parlamentar. São Paulo: Malheiros, 2010, p. 27.

fático da norma de responsabilidade. Sem o dano, não há o que se falar em responsabilidade. Logo, a eclosão da relação jurídica de responsabilidade se dá com a descrição em linguagem do fato danoso, e não com a conduta do agente do Estado. Nas palavras de José Cretella Júnior, "A existência da responsabilidade só se configura quando há *dano* ou *prejuízo*, 'evento que desequilibra o patrimônio econômico ou moral do administrado'".[91]

Mas, é importante ter em mente que não é qualquer dano que pode ser o suporte fático da norma de responsabilidade tributária do Estado. O dano precisa ter caráter de anormal, ou seja, deve superar os limites de tolerância que o direito impõe aos particulares.

Para Elcio Trujillo, "define-se o elemento configurador da responsabilidade civil como sendo a ocorrência de um prejuízo a alguém, prejuízo este que afeta o equilíbrio social".[92] Assim, só se cogita de responsabilidade civil onde houver dano indevido (anormal), com o que importa afirmar que referido dano é pressuposto para o nascimento da responsabilidade.[93]

Com isso, o que importa para deflagar a norma de responsabilidade tributária do Estado é a materialidade do fato danoso, apto a integrar o antecedente da perinorma, sendo que, conforme será oportunamente abordado, a análise da conduta ilegal ou exercida com abuso do direito pelo Estado somente terá importância para fins de imputação da responsabilidade, ou seja, para identificar quem é o sujeito responsável pelo ressarcimento dos prejuízos decorrentes da relação jurídica anterior (investigação do nexo causal), o que se dará mediante a verificação da relação de causalidade lógica entre a conduta

---

91. CRETELLA JR., José. *O Estado e a obrigação de indenizar.* São Paulo: Saraiva, 1980, p. 193.

92. TRUJILLO, Élcio. *Responsabilidade do Estado por ato lícito.* São Paulo: LED Editora de Direito, 1996, p. 136.

93. Nessa linha é o pensamento do Professor Fernando Facury Scaff (SCAFF, Fernando Facury. *Responsabilidade do Estado intervencionista.* São Paulo: Saraiva, 1990, p. 56), para o qual "Não se pode falar de responsabilidade jurídica sem a visualização de um prejuízo".

estabelecida no consequente da endonorma e o fato descrito na proposição antecedente da perinorma de responsabilidade.

2.5 Relação jurídica decorrente da incidência da norma

Relação é o modo de ser ou de se comportarem dois ou mais termos entre si. Referida relação pode adquirir o *status* de jurídica quando pertinente à própria estrutura da norma,[94] ou quando os termos se subsumirem ao disposto em um determinado preceito jurídico, fazendo com que, por força da imputação normativa, uma pessoa possua o direito subjetivo de exigir de outra o cumprimento de certa prestação, e essa outra tenha o dever de adimplir a obrigação correspondente.

A relação jurídica[95] se caracteriza como um fato jurídico (fato conduta), e ocupa a posição sintática de consequente de uma norma, sendo que para o presente estudo, o fato relacional é efeito do fato danoso tributário, descrito na proposição antecedente da perinorma. Logo, dado o fato danoso tributário, deve ser a responsabilidade do Estado emergente da obrigação tributária.

Nesse contexto, o fato relacional é identificado na proposição tese da perinorma de responsabilidade e consiste no vínculo a ser estabelecido entre o ofendido (sujeito passivo da obrigação tributária) e o causador do dano (sujeito ativo/Estado), com o dever jurídico de reparar a lesão injustamente suportada por aquele. O liame entre estes sujeitos constitui a própria *responsabilidade*, daí o fato pelo qual se trata esta como sinônimo da relação jurídica em comento.[96]

---

94. O caráter relacional do direito está presente na própria estrutura da norma, na medida em que esta é uma relação de implicação entre proposições (antecedente e consequente).

95. *Relação* aqui tomada no seu sentido semântico, ou seja, de enunciado prescritivo, projetado para o futuro, que determina a conduta que será deonticamente devida.

96. Percebe-se que *fato danoso tributário*, *responsabilidade* e *ressarcimento* não se confundem. O primeiro trata do fato descrito no antecedente da perinorma de responsabilidade e corresponde a uma lesão na esfera jurídica do sujeito passivo. O

Na linha exposta, a materialização da relação jurídica emergente de dano tributário ocorrerá com o ato de aplicação do direito, mediante a descrição em linguagem competente do fato descrito no antecedente normativo da perinorma, o fato danoso tributário. Isso se dará com a constituição da norma individual e concreta e o estabelecimento do vínculo relacional prescrito no consequente normativo, correspondente da própria responsablidade patrimonial do Estado.[97] A norma geral e abstrata apenas indica os vínculos a serem instituídos entre os sujeitos, para cujos termos emergem direitos e deveres correlatos. Já a norma individual e concreta materializa a relação entre os sujeitos determinados (sujeito ativo e sujeito passivo) e estabelece o dever-ser de o causador do dano indenizar o ofendido.

Por força disso, o desencadeamento da norma de responsabilidade do Estado por atos de conteúdo tributário se dará com a aplicação da norma e a consequente investidura dos sujeitos da relação jurídica obrigacional na condição de ofendido e causador do dano. Estabelecendo-se o liame, conhecidos estarão o constrangido a cumprir a obrigação de reparar o dano e o titular do direito de receber a correlata indenização.

Com a descrição em linguagem competente do fato danoso tributário, decorrente de suposta relação jurídica tributária violadora direito patrimonial ou moral do sujeito passivo, estabelece-se a relação jurídica obrigacional, permitindo a imputação do dever de indenizar ao Estado. A esse respeito, como a hipótese normativa é utilizada para descrição do fato jurídico, a proposição-tese da norma geral e abstrata restará determinada quanto aos limites conotativos da relação jurídica, e mediante a denotação dos critérios do consequente. Porém, será apenas

---

segundo diz respeito à da relação jurídica obrigacional prescrita na proposição tese da mesma norma, estabelecida entre os sujeitos ofendido e causador do dano. Já o terceiro corresponde à prestação devida pelo Estado que reparará o fato danoso tributário.

97. A relação formal de implicação entre antecedente e tese só se dá com a transcrição em linguagem competente do fato jurídico, que, no caso do estudo proposto de responsabilidade, será o dano jurídico tributário, fazendo com que surjam os efeitos decorrentes da responsabilidade prescritos na consequência da norma.

com a norma individual em concreto, trazida pelo ato de aplicação, que a relação jurídica emergente de obrigação tributária se materializa; antes será tida como inexistente.

Diante do estabelecimento da relação jurídica obrigacional, verificada pela violação da esfera jurídica tutelada que ocasiona dano, o Estado ocupará a posição de ser civilmente responsável pela lesão ao bem jurídico tutelado e injustamente suportado pelo sujeito passivo. Isso em razão de seus atos praticados tanto na esfera do Poder Executivo, quanto Legislativo e Judiciário.

2.6 Natureza jurídica da norma de responsabilidade

De acordo com o que foi sustentado, verifica-se que a norma jurídica de responsabilidade do Estado por atos de conteúdo tributário tem seu rompimento com o fato danoso tributário, ou seja, com a lesão injustamente suportada pelo sujeito passivo da obrigação tributária. Referido fato está descrito na proposição antecedente da perinorma, na norma de índole sancionatória, com o que se pode afirmar que a natureza jurídica da norma em questão também é "sancionatória".[98]

98. Em linhas gerais *sanção* (do latim *sanction*) é a consequência imputada pela norma a uma determinada conduta, ou, é à penalidade imposta em decorrência da prática de algum ilícito (seja por ação ou omissão). De acordo com Nicola Abbagnano (ABBAGNANO, Nicola. *Dicionário de filosofia*. 5. ed. São Paulo: Martins Fontes, 2007, p. 205), sanção pode ser concedida sob duas orientações fundamentais da ética: *i)* sanção é consequência que determinada ação produz em determinada ordenação – pode ser natural, moral ou jurídica, de acordo com a natureza da ordenação que a determine; ou *ii)* sanção é estímulo à conduta. A *sanção administrativa* reforça a eficácia dos deveres jurídicos previstos em normas primárias estabelecendo multa ou outras penalidades. Sua principal característica é a de que lhe falta a presença da atividade jurisdicional na exigência coativa da prestação. A sanção não pode ser confundida com infração, pois, *infração* é a conduta antijurídica de transgreção de um determinado mandamento prescrito no antecedente de uma norma sancionatória. De acordo com o Prof. Paulo de Barros Carvalho (CARVALHO, Paulo de Barros. *Direito tributário, linguagem e método*. 2. ed. São Paulo: Noeses, 2008, p. 760), infração é "toda ação ou omissão que, direta ou indiretamente, represente descumprimento dos deveres jurídicos estatuídos em leis fiscais". As *infrações* podem ser classificadas de acordo com a participação do agente na realização do tipo. A *infração objetiva* é aquela que independe da intenção do agente, sendo relevante apenas o resultado, descabendo a análise do *animus* do sujeito. Já a *infração*

Nesse contexto, o fato danoso tributário é pressuposto para incidência da prescrição ressarcitória. Se o Estado, no desempenho de suas atividades, causar lesão ao sujeito passivo da obrigação tributária, deve ser a incidência da prescrição de que o direito lesado será patrimonialmente recomposto. Note-se que, de acordo com a premissa metodológica adotada não há responsabilidade patrimonial do Estado sem que haja lesão à esfera juridicamente protegida do sujeito passivo da obrigação tributária, com o que se pode afirmar que o foco da norma de responsabilidade em comento está no fato danoso tributário, e não na conduta perpetrada pelo Estado.[99] O comportamento Estatal será relevante apenas para definir o sujeito obrigado na relação jurídica obrigacional, porém não é o que desencadeia a incidência da norma de responsabilidade ora estudada. Isso se dá porque é o fato danoso (e sua respectiva transcrição em linguagem competente) que consta descrito no antecedente da perinorma de responsabilidade, e não a conduta do Estado.

---

subjetiva imprecindem do dolo ou da culpa, devendo haver análise do *nexus* entre a conduta do agente e o efeito que provocou, já que a conduta integra o vulto típico da infração. Por fim, impende trazer que a norma sancionatória é a que descreve o fato antijurídico no seu antecedente e prescreve a providência desfavorável ao autor do ilícito (ou seja, a sanção) no consequente.

99. Partindo de outras premissas, mas chegando à mesma conclusão é o pensamento de Récio Eduardo Cappelari (CAPPELARI, Récio Eduardo. Reflexões sobre o dano injusto: a concretização da ideia de justiça. *Revista Justiça do Direito*, v. 24, n. 1 (2010). Disponível em: https://bit.ly/2MtuuMc Acesso em: 04 jun. 2019, p. 67), para quem "[...] a partir da construção de um direito de danos, expressão usada modernamente para referir o estágio atual da teoria da responsabilidade civil nesse aspecto, o entendimento dessa responsabilidade se encontra relacionado à ideia moralizadora e delimitadora da autonomia individual, nascida juntamente diante com as novas invenções, inovações e desafios do século XIX, que exigiram outro posicionamento do legislador diante dos novos fatos passíveis de serem indenizáveis. Nesse contexto, o dano injusto encontra terreno fértil em todos os sentidos, a partir da noção de que o estabelecimento de uma relação direta entre o dano e a injustiça deve priorizar o atendimento à vítima, ampará-la social e constitucionalmente." Ainda, "não se examina se o fato imputado ao agente é lícito ou ilícito, mas sim, a natureza dos interesses que foram lesados. E esses interesses também podem ser ilícitos ou ilegítimos. Na verdade, está em julgamento a ocorrência de um fato que causou uma ofensa a interesses de outra pessoa, devendo, pois, verificar se esses são, ou não, juridicamente relevantes para efeitos de sua proteção com a reparação dos prejuízos causados".

Também confirma a tese anterior o fato de que, como o dano sempre decorre de uma lesão a direito, a responsabilidade do Estado por atos de conteúdo tributário deve ter caráter sancionatório.

Nesse sentido, havendo violação de direito alheio, materializada pela descrição em linguagem do fato danoso tributário, haverá uma sanção tendente a reparar a ordem jurídica violada. Referido comando (descrição e prescrição da conduta) consta na perinorma da norma de responsabilidade do Estado por atos de conteúdo tributário. E será por essa norma, de índole sancionatória, que a harmonia social será recomposta, ainda que a recomposição seja apenas uma presunção jurídica.[100]

Não obstante, convém esclarecer que, de acordo com a premissa que adotamos, atribuir natureza sancionatória para a norma de responsabilidade do Estado por atos de conteúdo tributário não afasta o dever de o Estado indenizar o fato danoso quando decorrente de atos lícitos. Conforme já exposto, a conduta do Estado, contida na proposição tese da endonorma, em nada afeta a incidência da prescrição referente à responsabilidade. Podendo-se afirmar que, se o dano adveio de comportamento lícito ou ilícito em nada importará para o desencadeamento da relação obrigacional.[101]

---

100. Conforme esclarece Maurício Zockun (ZOCKUN, Maurício. *Responsabilidade patrimonial do Estado.* Matriz Constitucional, a responsabilidade do Estado por atos legislativos, a obrigatoriedade da prévia indenização e a responsabilidade pessoal do parlamentar. São Paulo: Malheiros, 2010, p. 34), "Em diversas oportunidades não se consegue recompor a situação fática preexistente à lesão perpetrada. Nesses casos, como o Direito edifica suas próprias realidades, presume-se que um direito lesado será recomposto por meio da adoção de uma medida de índole sancionatória, ainda que concretamente não se possa retornar ao *status quo ante.*" Com efeito, a reparação pecuniária não visa a retornar a situação anterior, mas sim compensar a lesão injustamente suportada pelo ofendido. Embora, a medida ressarcitória ou indenizatória seja, na maioria das vezes, apenas considerada como solução jurídica para preservação do direito de propriedade em sua projeção econômica.

101. Esse entendimento é claramente exposto por Silvio Neves Baptista (BAPTISTA, Silvio Neves. *Teoria geral do dano:* de acordo como novo Código Civil Brasileiro. São Paulo: Atlas, 2003, p. 49), vejamos: "Existem diversas categorias do fato jurídico que podem gerar o fato danoso. A norma que prevê o dano descreve esse fato jurídico, ora como resultado da conduta ilícita (dano ilícito), ora, excepcionalmente, como resultado de uma conduta lícita (dano lícito). Assim, nem sempre o dano

Por essa razão, sendo o fato danoso tributário que dá a compostura da norma que prescreve a recomposição da lesão injustamente suportada pelo sujeito passivo da obrigação tributária, conclui-se que a natureza jurídica da norma de responsabilidade do Estado por atos de conteúdo tributário é "sancionatória".

2.7 Ausência de previsão normativa expressa

Não existe no ordenamento jurídico brasileiro regras específicas que regulem a responsabilidade do Estado emergente de obrigação tributária. Não obstante o silêncio legislativo em relação à especificidade do tema, não se pode afastar a aplicação do princípio geral contido no art. 37, § 6° da Constituição Federal, segundo o qual o Estado é objetivamente responsável pelos danos que seus agentes, nessa qualidade, causarem a terceiros.[102] Referida responsabilidade não está afeta apenas pelos seus serviços públicos em sentido técnico estrito, mas também por qualquer de suas atividades.[103] Vejamos:

> Art. 37. A administração pública direta e indireta de qualquer dos Poderes da União, dos Estados, do Distrito Federal e dos Municípios obedecerá aos princípios de legalidade, impessoalidade, moralidade, publicidade e eficiência e, também, ao seguinte:
>
> [...]
>
> § 6º. As pessoas jurídicas de direito público e as de direito privado prestadoras de serviços públicos responderão pelos danos que seus agentes, nessa qualidade, causarem a terceiros, assegurado o direito de regresso contra o responsável nos casos de dolo ou culpa.

---

consiste numa ilicitude, previsto numa norma definidora de uma conduta ilícita, conforme pensou por muito tempo a doutrina tradicional, já que ele pode também ser considerado uma conduta lícita."

102. Agrega-se a isso a sedimentação da matéria da responsabilidade civil, prescrita no parágrafo único do art. 927 do Código Civil Brasileiro, o qual estabelece que: "Haverá obrigação de reparar o dano, independentemente de culpa, nos casos especificados em lei, ou quando a atividade normalmente desenvolvida pelo autor do dano implicar, por sua natureza, risco para os direitos de outrem".

103. ARAGÃO, Alexandre Santos de. *Curso de direito administrativo.* 2. ed. Rio de Janeiro: Forense, 2013, p. 578.

O princípio geral da responsabilidade constante na Carta Magna determina que *dada a materialização de um fato danoso decorrente da conduta de agente do Estado, deve-ser o dever de este reparar o dano ao ofendido.* Ora, a proposição antecedente descreve um fato danoso originário de uma conduta do Estado. Já a proposição-tese prescreve a relação de responsabilidade formada entre o Estado e o ofendido, cujo conteúdo é o ressarcimento do prejuízo injustamente suportado pelo particular.

Na medida em que a consagração normativa constitucional expressa da norma de responsabilidade patrimonial do Estado corresponde em todos os seus termos à perinorma de responsabilidade por danos emergentes de obrigação tributária, reconhece-se a possibilidade de aplicação do direito positivado à atuação do Estado em seus atos correspondentes ao poder/dever de cumprimento da obrigação tributária.

Sobre isso importa trazer que a aplicação do comando constitucional esculpido do art. 37, § 6°, da Constituição Federal aos danos decorrentes da conduta do Estado perante atos de conteúdo tributário não ficou à margem da análise do Judiciário, que mediante seus tribunais já se manifestou reiteradamente sobre a ampla possibilidade de incidir a norma de responsabilidade patrimonial do Estado no caso de atos emergentes de obrigação tributária.[104]

---

104. A título de exemplo é o julgado do Tribunal Regional Federal da 4ª Região, cuja ementa é: "ADMINISTRATIVO. RESPONSABILIDADE CIVIL DO ESTADO. EXECUÇÃO FISCAL INDEVIDAMENTE AJUIZADA. INSCRIÇÃO NO CADIN. DANO MORAL. 1. Os elementos encartados nos autos dão conta de que a autora, ora apelada, ajuizou ação anulatória de débito fiscal, tendo sido suspensa, por tutela antecipada proferida em 29 de outubro de 2012, a exigibilidade do crédito tributário, e tendo sido intimada de tal decisão a apelante (União) em 30.10.2012. 2. Ocorre que, mesmo suspensa a exigibilidade do crédito tributário, a ré, ora apelante, incluiu o nome da autora no CADIN e, em 30.04.2013, ajuizou em seu desfavor a execução fiscal, com o fito de cobrar o valor cuja exigibilidade já havia sido suspensa por decisão judicial. 3. O abalo moral à apelada é inconteste, vez que demandada em execução fiscal com base em título executivo extrajudicial que não reunia os requisitos legais, ou seja, não era exigível, sendo indevidamente inscrita em cadastro restritivo de crédito. A apelada é pessoa de saúde frágil e de idade avançada (86 anos). 4. Não merece provimento a alegação da União de que o ato da Procuradoria da Fazenda Nacional teria sido respaldada pelo ato do Judiciário, ao

Ressalta-se que em todos os casos submetidos ao crivo do Supremo Tribunal Federal, não houve o afastamento da incidência do princípio geral de responsabilidade patrimonial do Estado aos danos emergentes de obrigação tributária. O que se sucedeu foi que o Tribunal Constitucional entendeu pela impossibilidade de apreciação dos processos em virtude de implicar apreciação da matéria fática. Nesse sentido, pode-se concluir que, ao deixar de analisar a questão em razão de que seria necessária a análise dos fatos, o direito supostamente aplicável não foi expressamente afastado.

Daí por que a norma constitucional esculpida no art. 37, § 6° da Constituição da República, ao prever que o nascimento de um fato danoso desencadeia a consequência de se reparar patrimonialmente o dano causado, justifica a responsabilidade do Estado decorrente de atos tributários danosos. Com o que a ausência de previsão normativa expressa para atos tributários não é óbice para que o Estado se abstenha de participar da recomposição do dano causado aos contribuintes.

determinar a citação da execução fiscal, sendo que, por isso, a União não deveria ser responsabilizada. Nos casos de distribuição de execuções fiscais, o juízo inicial recai especialmente sobre a regularidade formal da Certidão de Dívida Ativa, não sendo possível ao magistrado ter prévio conhecimento acerca de eventos envolvendo a inexigibilidade do título, como no caso concreto, cuja situação, é certo, era do pleno conhecimento da Procuradoria da Fazenda Nacional. (TRF4, ApelReEx 5020712-51.2013.404.7200, Terceira Turma, Relatora p/ Acórdão Salise Monteiro Sanchotene, juntado aos autos em 06.11.2014)".

Capítulo 3

CONDUTA DO ESTADO ORIGINÁRIA DO DANO: IMPUTAÇÃO

Embora os pressupostos que ensajam o nascimento do dano tributário não sejam o fundamento da norma que desencadeia o dever de o Estado indenizar, eles importam para compreensão da responsabilidade do Estado perante seus atos de conteúdo tributário. Deveras, para desencadear a responsabilidade patrimonial do Estado, o dano deve estar associado a uma conduta Estatal,[105] ainda que com ou sem culpa do autor (de acordo com a responsabilidade objetiva ou subjetiva tratada pela doutrina tradicional).

Frisa-se que é o resultado do comportamento do Estado que faz nascer o dever de indenizar e não a própria conduta deste. Com isso, a causa que leva a ocorrência do dano ilegítimo não interfere na sua morfologia, mas sim na imputação do

105. Evidente que o Estado só pode realizar as atividades que lhe são próprias mediante a ação ou omissão de pessoas investidas na função de tornar concreta as ações estatais. Assim esclarece Alexandre Santos de Aragão (ARAGÃO, Alexandre Santos de. *Curso de direito administrativo*. 2. ed. Rio de Janeiro: Forense, 2013. p. 582), "O Estado, como poder jurídico, manifesta a sua vontade e pratica atos materiais por pessoas físicas que revestem a condição de agentes seus. Há uma relação de imputação direta ao Estado dos atos de seus agentes, razão pela qual o ato da pessoa é considerado um ato da pessoa jurídica estatal".

dever-ser de repará-lo a tal ou qual agente, ou seja, na identificação do seu responsável.

Importante é considerar que, de acordo com a estrutura completa da norma de responsabilidade do Estado emergente de obrigação tributária, dois são os momentos em que a conduta do Estado está prescrita. Primeiramente tem-se os atos constantes na proposição tese da endonorma, consistentes no poder/dever de exigir o cumprimento da obrigação tributária. Em segundo lugar, está a conduta prescrita no consequente normativo da perinorma, de reparar o dano indevidamente suportado pelo sujeito passivo.

Temos que a conduta originária do fato danoso tributário se refere apenas aos elementos constantes na proposição-tese da endonorma, e são eles que determinam quem figurará na relação jurídica obrigacional de responsabilidade patrimonial do Estado. Quanto ao comportamento perpetrado no consequente normativo da perinorma, este diz respeito ao adimplemento do dever-ser de indenizar o sujeito passivo, ou seja, trata do pagamento da indenização devida pela lesão causada, sendo que seu descumprimento fará desencadear a norma secundária a ser aplicada pelo Estado-juiz.

Isso confirma que a realização de investigação do fator que deu início ao evento danoso é importante para determinação do responsável pelo dano. Se referido evento não tivesse acontecido, o dano não teria sido verificado, consequentemente não haveria o dever de reparar por aquele agente.

3.1 Responsabilidade por ato omissivo e por ato comissivo

Na responsabilidade do Estado em matéria tributária, dois são os momentos em que a conduta[106] do Estado se faz presente

106. De acordo com Sergio Cavalieri Filho (CAVALIERI FILHO, Sérgio. *Programa de responsabilidade civil*. 3. ed. São Paulo: Malheiros, 2002. p. 37), "Entende-se, pois, por conduta o comportamento humano voluntário que se exterioriza através de uma ação ou omissão, produzindo consequências jurídicas".

na norma. Conforme anteriormente exposto, o primeiro momento está prescrito na proposição-tese da endonorma, no poder-dever de exigir a obrigação tributária. O segundo momento está prescrito no consequente normativo da perinorma, no dever de reparar o dano indevidamente suportado pelo sujeito passivo. Será sobre a primeira conduta acima indicada que falaremos a seguir, já que não haverá como imputar a responsabilidade ao Estado se previamente este não tenha tido uma ação ou omissão causadora do dano indenizável.

Diante desse quadro, verificamos que a norma de responsabilidade do Estado é deflagrada com o nascimento de um dano tributário injusto, sendo que referido dano pode ser originário tanto de uma ação quanto uma omissão do Estado. Então, o dano decorre sempre de um *facere* (ação) ou um *non facere* (omissão) atrelado ao comportamento humano, ou seja, a conduta omissiva ou comissiva é a fonte do dano injusto, apto a fazer incidir a norma de responsabilidade tributária estatal.

A *ação* corresponde à conduta atrelada a atos positivos, a um fazer. Significa algo que modifica ativamente o mundo fenomênico, mediante a interferência de atitudes humanas. E a ação realizada especificamente pelo Estado é um agir de seus representantes, agentes e prepostos que atuam nessa qualidade, assim entendidos aqueles que operam sua atividade ou poder em nome do ente público, independentemente da designação ou do regime jurídico a que se subordinam.[107]

A responsabilidade por ação é tratada de modo categórico na Constituição Federal, de modo que se atribui responsabilidade objetiva ao Estado pelos danos que seus agentes, atuando nessa condição, causarem a terceiros.

107. Conforme explica Yussef Said Cahali (CAHALI, Yussef Said. *Responsabilidade civil do Estado*. 5. ed. São Paulo: Editora Revista dos Tribunais, 2014, p. 79), a palavra agente constante no Art. 37, § 6°, da Constituição Federal, "pelo elastério que propicia, compreende aquelas pessoas que, de uma forma ou de outra, regular ou irregularmente, se encontram exercendo qualquer atividade inrente ao serviço público, e já reconhecidas, pelo direito anterior, como hábeis à produção de danos, pelos quais deve responder ao Estado".

Quanto à *omissão*, esse é o comportamento correspondente à ausência de agir, a uma inatividade, à abstenção de fazer algo. Nas palavras de Rui Stocco, "A omissão é uma conduta negativa. Surge porque alguém não realizou determinada ação quando deveria fazê-lo. A sua essência está propriamente em não se ter agido de determinada forma".[108]

Na omissão, não há uma atuação de um agente público como causador imediato do dano, já que não há movimentos humanos positivos que afetem o mundo fenomênico. Não obstante, a conduta omissiva é um comportamento humano que produz consequências jurídicas quando originária de danos injustos, porém é um comportamento nulo. Assim, mesmo na omissão há uma atuação humana, embora negativa, sem comportamento ativo modificativo dos acontecimentos.

Para saber se o Estado incorreu em omissão é necessário verificar se este tinha o dever jurídico de agir, de praticar um ato positivo, e não o fez. Se descumpriu ao que estava obrigado, e dano for verificado, surge o necessário nexo de causalidade para deflagrar a responsabilidade estatal.

Nesse caso, em que a conduta do Estado é negativa, ou seja, há omissão, a maioria da doutrina entende que a responsabilidade do Estado terá teor subjetivo.[109] A justificativa para tal assertiva é dada no fato de que deve ser realizada verificação se a atuação do Estado era devida, em outros termos, se havia o dever de o Estado agir.[110]

---

108. STOCO, Rui. *Tratado de responsabilidade civil*: doutrina e jurisprudência. 10. ed. São Paulo: Revista dos Tribunais, 2014, p. 203.

109. Principal doutrinador adepto desse entendimento é Celso Antônio Bandeira de Mello (MELLO, Celso Antônio Bandeira de. *Curso de direito administrativo*. 23. ed. São Paulo: Malheiros, 2007, p. 1.031), para o qual: "Quando o dano foi possível em decorrência de uma *omissão* do Estado (o serviço não funcionou, funcionou tardia ou ineficientemente) é de aplicar-se a teoria da responsabilidade *subjetiva*." Também nesse sentido são as palavras de Lúcia Valle Figueiredo (FIGUEIREDO, Lúcia Valle. *Curso de direito administrativo*. 9. ed. São Paulo: Malheiros, 2008, p. 281), vejamos: "Deveras, ainda que consagre o texto constitucional a responsabilidade objetiva, não há como se verificar a adequabilidade da imputação ao Estado na hipótese de omissão, a não ser pela teoria subjetiva."

110. Essa ponderação (aplicação da responsabilidade subjetiva para atos omissivos)

Não obstante, como os danos injustos causados pela omissão do Estado desencadeiam naturalmente a responsabilidade civil da pessoa pública que não cumpriu seu dever, a responsabilidade estatal na omissão deve ser entendida como objetiva.[111] Sendo que o elemento culpa tem importância apenas na relação entre Estado e agente, para fins de eventual ação de regresso.

Na omissão, há presunção de culpa do Estado em não agir quando era seu dever. Lembrando que, para o desencadeamento da norma de responsabilidade tributária do Estado, basta a ocorrência de um dano injusto na esfera jurídica protegida do sujeito passivo. E, a prévia conduta do Estado, independentemente de ser positiva ou negativa, importa apenas para imputar a obrigação de ressarcir o dano a uma pessoa especificamente identificada. Assim, a responsabilidade

---

foi muito bem esclarecida por Carolina Zancaner Zochun (ZOCKUN, Carolina Zancaner. Da Responsabilidade do Estado na omissão da Fiscalização Ambiental. In: FREITAS, Juarez de (Coord.). *Responsabilidade civil do Estado.* São Paulo: Malheiros, 2006, p. 80-81), vejamos: "Segundo a mesma doutrina, haverá responsabilidade estatal subjetiva caso a referida lesão patrimonial decorra de conduta omissiva. Vale dizer: que a conduta da Administração seria, acaso existente, apta a impedir o surgimento da circunstância causadora do dano. Ora, se a Administração só age adstrita à lei (e apenas quando a lei obriga sua ação), então a omissão do Estado decorrerá, em todas as hipóteses, de uma conduta ilícita. Nestas circunstâncias, portanto, a responsabilidade subjetiva terá natureza jurídica de sanção, o que exige, necessariamente, aferição de dolo ou culpa do agente. [...] Assim, não é suficiente, para a responsabilização estatal por conduta omissiva, a mera existência de nexo causal entre a ausência do serviço e o dano sofrido. Há que se ir além: deve estar presente a 'culpa' do serviço, caracterizando, desta forma, a ilicitude do Estado."

111. Quanto ao tema, importa trazer trecho do voto de Luiz Fux na decisão tomada em sede de repercussão geral do RE 841526 (Relator(a): Min. Luiz Fux, Tribunal Pleno, julgado em 30.03.2016, Acórdão Eletrônico Repercussão Geral – Mérito *DJe*-159 Divulg 29.07.2016 Public 01.08.2016), vejamos: "Com efeito, não cabe ao intérprete estabelecer distinções onde o texto constitucional não o fez. Ora, o artigo 37, § 6o, da Constituição Federal determina que o Estado responderá objetivamente pelos danos que seus agentes causarem a terceiros ("*as pessoas jurídicas de direito público e as de direito privado prestadoras de serviços públicos responderão pelos danos que seus agentes, nessa qualidade,* ***causarem a terceiros****, assegurado o direito de regresso contra o responsável nos casos de dolo ou culpa*" – grifo nosso), de modo que basta que esse nexo de causalidade se forme para que a responsabilidade surja, não exigindo a norma constitucional em questão que a conduta estatal seja comissiva ou omissiva."

do Estado não deixa de ser objetiva e passa a ser subjetiva pelo fato de que a conduta originária do dano indenizável é omissiva. Havendo dano injusto, opera-se a responsabilidade em todos os seus termos.

Quanto a isso, temos que a norma completa de responsabilidade do Estado prescreve uma conduta do Estado no consequente da endonorma. Referida conduta, se extrapolar os limites impostos pela legislação, causando prejuízo injusto ao sujeito passivo, acarretará em dano suficiente para integrar o fato gerador da perinorma de responsabilidade tributária do Estado. Então, saber se o Estado agiu ou não culposamente ou dolosamente, é questão irrelevante para desencadeamento da norma completa.

Sobre o assunto, ainda importa trazer que alguns doutrinadores – como Felipe Peixoto Braga Netto[112] – separam a omissão em genérica e específica para fins de aplicação da norma de responsabilidade do Estado. A omissão genérica se caracteriza pela responsabilização de todos os danos decorrentes de uma tutela geral do Estado (ex. responsabilidade pelos danos advindos de assaltos ocorridos no país), transformando o Estado em um segurador universal. Isso não é condizente com o ordenamento pátrio, com o que não há a incidência da responsabilidade aos casos fáticos ocorridos nesse contexto. Já na omissão específica, a responsabilidade se manifesta quando estiver patente a inação estatal, ou seja, quando a omissão do Estado for determinante para que o dano ocorresse. É nesse sentido que há a deflagração da responsabilidade do Estado, já que o dano é condição da omissão.

Referida classificação explicita os ditames da norma de responsabilidade, já que para a imputação da referida norma, importa verificar o nexo causal entre a conduta estatal e o dano configurado. Como a conduta deve corresponder à causa *mater* originária do dano, sempre teremos a aludida omissão específica como passível de responsabilização. Ao contrário da omissão

112. BRAGA NETTO, Felipe Peixoto. *Manual da responsabilidade civil do estado*. 3. ed. Salvador: Jus Podivm, 2015, p. 191.

genérica, em que a responsabilidade não se faz presente por ausência de vínculo entre o dano e a omissão do Estado.

Embora sobre outros argumentos, essa também é a conclusão de Alexandre Santos Aragão, para quem "Há de se ter uma relação de causalidade direta do dano com o risco suscitado pelo Estado. Do contrário, o Estado não será responsável (...)".[113] Referida causalidade é o vínculo necessário entre a conduta omissiva do Estado e a lesão ao direito de terceiro. Se não houver o vínculo, estaremos diante de um dano causado por força natural ou terceiros, sem que a imputação possa ser atribuída ao Estado.

A omissão do Estado acima tratada pode-se dar no âmbito de qualquer um dos Poderes. Como exemplo, para o Executivo, o silêncio ocorre quando há o dever de a administração responder a algum recurso, porém, se queda inerte. Sobre isso, Odete Medauar esclarece:

> O termo não ato significa as situações em que a Administração deixa de tomar decisões ou de editar ato, configurando o que se denomina, comumente, omissão, silêncio ou inércia da Administração. São hipóteses em que a Administração deveria editar um ato administrativo, no entanto mantém-se inerte. Muito frequentes são os casos em que requerimentos ou recursos formulados por particulares ou servidores não recebem resposta alguma. Mesmo havendo previsão legal de prazos para resposta, não são atendidos. Deve-se lembrar que, tratando-se de exercício do direito de petição, com base no art. 5°, XXXIV, a, da CF, não pode a autoridade deixar de pronunciar-se sobre a solicitação, pois o direito de petição inclui o dever, por parte da autoridade, de responder.[114]

Outro exemplo, agora no âmbito do Poder Judiciário, é a demora na prestação da tutela jurisdicional. Quanto a isso, por força do art. 5°, XXXV, da Constituição Federal, o Estado tem o dever de se pronunciar judicialmente para estabilizar qualquer

---

113. ARAGÃO, Alexandre Santos de. *Curso de direito administrativo*. 2. ed. Rio de Janeiro: Forense, 2013, p. 589.

114. MEDAUAR, Odete. *O direito administrativo moderno*. 14. ed. 2. tir. São Paulo: Revista dos Tribunais, 2010, p. 156-157.

direito conflitado dentro de prazo razoável. Não o fazendo, se a ineficiência dos serviços forenses causar dano para as partes litigantes, o Estado estará sujeito à incidência da norma de responsabilidade para o fim de ressarcir o lesado.

Por fim, temos a responsabilidade por omissão no âmbito do Poder Legislativo, para o qual existe o dever da produção legislativa garantidora dos direitos individuais outorgados pela Carta Constitucional. A ausência da efetiva competência legislativa obstativa do desfrute desses direitos individuais, se causadora de dano, pode ser apenada pela norma de responsabilidade do Estado. A esse respeito, Maurício Zockun explica:

> O desfrute das prerrogativas jurídicas outorgadas pela Constituição ou o encargo de praticar certa conduta nem sempre se processam independentemente de produção normativa ulterior, tal como sucede em relação aos "direitos e deveres individuais", a teor do disposto no art. 5°, § 1°, da Constituição republicana.
>
> Em certas circunstâncias o nascimento dessas prerrogativas jurídicas depende do concreto exercício da competência legislativa a cargo do poder constituído. Nessas hipóteses, ausente a lei material, não há viabilidade jurídica do imediato e positivo desfrute de direitos constitucionalmente outorgados ao corpo social [...].
>
> Sem embargo, caso o poder constituído seja omisso no seu dever de legislar e, com isso, fruste a legítima expectativa dos membros da sociedade ao gozo de uma situação jurídica prescrita na Constituição, restará configurada a prática de uma *conduta ilícita*.[115]

Certamente, o Estado não pode assegurar com eficiência a prestação de todos os meios adequados para os indivíduos usufruirem seus direitos. Porém, diante do descumprimento de uma competência legislativa expressa configuradora de omissão a um direito previamente ordenado, o Estado estará sujeito à norma de responsabilidade se dano injusto advier.

Do já afirmado, podemos extrair que o dano passível de reparação independe do fato de a conduta do Estado originária ser

115. ZOCKUN, Maurício. *Responsabilidade patrimonial do Estado*. Matriz Constitucional, a responsabilidade do Estado por atos legislativos, a obrigatoriedade da prévia indenização e a responsabilidade pessoal do parlamentar. São Paulo: Malheiros, 2010, p. 162.

omissiva ou comissiva. E, ao ser constatado o dano injusto, o desencadeamento da responsabilidade se dará de modo objetivo, sem que elementos subjetivos interfiram na aplicação da norma.

Assim, sempre que a ação ou inoperância do Estado prejudicar injustamente direito individual – sem que resultem provadas, pelo Poder Público, as excludentes –, e referida conduta lesionar a esfera particular de alguém, deverá ser a reparação do dano suportado, e isso independentemente de dolo ou culpa do agente que praticou a ação ou a omissão. Nesse sentido, é razoável que o Estado não apenas se abstenha de causar dano, mas também aja em garantia dos direitos dos sujeitos passivos.

3.2 Conduta lícita

Atribuir natureza sancionatória para a norma de responsabilidade do Estado por atos de conteúdo tributário não afasta o dever de o Estado indenizar o fato danoso quando decorrente de atos lícitos. A conduta do Estado, contida na proposição-tese da endonorma, em nada afeta a incidência normativa referente à responsabilidade. Podendo-se afirmar que se o dano adveio de comportamento lícito ou ilícito em nada importará para o desencadeamento da relação obrigacional de responsabilidade tributária.

Todavia, referida relação jurídica entre o Estado e o sujeito passivo só será havida se houver algum suporte factual anterior que conecte referidos sujeitos, ou seja, que traga um determinado fato relacional como ponto de partida para a relação de responsabilidade. Nesse sentido, a conduta instalada na primeira relação jurídica, constante na proposição-tese da endonorma, determinará os sujeitos que integrarão a proposição-tese da perinorma. E isso se dará mediante a verificação do nexo causal a ser estabelecido entre a conduta originária do dano e o próprio dano, eis que referido dano que integra o suporte fático da perinorma de responsabilidade é produto da conduta estatal realizada no consequente da endonorma.[116]

116. Como já ressalvamos, o dano, enquanto resultado da conduta do Estado, precisa ser relatado em linguagem competente a fim de que componha o suporte fático da perinorma de responsabilidade.

Assim, a conduta do Estado importa para imputar a este a responsabilidade pelo resultado de sua atuação (danosa), influindo verificar quais os comportamentos aptos a desenvolver danos que compõe o suporte fático da perinorma de responsabilidade tributária do Estado. A despeito disso, verificaremos em primeiro lugar as condutas estatais lícitas.

Mediante análise pragmática, o direito ou o dever a ser cumprido pelo Estado – pela relação estabelecida no consequente da endonorma de responsabilidade – não precisa estar individualizado para que seu cumprimento resulte em evento ilícito capaz de ocupar a posição de suporte fático da perinorma de responsabilidade. Em outras palavras, os fatos valorados positivamente caracterizam-se como lícitos que, ao ingressarem no ordenamento jurídico mediante uma norma individual e concreta, podem originar danos indevidos previstos em termos gerais como contrários ao direito. Com efeito, a conduta do Estado será valorada como lícita, porém seu efeito – o dano – não será permitido pelo ordenamento jurídico.

Para tanto, em regra, as condutas do Estado caracterizadas como fatos lícitos, aptas a trazerem como efeitos danos indevidos, são condutas realizadas sob o manto da supremacia do interesse público sobre o particular,[117] em que o comportamento estatal justificado pelo referido princípio constitucional traz como resultado danos não permitidos pelo ordenamento jurídico, ou seja, lesões causadas na esfera jurídica do sujeito passivo que não tem o dever de suportá-las. Nessa situação, o Estado dispõe de poderes para sacrificar direitos de particulares quando necessário a interesses públicos e sociais, de acordo com disposições legais específicas, devendo haver indenização pela supressão de direitos do sujeito passivo, garantidos pelos princípios contidos no ordenamento jurídico.

117. Importante salientar ainda que o Estado deve seguir o princípio da legalidade, já que se submete aos impérios da lei, podendo fazer apenas o que a lei permite ou determina. Extrapolando esse limite, pode surgir a obrigação de o Estado responder se danos forem verificados.

Com isso, mesmo agindo licitamente, o Estado pode causar danos, que assumirão o caráter de indevidos no caso de os ônus suportados pelos sujeitos passivos não encontrarem respaldo no ordenamento jurídico. E assim ocorre pelo fato de que os direitos dos particulares estão resguardados nos princípios constitucionais tributários, e, mesmo que a conduta do Estado esteja calcada em lei, se, sob a ótica do sujeito passivo, houver violação a uma garantia sua, com diminuição das garantias dispostas nos princípios, estaremos diante de um dano indevido, apto a integrar a hipótese fática da perinorma de responsabilidade do Estado. Logo, quando o Estado – agindo licitamente – trouxer como consequência lesão ao patrimônio do sujeito passivo (pois as garantias deste foram afastadas), a conduta estatal apresentará como efeitos danos indevidos.

Além disso, a conduta lícita do Estado que altera a situação jurídica do sujeito passivo trazendo danos, de forma que este tenha direito subjetivo à eliminação do fato danoso, é comportamento originário de lesão indevida. Nesse caso, o direito pessoal que o sujeito passivo tem de eliminar o efeito da conduta do Estado informa que referida conduta é originária de dano indevido (descrito na hipótese da perinorma de responsabilidade). Assim, se o efeito da conduta estatal é passível de eliminação em relação a determinado sujeito passivo, é por que citada conduta, embora lícita, pode trazer como efeito dano indevido.

E, ao trazer dano indevido, como efeito da conduta lícita realizada pelo Estado quando do cumprimento do prescrito no consequente da endonorma de responsabilidade, nova relação entre o Estado e o sujeito passivo poderá ser estabelecida com a incidência da perinorma, transmutando-se as posições, já que agora o Estado ocupará a posição de titular do dever de prestar o pagamento de indenização. É nesse caso que se dará a responsabilidade do Estado por atos lícitos.[118]

---

118. Sobre o assunto, Juan Ignácio Moreno Fernández (FERNÁNDEZ. Juan Ignacio Moreno. *La Responsabilidad Patrimonial del Estado-Legislador en Materia Tributaria y Vías para Reclamarla*. Pamplona: Thomson Reuters, 2009, p. 105) informa que a comunidade europeia também adota a possibilidade de reparação por atos

Sobre o assunto e de modo semelhante, Maurício Zockun[119] apresenta quatro requisitos necessários à configuração do dano indenizável originário de conduta lícita do Estado, referidos pela maior parte da doutrina. Assim, indica que: 1) "o *dano lícito* deve ser um dano jurídico, e não apenas mensurável economicamente"; 2) "o *dano lícito* deve ser certo"; 3) "o *dano lícito* há de ser especial – o que significa dizer que ele deve ser imposto a um número restrito de pessoas em vista de um benefício a ser usufruído por toda a coletividade"; e 4) "*o dano lícito* deverá incidir de modo anormal. Ou seja, ser proporcionalmente maior aos encargos que as pessoas cotidianamente devem suportar pelo fato de viverem em sociedade". O autor esclarece que os dois primeiros são condições já presentes nas condutas ilícitas, e somente os dois últimos é que se restringem às condutas lícitas.

Todos os critérios antes suscitados servem como operadores para a determinação da conduta lícíta passível de trazer danos indevidos. Porém, como já salientado, temos como fundamental a anormalidade do dano (quando o encargo inflingido ao sujeito passivo ultrapassar os moderados gravames jurídicos impostos pela vida em sociedade)[120] conjugado com a especialidade do prejuízo (quebra da igualdade, em favor dos interesses da coletividade).[121]

---

lícitos. São suas palavras: "Los comportamientos lícitos de la Comunidad (es decir, bien aquellos que claramente se ajustan al Derecho comunitario, bien aquellos en los que no se puede demonstrar que su actuación haya sido ilegal), en la medida que provoquen un daño o prejuicio a los cidadanos, também puedem generar responsabilidad extracontratual y, por tanto, la obrigación de repararlos".

119. ZOCKUN, Maurício. *Responsabilidade patrimonial do Estado.* Matriz Constitucional, a responsabilidade do Estado por atos legislativos, a obrigatoriedade da prévia indenização e a responsabilidade pessoal do parlamentar. São Paulo: Malheiros, 2010, p. 99-105.

120. Ibidem, p. 106.

121. Ao analisar os critérios para responsabilidade do Estado por atos lícitos, José Joaquim Gomes Canotilho (CANOTILHO, José Joaquim Gomes. *O problema da responsabilidade do Estado por actos lícitos.* Coimbra: Almedina, 1974, p. 283) apresenta crítica à anormalidade do dano e à especialidade do prejuízo, e informa que o melhor (embora insuficiente) dos requisitos identificáveis da conduta lícita passível

Além do exposto, a licitude só será deflagradora do dano tributário injusto (passível de ressarcimento pelo Estado) se estivermos diante de uma conduta comissiva. Isso se justifica na medida em que nos atos omissivos o dano só aparece quando houver um descumprimento do dever de agir da norma. Assim, a omissão do Estado, na qual não há dever de ação, não é apta ao nascimento do dano injusto, necessário para deflagrar a relação jurídica de índole sancionatória.

Mas isso não é o mesmo que ocorre para os fatos lícitos qualificados como ilícitos atípicos,[122] em que a conduta é prescrita como proibida pela norma (deve ser a omissão) e o Estado voluntariamente comete ação realizando-a. Partindo da análise pragmática do direito, referida conduta ativa pode ser justificada pela luz dos princípios aplicados ao caso, afastando-se a ilicitude contida na contrariedade do comportamento com a norma em seu sentido semântico.

Diante dessas observações, resta concluir que as condutas estatais lícitas, causadoras de danos não autorizados pelo ordenamento (satisfeitos em descompasso com a ordem geral estabelecida

---

de dano anormal é a intervenção invididual (*Einzeleingriffstheorie*). Vejamos seu comentário: "Parece fora de dúvida que a exigência da anormalidade outra função não tem que salientar a importância , o peso que o sacrifício deverá ter para lhe ser atribuída relevância indenizatória. Ora, a anormalidade do dano, de acordo com o já exposto, não pode nem deve substituir a necessidade da especialidade do prejuízo. Caso contrário, mesmo os danos generalizados de excepcional gravidade mereceriam tutela reparatória já que, sendo anormais, eram *ipso facto*, especiais. A ideia da exigência destes dois requisitos na responsabilidade objectiva só pode fundar-se na necessidade de um duplo travão ou limite: 1) – evitar a sobrecarga do tesouro público, limitando o reconhecimento de um dever indenizatório do Estado ao caso de danos inequivocadamente graves. 2) – procurar ressarcir os danos que, sendo graves, incidiram desigualmente sobre certos cidadãos. Introduzem-se, assim, dois momentos perfeitamente diferenciáveis: em primeiro lugar, saber se um cidadão ou grupo de cidadãos foi, através dum encargo público, colocado em situação desigual aos outros; em segundo lugar, constatar se o ônus especial tem gravidade suficiente para ser considerado sacrifício. Dito isso, e pesando todas as objeções que lhe formulámos, a *Einzeleingriffstheorie*, entendida num sentido mais substancial que formal, ainda é a que apresenta mais virtualidades para fornecer uma directiva, pois além de salientar que o encargo indemnizável deve ser especial, no sentido de violar o princípio da igualdade, abre possibilidades para o necessário complemento através de um dos critérios materiais antecedentemente referidos".

122. Sobre os ilícitos atípicos ver item 4.4 (Responsabilidade por abuso do direito).

pela legislação), trazem a imputação ao Estado de figurar na posição sintática de sujeito do dever de indenizar o sujeito passivo, conforme relação prescrita na proposição-tese da perinorma de responsabilidade. Sendo que, as condutas do Estado caracterizadas como fatos lícitos, aptas a trazerem como efeitos danos indevidos, são condutas comissivas realizadas em regra sobre o manto da supremacia do interesse público sobre o privado, em que o sujeito passivo tem o direito pessoal de eliminar suas consequências, eis que o resultado é violador de direitos dos particulares garantidos pelos princípios dispostos no ordenamento jurídico.

3.3 Conduta ilícita

Com a subordinação do poder à lei, o Estado tem sua conduta pautada pela legalidade, cabendo agir tão somente de acordo com o prescrito pelas normas jurídicas. E, quando este não cumpre determinada prestação a que estava subordinado, ou a cumpre indevidamente, estaremos diante de uma hipótese de uma não prestação, denominada de conduta ilícita. Nesse contexto, temos que a conduta ilícita é um ato contrário a uma norma de direito (realizada contrariamente ao comportamento qualificado deonticamente como obrigatório, permitido ou proibido), ou seja, é ato antagônico ao dever jurídico que está previsto abstratamente na norma.

Não obstante, conforme preconizado por Paulo de Barros Carvalho, uma norma isolada na sua inteireza lógica não basta para a compreensão do direito pelo intérprete, sendo necessário analisar a inteireza de todo o sistema:

> Ao travar contacto com a materialidade física do texto legislado, sabe ele, perfeitamente, que pode ter que percorrer longo caminho, em termos de integração do sistema, de modo que, na maioria dos casos, sairá à busca de outros enunciados, muitas vezes em diplomas bem diferentes daquele que examina, tudo para montar uma única regra do conjunto, obtendo, então, a plena esquematização formal da mensagem positivada.[123]

123. CARVALHO, Paulo de Barros. *Direito tributário*. Fundamentos Jurídicos da Incidência. 4. ed. São Paulo: Saraiva, 2006, p. 21.

Assim, para caracterização da conduta ilícita – apta a originar danos passíveis de integrarem a perinorma de responsabilidade – deve haver o descumprimento dos deveres jurídicos estatuídos nas regras e princípios fornadores do ordenamento, ou seja, necessita da contrariedade aos desígnos da ordem jurídica como um todo.[124] Logo, as condutas estatais ilícitas, aptas a deflagrarem o dano indevido, são as que descumprem o dever tributário prescrito nas regras e princípios do ordenamento.

No entanto, referidas condutas estatais ilícitas também devem importar em uma invasão na esfera jurídica do sujeito passivo, pois se não for afetado nenhum interesse juridicamente protegido, não haverá dano apto a integrar a hipótese fática da perinorma de responsabilidade, que desencadeia a sanção legal.[125]

Da prática do ato ilícito, em virtude de sua contrariedade com o direito, resulta o dano antijurídico, a ser sobrepujado por uma sanção correspondente ao ressarcimento da lesão causada ao sujeito passivo. Nesse diapasão, a responsabilidade é consequência eventual pelos danos advindos de comportamento Estatal ilícito.

Em outros termos, aludido comportamento do Estado em dissonância com as normas e com os valores supremos do ordenamento jurídico[126] (refletidos nos princípios de direito) carac-

---

124. Conforme Alfredo Orgaz (ORGAZ. Alfredo. *El daño resarcible (Actos Ilícitos).* Buenos Aires: Bibliografica Argentina, 1952, p. 19), "No, por tanto, el acto contrario a una determinada regla de derecho, pues su violación puede estar justificada por otra regla particular: así, el homicidio no siempre importa un acto ilícito, desde que en ciertas cicunstancias el propio ordenamiento jurídico lo justifica (estado de necesidad, legítima defensa, etc.)".

125. Nem sempre a ilicitude resulta em dano antijurídico. Sobre isso Alfredo Orgaz (ORGAZ. Alfredo. *El daño resarcible (Actos Ilícitos).* Buenos Aires: Bibliografica Argentina, 1952, p. 25) entende que sequer existe ilicitude. Vejamos: "Si no hay esta invasión, aun contrario a la moral social o a las buenas costumbres, no afecta ningún interés jurídicamente protegido, no hay ilicitud no siquiera posibilidad de juicio alguno: faltaría aquí ese carácter esencial del derecho, llamado *bilateralidad* o *alteridad*, en cuanto el derecho supone necesariamente una correlación entre dos o más sujetos."

126. De acordo com Renato Lopes Becho (BECHO, Renato Lopes. *Filosofia do direito tributário.* São Paulo: Saraiva, 2009, p. 343), "O contribuinte, posto no centro do direito tributário, exige que a tributação não uma mera técnica, mas que seja um ato do Estado que respeite os valores que dão dignidade ao homem. Exige, também,

teriza-se como conduta ilícita, que encontra limite na norma de responsabilidade. Esta, confere proteção ao contribuinte, diante da pujança e avidez do Estado em arrecadar tributos. E assim é que se dá a conduta estatal antijurídica, que ao trazer efeitos danosos, imputa ao causador da lesão indevida o dever de reparar os prejuízos suportados indevidamente pelo lesionado.

Por fim, importa trazer que ao contrário do ilícito penal,[127] a conduta Estatal passível de produzir dano indevido no campo do direito tributário não precisa de correspondência com tipos particulares que figuram em leis específicas. Aqui essa configuração prévia do comportamento antijurídico não se exige, bastando uma violação à ordem jurídica que cause um dano passível de reparação.

Do que foi exposto se depreende que a transgressão a um dever de conduta, violador da proteção de interesse individual do sujeito passivo, dá-se o nome de ilícito. E este não precisa de um tipo fechado descrito na norma para se realizar. Referido ilícito, se praticado pelo Estado, é comportamento apto a originar danos passíveis de integrarem a perinorma de responsabilidade.

3.4 Responsabilidade por abuso do direito

De acordo com o já explanado, os atos ilícitos são condutas humanas realizadas em desacordo com o ordenamento jurídico. Para fins didáticos, no presente tópico consideraremos referidas condutas, quando contrárias às normas em seu sentido semântico, como ilícitos típicos. E as condutas que se opõem ao ordenamento jurídico, no contexto pragmático, como ilícitos atípicos.[128]

---

um fim mais elevado: a arrecadação com respeito ao ser humano, não um simples ato de força estatal, em benefício apenas dos detentores do poder".

127. Para configuração do ilícito na esfera penal, temos que "uma ação somente é típica ao poder ser subsumida em tal descrição de forma precisa" (ATIENZA, Manuel; MANERO, Juan Ruiz. *Ilícitos atípicos:* sobre o abuso de direito, fraude à lei e desvio de poder. São Paulo: Marcial Pons, 2014, p. 26).

128. A classificação em ilícitos típicos e ilícitos atípicos foi extraída da doutrina de Manuel Atienza e Juan Ruiz Manero (ATIENZA, Manuel; MANERO, Juan Ruiz. *Ilícitos atípicos*: sobre o abuso de direito, fraude à lei e desvio de poder. São Paulo:

Nesse sentido, nos ilícitos típicos serão incluídos os comportamentos contrários ao texto da lei, em que a conduta antijurídica é verificada pelo seu desencaixe com a descrição contida na norma. E nos ilícitos atípicos constarão os fatos tidos como lícitos no campo da análise semântica, que mudam seu estado se considerado todo o ordenamento jurídico, a partir de uma análise pragmática. Isso porque os fatos estão regulados por normas que, mediante a implicação de outras normas ou princípios, têm seus estados deônticos alterados.

A operatividade do direito exige realizar uma ponderação que leve em consideração todos os fatores respeitados no ordenamento, sendo que a investigação deve-se dar entre as normas e princípios que completam o sistema, e não apenas com a norma em si. Por isso, constatamos condutas reguladas como permitidas que, após sua confrontação com princípios aplicáveis ao caso específico, violam direito alheio mediante os chamados ilícitos atípicos, cujo abuso do direito é espécie.

Ao tratar do combate ao abuso de direito em planejamento tributário, Mary Elbe Queiroz esclarece que "Uma conduta abusiva é aquela que ultrapassa e se situa na fronteira cinzenta entre o lícito e o ilícito, porém difere da infração, da fraude ou da simulação, que são ilícitos e condutas violadoras de disposições expressas em lei".[129]

Mas o conceito de abuso do direito, seguindo os preceitos de ilícito atípico, foi bem posto por Rui Stoco, vejamos:

Marcial Pons, 2014. p. 25) e é aqui analogamente empregada para esclarecer o conceito de abuso do direito. Vejamos o que os autores informam: "Se os ilícitos são condutas contrárias a norma de mandato e estas últimas podem ser regras ou princípios, isso significa que cabe também traçar uma classificação paralela entre atos ilícitos, que abranja aos que sejam contrários a regras e aos que sejam contrários a princípios? Nossa tese é de que sim, e que os primeiros (atos opostos a regras) podem ser chamados de ilícitos típicos, enquanto os segundos, que se opõem a princípios, seriam os ilícitos atípicos".

129. QUEIROZ, Mary Elbe. O combate ao comportamento abusivo no direito tributário brasileiro. In: PARISI, Fernanda Drummond; TÔRRES, Heleno Taveira; MELO, José Eduardo Soares de; (Coord.). *Estudos de Direito tributário em homenagem ao Professor Roque Antonio Carrazza*. Vol. 3. São Paulo: Malheiros, 2014, p. 96.

> Abuso do direito é o ato realizado, com apoio em preceito legal, que causa dano a interesse não especificamente protegido pelo ordenamento positivo, manifestado pela lesão a princípios éticos e sociais, objetiva ou subjetivamente, mediante adequação entre o intencional e o sentido da lei.[130]

Temos que o abuso do direito é verificado quando ultrapassado os limites normais do exercício do direito, e se caracteriza por ser uma "cláusula geral de exceção, derivada das razões de princípio, ao alcance das regras que qualificam como permitidos os atos de exercício de um direito subjetivo".[131] Assim, o abuso do direito corresponde ao uso inapropriado (omissivo ou comissivo) das permissões que a titularidade de um direito subjetivo confere, materializado na conduta excedente aos princípios justificadores do ordenamento. São comportamentos descritos como permitidos e lícitos que, ao serem executados, extrapolam o resultado proposto com a descrição hipotética da norma.

No entanto, o problema está em como aferir se a conduta ultrapassou os limites do exercício do direito, ou seja, como saber se no exercício do comportamento permitido o sujeito transpôs o que a norma propunha, caracterizando o ilícito atípico. Para isso, temos que as condições sob as quais o exercício de um direito resulta em abusivo[132] é que definem se o comportamento será tido como lícito ou configurará ilícito atípico. Ou seja, são as condições de aplicação da qualificação de abusiva à conduta que nos faz compreender o abuso do direito.

Em outros termos, temos a seguinte dúvida: em quais condições pode-se falar que a conduta é abusiva? Para responder,

---

130. STOCO, Rui. *Tratado de responsabilidade civil:* doutrina e jurisprudência. 10. ed. São Paulo: Revista dos Tribunais, 2014, p. 192.

131. ATIENZA, Manuel; MANERO, Juan Ruiz. *Ilícitos atípicos:* sobre o abuso de direito, fraude à lei e desvio de poder. São Paulo: Marcial Pons, 2014, p. 30.

132. A qualificação de *abusivo* passa pelo campo da vaguidade, já que o termo *abusivo* não possui precisão de um significado (designação). Consequentemente, o termo abusivo deve ser analisado a partir de uma decisão linguística adicional, correspondente à inserção de outras propriedades valorativas a fim de especificar quais são os critérios de aplicação para a palavra tida como vaga. Será mediante os critérios de aplicação que conheceremos melhor o emprego da palavra.

seria necessário investigar quais são as referidas condições, mediante propriedades descritivas atribuidas a estas. Ocorre que não é possível uma enunciação completa das propriedades valorativas que descrevem as condições necessárias e suficientes para se compreender o que é abusivo, cabendo ao intérprete da lei colher em concreto os alcances e limites das proposições normativas a fim de estabelecer a fronteira do exercício dos direitos subjetivos, apta a não violar princípios do direito.[133]

Em juízo, a qualificação do que é abusivo, realizada pelo operador da norma, passa pela ponderação entre o exercício da conduta de alguém conforme permitida na norma e as garantias dadas pelo sistema legal a outrem. Na sequência, ao especificar, com propriedades descritivas, sob quais condições a conduta é valorada como abusiva, estará determinado o que é abuso do direito. Manuel Atienza e Juan Ruiz Manero apresentam um roteiro que auxilia a entender como se opera a definição da ocorrência do abuso do direito:

> A ação A realizada por um sujeito S nas circunstâncias X é abusiva se e apenas se:
>
> 1) Existe uma regra que permite a S realizar A nas circunstâncias X. Essa regra é um elemento do conjunto de posições normativas em que S se encontra como titular de um certo direito subjetivo.
>
> 2) Como consequência de A, outro ou outros sujeitos sofrem um dano D, e não existe uma regra que proíba causar D.
>
> 3) D, contudo, aparece como um dano injustificado porque se dá uma das seguintes circunstâncias:
>
> 3.1) Que, ao realizar A, S não perseguia finalidade distinta que não causar D ou que S realizou A sem nenhum fim sério ou legítimo.

133. Sobre os princípios que veiculam valores, Clarice von Oertzen de Araújo (ARAUJO, Clarice von Oertzen de. *Semiótica do direito*. São Paulo: Editora Quartier Latin, 2005, p. 38-39) esclarece que "Os valores são interpretantes, na medida em que o conteúdo de um valor não tem uma determinação semântica cristalizada, seu conteúdo será uma relação entre o próprio valor e as suas diferenças" e "é possível conceber os princípios jurídicos como signos que veiculam os valores na condição de seus interpretantes".

> 3.2) Que D é um dano excessivo ou anormal.
>
> 4) O caráter injustificado do dano determina que a ação A fique fora do alcance dos princípios que justificam a regra de permissão aludida em 1) e que surja uma nova regra que estabeleça que nas circunstâncias X' [X mais alguma circunstância que supunha uma forma de realização de 3.1) ou 3.2) a ação A esteja proibida.[134]

A definição proposta esbarra na perquirição do conteúdo do dano excessivo. Que se constitui em algo que o lesado não deveria suportar diante da incidência dos seus direitos protegidos. Assim, o dano apontado corresponde ao resultado da intervenção injusta na esfera jurídica de alguém, causador de prejuízo a um direito.[135]

Nesse sentido, como o direito não consegue descrever todos os incontáveis eventos da vida humana, a figura do abuso do direito aparece como um mecanismo de autocorreção do sistema jurídico, apto a evitar danos indevidos decorrentes de condutas descomedidas.

É dessa forma que o direito brasileiro tratou implicitamente do instituto no art. 187 do Código Civil (Lei 10.406, de 10 de janeiro de 2002), ao disciplinar que: "Também comete ato ilícito o titular de um direito que, ao exercê-lo, excede manifestamente os limites impostos pelo seu fim econômico ou social, pela boa-fé ou pelos bons costumes".

Nos termos da norma acima, o que exceder o limite: 1) dos fins econômicos ou sociais; 2) da boa-fé; e 3) dos bons costumes do direito exercido pelo seu titular, constitui-se em ato ilícito. Todas as três cláusulas têm seus domínios extraídos dos princípios do direito, pois, para entender o que é fim econômico e social, boa-fé e bons costumes, precisamos compreender o ordenamento jurídico e realizar uma análise sistemática de todos os princípios envolvidos. Assim, a perquirição sobre o que é uma conduta abusiva, caracterizadora de ilícito atípico,

---

134. ATIENZA, Manuel; MANERO, Juan Ruiz. *Ilícitos atípicos:* sobre o abuso de direito, fraude à lei e desvio de poder. São Paulo: Marcial Pons, 2014, p. 48.

135. O conceito ora tratado será retomado em momento oportuno.

necessita da investigação do alcance de certas regras jurídicas à luz dos princípios que demarcam seu perímetro jurídico.

Inobstante a denominação e qualificação dada pela legislação infraconstitucional ao abuso do direito, tal fato é passível de desencadear a norma de responsabilidade tributária do Estado se, independentemente de pagamento indevido do tributo, trouxer lesão anormal na esfera jurídica do sujeito passivo. Será o caso de responsabilidade por ato lícito (ou, de acordo com a designação adotada no presente tópico, responsabilidade por ilícito atípico), em que o dano decorrente da conduta excessiva do Estado integrará a descrição hipotética do antecedente normativo aqui estudado.

Exemplo de abuso do direito seria o caso de uma imunidade, em que "a Constituição Federal indica a 'incompetência' das pessoas políticas de legislarem em matéria tributária, estabelecendo o dever de se absterem de tributar pessoas que se encontram fora do alcance da entidade tributante."[136] Porém, a Administração Pública exige excessivos deveres correlatos para comprovação da categoria estabelecida na Constituição, que acaba por inviabilizar o gozo da imunidade para as pessoas que se enquadram da norma imunizante. Essa requisição por parte do Estado de tantos elementos quanto os suficientes a obstarem o direito à imunidade, constitui abuso do direito.[137] Nesse caso, além da restituição de eventual tributo pago indevidamente, poderá haver a incidência da norma de responsabilidade tributária do Estado se o imune obter a materialidade dos prejuízos de ordem moral e patrimonial sofridos em sua esfera jurídica.

---

136. BECKER, Josiane. Imunidade Tributária afeta as empresas da administração indireta prestadoras do serviço de Saneamento Básico. In: BALERA, Wagner (Org.). *Direito e justiça*. Número II. Efetividade do Direito. Curitiba: Juruá, 2016, p. 138.

137. Outros exemplos podem ser inferidos das seguintes súmulas do Supremo Tribunal Federal – STF: número 70) "É inadmissível a interdição de estabelecimento como meio coercitivo para cobrança de tributo"; número 323) "É inadmissível a apreensão de mercadorias como meio coercitivo para pagamento de tributos"; e número 547) "Não é lícito à autoridade proibir que o contribuinte em débito adquira estampilhas, despache mercadorias nas alfândegas e exerça suas atividades profissionais".

A relação entre fisco e contribuinte nem sempre acontece de forma tranquila e equilibrada,[138] de modo que: caso um ato abusivo invada a esfera de direitos de outra pessoa, mediante comportamento desmedido, e traga prejuízos indevidos de ordem moral ou patrimonial, deverá ser o nascimento da obrigação de reparar os danos injustos daí advindos.[139] Isso porque o dano nascido da invasão na esfera de direitos de outra pessoa, decorrente do abuso do direito, tem a mesma consequência normativa que todo e qualquer outro dano antijurídico.

3.5 Responsabilidade por atos praticados no exercício da competência discricionária

Todos os poderes[140] do Estado têm suas condutas limitadas à observância da lei, de forma que todos os aspectos da

138. O abuso do direito foi analisado pelo Supremo Tribunal Federal no Recurso Extraordinário 666.405, no qual o Ministro Celso de Melo (relator) traz que "a prerrogativa institucional de tributar, que o ordenamento positivo reconhece ao Estado, não lhe outorga o poder de suprimir (ou de inviabilizar) direitos de caráter fundamental, constitucionalmente assegurados ao contribuinte, pois este dispõe, nos termos da própria Carta Política, de um sistema de proteção destinado a ampará-lo contra eventuais **excessos** cometidos pelo poder tributante ou, ainda, contra exigências irrazoáveis veiculadas em diplomas normativos por este editados".

139. Rui Stoco (STOCO, Rui. *Tratado de responsabilidade civil:* doutrina e jurisprudência. 10. ed. São Paulo: Revista dos Tribunais, 2014, p. 194) relata a possibilidade de incidir a responsabilidade do Estado no caso de abuso de direito, vejamos: "Assim, convertido o ato legítimo no antecedente em ilegitimo no consequente, pelo desdobramento do seu exercício, ingressa-se no campo da responsabilidade civil e, então, nasce a obrigação de reparar e o direito de obter essa reparação. O defeito ou vício da conduta verifica-se quando ocorre o exercício de um direito; supõe-se um excesso manifesto, de modo que o abuso ocorrerá através de três condutas distintas: excesso manifesto dos limites impostos pela boa-fé, pelos bons costumes ou pelo fim econômico ou social.

140. Importa lembrar que, conforme explicado por Lourival Vilanova (VILANOVA, Lourival. *Causalidade e relação no direito.* 5. ed. São Paulo: Noeses, 2015, p. 233), "Cada órgão estatal carece de personalidade, como ente por si suficiente: o órgão é-o no interior, na estrutura do Estado. Se a personificação importa em converter o órgão em soberano, é contraditório pesá-lo soberano dentro do Estado, ou contra o Estado. A soberania, como qualidade de uma ordem jurídica que acima dela não tem senão o direito das gentes, reside no Estado, não o alterando a centralização ou descentralização de competências, a existência de órgão único, ou de órgãos repartidos. A repartição é no exercício da soberania, que se estende num processo de *diferenciação de competências*".

atuação estatal encontram seu fundamento em fontes legislativas, a fim de impedir os abusos e as arbitrariedades que as autoridades possam ser levadas. É que o Estado está dotado de prerrogativas que lhe asseguram posição de supremacia sobre os particulares, para o fim de atingir seus fins de interesse público, e a lei funciona como limitador dos poderes de autoridade exercidos pelo Estado, com vistas à garantia dos direitos individuais assegurados pelo ordenamento.

Nesse caminho, todos os poderes estatais estão adstritos ao princípio da legalidade, em que o Estado somente pode realizar o que a lei permite. Dentro dessa hipótese existem os atos[141] que a lei não deixa opções ao operador, já que define todos os aspectos necessários para a incidência da norma. E existem os atos que a lei deixa certa margem de liberdade para o Estado optar, dentre possibilidades possíveis e válidas no ordenamento, qual alternativa tomará no caso concreto. No primeiro caso, estaremos diante de atos realizados no exercício da competência vinculada – os atos vinculados – e no segundo, da discricionária – os atos discricionários.

Os atos vinculados caracterizam-se pela ausência de liberdade do Estado para decidir diante das circunstâncias do caso concreto. Nas palavras de Celso Antônio Bandeira de Melo, os atos vinculados seriam:

> aqueles em que, por existir prévia e objetiva tipificação legal do único possível comportamento da Administração em face de situação igualmente prevista em termos de objetividade absoluta, a Administração, ao expedi-los, não interfere com apreciação subjetiva alguma.[142]

141. Lúcia Valle Figueiredo (FIGUEIREDO, Lúcia Valle. *Curso de direito administrativo.* 9. ed. São Paulo: Malheiros, 2008, p. 214) esclarece que ato administrativo deve ser entendido como: “a norma concreta emanada pelo Estado, ou por quem esteja no exercício da função administrativa, que tem por finalidade criar, modificar, extinguir ou declarar relações jurídicas entre este (Estado) e o administrado, suscetível de ser contrastada pelo Poder Judiciário”.

142. MELLO, Celso Antônio Bandeira de. *Curso de direito administrativo.* 23. ed. São Paulo: Malheiros, 2007, p. 434.

Com isso, quando todos os aspectos do comportamento do Estado estão descritos no antecedente normativo, o Estado não disporá de liberdade alguma, eis que a lei previu antecipadamente a completude da situação fática. Nesse caso, ao Estado compete apenas verificar se a ocorrência no mundo dos fatos corresponde ao que está descrito na norma e realizar a subsunção do fato à norma.[143]

Como exemplo de atos vinculados temos o lançamento tributário, no qual o Estado verifica se a materialidade dos fatos obedece à descrição normativa. Havendo identidade, aplicará a norma a fim de realizar o lançamento do tributo.

Não é assim, todavia, para os atos discricionários, no qual o Estado está autorizado, no exercício de sua competência, a decidir sobre os critérios de conveniência e oportunidade faltantes no descritivo da norma. Sendo que, para qualquer critério que o Estado preferir, estará atendendo à norma legal que conferiu ao Estado a deliberação.

Sobre isso, esclarece-se que as soluções legalmente possíveis, dentre os critérios que estão ao arbítrio do Estado, sujeitam-se a uma rede de princípios que asseguram a congruência da decisão. Devido a isso, a atividade discricionária caracteriza-se pela escolha entre diversas alternativas igualmente válidas para o ordenamento, já que todas são asseguradas pelos princípios jurídicos.

Para Lucia Valle Figueiredo, a discricionariedade consiste:

> na competência-dever de o administrador, no caso concreto, após a interpretação, valorar, dentro de critérios gerais de razoabilidade e proporcionalidade, e afastado de seus proprios "standards" ou ideologias, dos princípios e valores do ordenamento, qual a melhor maneira de concretizar a utilidade pública postulada na norma.[144]

---

143. Não negamos, entretanto, que nos atos vinculados existe interpretação, pois o exercício dessa competência requer a avaliação tanto do fato quanto da norma para aferir se estamos ou não diante da hipótese descrita na lei.

144. FIGUEIREDO, Lúcia Valle. *Curso de direito administrativo*. 9. ed. São Paulo: Malheiros, 2008, p. 223.

Por isso, explica-se que o ordenamento é indiferente quanto à fixação do mérito administrativo inerente à discricionariedade, ou seja, qualquer solução expressa sobre juízo de conveniência e oportunidade, realizado pela autoridade à qual se conferiu o poder discricionário, é válida perante a lei se atendidos os princípios legais.

Aqui não se está a falar sobre os conceitos jurídicos indeterminados,[145] sobre os quais o aplicador da norma necessita interpretar o texto buscando o seu núcleo de certeza positiva, isto é, extrair da norma o seu sentido verdadeiro. O conceito indeterminado deverá ser interpretado e limitado em sua significação para, somente depois, aplicar o direito de acordo com os critérios de conveniência e oportunidade.

Assim, os conceitos indeterminados não encontram guarida nos atos discricionários, já que aqueles se situam em momento anterior de aplicação do direito, em que existe somente a definição, mediante interpretação, de um conteúdo jurídico. Nos atos discricionários, o conteúdo interpretativo já está delimitado, porém o operador da norma tem a liberdade de escolher entre duas ou mais soluções válidas perante o ordenamento.

A ocorrência da discricionariedade está vinculada à norma jurídica que confere a competência ao Estado para agir dentro de uma liberdade relativa, a fim de atingir certas finalidades. Nesse sentido, é a norma que estabelecerá o que fica, ou não, na margem de arbítrio do Estado, sendo impossível abarcar todas as possibilidades acerca das situações que se pode preferir.[146]

---

145. A expressão designa termos vagos que se referem a aspectos morais e axiológicos, como boa-fé, motivo justo, falta grave, bom comportamento etc.

146. Não obstante a dificuldade de se fixar todas as possibilidades, alguns autores tentam estabelecer genericamente quais situações podem ficar ao arbítrio do Estado. Nesse sentido Celso Antônio Bandeira de Melo (MELLO, Celso Antônio Bandeira de. *Curso de direito administrativo*. 23. ed. São Paulo: Malheiros, 2007, p. 437) traz que: "A lei, ao regular certas situações, pode deixar margem de liberdade de apreciação para a Administração quanto: a) ao momento da prática do ato; b) à forma do ato; c) ao motivo do ato; d) à finalidade do ato; e) ao conteúdo do ato." O mesmo é informado por Maria Sylvia Zanella Di Pietro (PIETRO, Maria Sylvia Zanella Di. *Discricionariedade administrativa na Constituição de 1988*. 3. ed. São

O exame da norma que confere competência discricionária demonstra que a conduta deve-se pautar na busca de específicas finalidades, mediante comportamentos obrigatórios, permitidos ou proibidos. Referidas condutas podem estar prescritas no consequente normativo e serão exercidas nos termos da faculdade concedida pela lei.

Assim, nesse caso, temos que as normas discricionárias descrevem no antecedente normativo os acontecimentos fáticos necessários para desencadear a incidência da norma, e prescrevem no seu consequente as condutas que, por não estarem objetivamente especificadas, podem ser efetivamente exercidas pelo Estado dentro de seu franco fundamento. É o caso em que a conduta, a ser cumprida pelos comandos obrigatório, permitido e proibido, não possui indicação do modo pelo qual se chegará ao resultado esperado pela lei.[147]

Por outro lado, a norma reguladora também pode deixar de descrever a situação de fato em vista da qual haverá a incidência normativa. Nesse sentido o pressuposto que autoriza a situação obrigatória, permitida ou proibida deve ser preenchida ao alvitre do Estado. Como exemplo dessa segunda situação, Celso Antônio Bandeira de Melo apresenta a seguinte norma "O Presidente da República poderá mudar a capital do país".[148] Em que não temos regulada a situação pela qual a mudança ocorrerá.[149]

Paulo: Atlas, 2012, p. 73-74), em que: "Além do aspecto concernente ao *momento* da prática do ato, a discricionariedade ainda pode estar localizada em algum de seus *elementos*, assim considerados os requisitos essenciais a sua própria existência. Decompondo-se o ato em seus cinco elementos – *sujeito, objeto, motivo, forma e finalidade* –, é possível indicar onde se localiza a discricionariedade".

147. Exemplo de tal norma discricionária é o art. 22 do Decreto-Lei 1.593/1977, o qual prescreve: "O Ministro da Fazenda poderá exigir das empresas industriais, ou equiparadas a industrial, de produtos do capítulo 22 da tabela de incidência do Imposto sobre Produtos Industrializados (TIPI) o registro especial a que se refere o artigo 1°, estabelecendo os seus requisitos, notadamente quanto à constituição em sociedade, ao capital mínimo e às instalações".

148. MELLO, Celso Antônio Bandeira de. *Curso de direito administrativo*. 23. ed. São Paulo: Malheiros, 2007, p. 438.

149. Para Celso Antônio Bandeira de Mello (MELLO, Celso Antônio Bandeira de. *Discricionariedade e controle jurisdicional*. 2. ed. 6. tir. São Paulo: Malheiros

Por não contarem com objetividade total, independentemente do conteúdo da discricionariedade, as condutas praticadas nos termos da norma que confere a liberdade de escolha ao Estado são comportamentos válidos nos termos da lei, ou seja, não podem ser considerados ilícitos. Dessa forma, os atos praticados em atendimento ao prescrito na norma que confere competência discricionária sujeitam o Estado à prática de condutas lícitas perante o ordenamento jurídico.

Em outros termos, no exercício da competência discricionária, quaisquer das decisões tomadas pelo Estado serão atos lícitos. Não sendo cabível atribuir ilicitude ao ato se a lei não estabelece os limites de seus critérios. Não obstante, nos atos vinculados o Estado só tem uma alternativa a seguir no cumprimento da norma e, não sendo cumprido o consequente normativo como previamente estabelecido, a conduta do Estado será tida como ilícita.

Sendo assim, no exercício da norma que confere liberdade de escolha ao Estado, efeitos jurídicos serão produzidos. Nos atos arbitrários sempre teremos como resultado atos lícitos, já que a norma não confere tipos fechados para a atuação, e a exorbitância do poder discricionário configurará em abuso do poder. Para os atos vinculados, em que deverá haver estrita

---

Editores, 2003, p. 19), as hipóteses de discricionariedade ainda incluem a *finalidade da norma*, vejamos: "As considerações precedentes autorizam-nos a afirmar que a discricionariedade pode decorrer: *I) da hipótese da norma*, isto é, do modo impreciso com que a lei haja descrito a situação fática (motivo), isto é, o acontecimento do mundo empírico que fará deflagrar o comando da norma, ou da omissão em descrevê-lo. Pode também derivar *II) do comando da norma*, quando nele houver aberto, para o agente público, alternativas de conduta, seja (*a*) quanto a expedir ou não expedir o ato, seja (*b*) por caber-lhe apreciar a oportunidade adequada para tanto, seja (*c*) por lhe conferir liberdade quanto à forma jurídica que revestirá o ato, seja (*d*) por lhe haver sido atribuída competência para resolver sobre qual será a medida mais satisfatória perante as circunstâncias. Acrescentaria, finalmente, em descompasso com a doutrina esmagadoramente predominante, que a discrição pode resultar ainda *III*) da finalidade da norma. É que a finalidade aponta para valores, e as palavras (que nada mais são além de rótulos que recobrem as realidades pensadas, ou seja, vozes designativas de conceitos) ao se reportarem a um conceito de valor, como ocorre na finalidade, estão se reportando a conceitos plurissignificativos (isto é, conceitos vagos, imprecisos, também chamados de fluidos ou indeterminados) e não unissignificativos".

observância ao minuciosamente especificado em lei, o resultado poderá ser um ato lícito, se o Estado cumprir o ordenamento, ou um ato ilícito, se contrário aos termos normativos.

Importa esclarecer que o ato é o resultado da conduta normada. Ou seja, é o produto da prescrição contida no consequente da norma discricionária ou vinculada. Uma coisa é a norma que concede a faculdade do comportamento ao Estado, outra coisa é o resultado desse comportamento.

Tanto nos atos vinculados quanto nos atos discricionários, a responsabilidade tributária do Estado aparece sempre que, no exercício de sua competência, houver dano injusto ao sujeito passivo. Nesse caso, o Estado responderá igualmente pela lesão. Sobre isso, Hely Lopes Meirelles esclarece que "A responsabilidade pelos atos discricionários não é maior nem menor que a decorrente dos atos vinculados. Ambos representam facetas da atividade administrativa, que todo homem público, que toda autoridade, há de perlustrar".[150]

A rigor, como nos atos decorrentes da competência discricionária, não há como perquirir a ilicitude da conduta, teremos a hipótese de responsabilidade por ato lícito se configurado o dano injusto. Isso se justifica na medida em que a discricionariedade sempre estará vinculada aos princípios constitutivos do sistema, permitindo a perquirição se a conduta do Estado incorreu em abuso do direito ou não. Havendo lesão indevida, opera-se a norma de responsabilidade imputada ao Estado por ato lícito (abuso do direito). Em contrapartida, no caso dos atos decorrentes de atividade vinculada do Estado, a responsabilidade deste será tanto por atos lícitos como ilícitos.

Por derradeiro importa trazer que a discricionariedade está presente nas três funções que o Estado exerce, já que em todas elas existe uma certa margem de liberdade em cada ato emanado. Porém, não são necessariamente nos atos típicos

150. MEIRELLES, Hely Lopes. *Direito administrativo brasileiro*. 32. ed. São Paulo: Malheiros, 2006, p. 171.

que encontramos a liberdade de escolher sobre conveniência e oportunidade, mas sim nos atos que estão dissociados de juízos de legalidade.

Exemplificamos com a *decisão judicial*, a qual está contida nos lindes da legalidade e constitucionalidade, e não na formulação de juízos de conveniência e oportunidade. É que a sentença busca no espírito da lei a única solução válida perante o ordenamento, dizendo o direito ao caso concreto. Por isso não encontramos discricionariedade nas decisões judiciais, embora existam outros atos não típicos do Poder Judiciário em que o intérprete da lei pode escolher dentre duas ou mais soluções válidas perante o direito.

E isso se sucede igualmente perante os outros poderes do Estado, que operam inúmeras normas modificativas de situação jurídica nos termos de suas competências discricionárias.

3.6 Efeitos da conduta do Estado: responsabilidade, reparação e invalidação do ato

Na norma de responsabilidade tributária do Estado, dois são os lugares sintáticos que a conduta deste está prevista, sendo que para o presente estudo nos ocuparemos de verificar tanto o comportamento do Estado prescrito no consequente normativo da endonorma quanto no consequente da perinorma. Isso pelo fato de que é no consequente normativo que se delimitam os efeitos a serem atribuídos ao fato jurídico descrito na hipótese fática.

Quanto a isso, temos que o consequente normativo prescreve uma conduta, estabelecendo um vínculo entre o Estado e o particular, mediante o dever relacional de cumprir certa prestação por uma das partes e a faculdade de exigi-la por outra parte. Além disso, referido consequente traz os elementos necessários para identificação do vínculo intersubjetivo que demanda o efeito jurídico escolhido pelo legislador, a fim de regulamentar o fato descrito no antecedente normativo.

Nessa linha, os critérios informativos do consequente delimitam um fato relacional, constituído como efeito do fato jurídico, bem como, nas palavras de Aurora Tomazini de Carvalho, "a função do consequente na estrutura normativa é a de efetivamente prescrever condutas intersubjetivas a serem imputadas como efeito dos fatos juridicizados pelo direito".[151]

Em um primeiro momento, a constituição da relação jurídica, relatada em linguagem competente, traz a previsão de efeitos esperados pelo ordenamento, correspondentes a condutas possíveis e desejadas juridicamente. No campo da endonorma de responsabilidade tributária, se o comportamento do Estado ultrapassar os efeitos previstos pelo ordenamento jurídico em detrimento dos particulares, ferindo direitos e garantias individuais valoradas positivamente pelo sistema, estaremos diante de danos indevidos correspondentes à hipótese fática da perinorma de responsabilidade do Estado.

A despeito disso, se os efeitos da relação jurídica, constantes na endonorma de responsabilidade tributária do Estado, não corresponderem ao que o ordenamento jurídico prescreve, causando danos aos sujeitos passivos, o direito permite que estes danos integrem a proposição antecedente da perinorma de responsabilidade tributária do Estado. Com isso, os danos não justificados pelo ordenamento se constituem em novos efeitos, aptos a desencadear o dever de o Estado reparar as lesões indevidamente suportadas pelo particular.

Com a incidência da perinorma de responsabilidade é constituída a relação prevista na sua proposição-tese, havida entre o Estado (autor da conduta originária do dano) e o sujeito passivo (que sofreu lesão injusta a um direito protegido). Referida relação prevê que uma das partes é titular do direito de exigir o cumprimento da prestação ressarcitória e a outra possui a obrigação de adimplir essa prestação. O objeto prestacional é a

151. CARVALHO, Aurora Tomazini de. *Curso de teoria geral do direito:* o constructivismo lógico-semântico. 4. ed. São Paulo: Noeses, 2014, p. 307.

reparação do dano indevido, assim entendido como o principal efeito da aplicação da norma de responsabilidade.

Sob esse ângulo, a reparação da lesão indevidamente suportada pelo sujeito passivo se constitui em efeito da hipótese fática descrita no antecedente da perinorma de responsabilidade, já que a relação prescrita no consequente desta norma delimita os efeitos do dano, isto é, do fato juridicizado pelo direito.

Em linhas gerais, temos que, se os efeitos da relação jurídica prescrita no consequente da endonorma de responsabilidade, de onde despontam os direitos subjetivos e deveres jurídicos correlatos, transporem o consentido pelo ordenamento jurídico, com consequência de dano ao sujeito passivo, poderá haver incidência da perinorma de responsabilidade tributária do Estado. Esta, por sua vez, traz em sua proposição-tese relação jurídica obrigacional que fixa os efeitos do fato danoso no dever jurídico de reparação da lesão indevida. Assim é que, pela relação constante no consequente da perinorma, um dos sujeitos (vítima) é titular do direito subjetivo à reparação, e o outro sujeito (Estado) tem o dever jurídico obrigacional de reparar o dano que causou.

Por essa razão, o efeito da conduta do Estado originária do dano indevido é a imputação (de responsabilidade), já o efeito da responsabilidade é a obrigação de reparação da lesão suportada. Ainda, com a responsabilidade evidencia-se a obrigação, eis que a norma finda na realização do direito à reparação da lesão com cumprimento do dever jurídico pelo causador direto do dano indevido. A reparação é a satisfação da citada responsabilidade, ou seja, é o cumprimento da obrigação.

Outra questão importante a ser aqui tratada é que o sistema tributário é concebido com base na noção de legalidade, em que *prima facie* a consequência pela atuação exorbitante do Estado (fora dos limites do ordenamento) é a invalidação[152] do ato, e não a reparação do dano como pressuposto da conduta lesiva. Porém, de acordo com as premissas adotadas no

152. Invalidação é a retirada do ato administrativo do ordenamento jurídico.

presente estudo, verifica-se não ser cabível apenas a invalidação do ato dimanado pelo Estado, mas também a reparação dos prejuízos suportados pelo sujeito passivo.

Quanto a isso, temos que a obrigação de o Estado reparar o prejuízo perpetrado na esfera jurídica do sujeito passivo é efeito da responsabilidade do Estado, deflagrada com o dano indevido descrito em linguagem competente. Porém, o dever de o Estado invalidar o ato originário da lesão é efeito do ato incompatível com a ordem jurídica.[153] Este ato contrário ao direito também traz como efeito a imputação da obrigação reparatória ao Estado, pois, este é autor da conduta danosa.

Em ordem temporal normativa, verifica-se no consequente da endonorma de responsabilidade a conduta do Estado originária do dano, que traz como sequelas a imputação (do dever de reparar a lesão). O resultado da referida conduta é hipótese fática da perinorma que prescreve no consequente a invalidação do ato contrário ao ordenamento jurídico. Em paralelo também está a perinorma de responsabilidade, cujo antecedente é a descrição do dano indevido e a proposição-tese é a relação jurídica obrigacional de reparação do dano.

As estruturas lógicas das normas acima podem ser assim delineadas:

$$D\,[H \rightarrow R\,(S', S'')]\ v\ [H' \rightarrow R'\,(S', S'')]$$

$$D\,[H \rightarrow R\,(S', S'')]\ v\ [H'' \rightarrow R''\,(S', S'')]$$

As endonormas aqui apresentadas são iguais em sua estrutura, pois ambas trazem na proposições-tese a mesma

153. Hely Lopes Meirelles (MEIRELLES, Hely Lopes. *Direito administrativo brasileiro*. 32. ed. São Paulo: Malheiros, 2006, p. 198) esclarece como se dá a invalidação do ato administrativo: "A legitimidade da atividade decorre do respeito à lei e aos referidos princípios. Se, por erro, culpa, dolo ou interesses escusos de seus agentes, a atividade do Poder Público desgarra-se da lei, divorcia-se dos princípios, é dever da Administração invalidar, espontaneamente ou mediante provocação, o próprio ato, contrário à finalidade, por inoportuno, inconveniente, imoral ou ilegal. Se não o fizer, poderá o interessado recorrer às vias judiciárias".

relação entre sujeito passivo e Estado, em que é verificada a ocorrência da conduta estatal originária do dano e violadora do ordenamento jurídico na proposição-tese. O dano dá azo à perinorma de responsabilidade (já que integra o antecedente fático) e o ato resultante da conduta violadora do ordenamento enseja a invalidação do mesmo, mediante linguagem competente expedida em outro ato.

Assim, na primeira norma, H' é o dano indevido e R' é a relação obrigacional de reparação do dano. Já na segunda norma, H'' é o ato administrativo e R'' é a relação obrigacional de invalidar aludido ato. Logo, a incidência da perinorma de responsabilidade independe da norma que prevê a invalidação do ato, já que, embora originárias da mesma endonorma, transitam em regras distintas.

Com isso, para além da invalidação de ato administrativo pode haver ainda a responsabilidade do Estado por ato tributário. Sendo que a norma que regulamenta a responsabilidade, em sua estrutura completa, prediz como efeitos a responsabilidade do Estado, a reparação do dano e a invalidação do ato contrário ao ordenamento jurídico.

Capítulo 4

O FATO DANOSO TRIBUTÁRIO: O DANO

Para a responsabilidade do Estado por ato de conteúdo tributário, é imprescindível a descrição de um dano na proposição antecedente da norma de índole sancionatória (perinorma). Nesse sentido, referido dano é demarcado como o suporte fático suficiente e necessário para o desencadeamento da relação jurídica de responsabilidade, em virtude da qual o ordenamento atribui ao ofendido o direito de exigir a reparação, e ao ofensor a obrigação de repará-lo. Logo, o dano, na medida em que vertido em linguagem competente, é *fato*[154] de violação de direito alheio (dever jurídico ou interesse juridicamente tutelado), verificado pelo transbordo dos limites ditados pela ordem jurídica.

Nesse contexto, verifica-se que a tributação, como ablação legítima da propriedade que é, deve seguir as prescrições do ordenamento jurídico para realização do propósito da norma de incidência tributária, que é o pagamento do tributo por parte do sujeito passivo da relação jurídica tributária. Na medida em que o Estado, no exercício da exigência da obrigação tributária,

154. Conforme leciona Paulo de Barros Carvalho (CARVALHO, Paulo de Baros. *Direito tributário.* Fundamentos Jurídicos da Incidência. 4. ed. São Paulo: Saraiva, 2006, p. 141), fatos são enunciados linguísticos sobre as coisas e os acontecimentos, sobre as pessoas e suas manifestações.

causa lesão na esfera jurídica do sujeito passivo, deve ser o dever de reparar o prejuízo injustamente suportado.

Evidente que a própria tributação é fato que viola o patrimônio do sujeito passivo, porém essa turbação, na medida em que autorizada pela ordem constitucional e realizada dentro dos princípios estabelecidos pela Carta Magna, não constitui fato danoso tributário indenizável, conforme abaixo será explicitado e foi muito bem colocado por Gabriel Lacerda Troianelli, vejamos:

> Mas, por mais que se repudie essa visão negativa do tributo, não se pode negar que a tributação consiste, essencialmente, em retirar de alguém uma parcela do seu patrimônio para entregar ao Estado, sendo, portanto da essência da atividade tributária a geração de um certo "dano" ao patrimônio do contribuinte.
>
> É evidente, todavia, que não pode o Estado ser obrigado a indenizar o contribuinte pelo "dano" causado pelo pagamento de tributo devido do exigido com o emprego de meios legítimos e sem a imposição de qualquer outro "dano colateral" diverso daquele representado pelo decréscimo patrimonial do contribuinte.
>
> Caso contrário, todo tributo devidamente pago daria ao contribuinte o direito, pelo menos, à sua restituição, o que inviabilizaria a atividade tributária, coisa que não é realista.[155]

O dano tributário jamais encontrará identidade com o tributo. É cristalino que o fato danoso tributário corresponde a uma diminuição do bem juridicamente tutelado do sujeito passivo. Mas não é só, para se configurar o dano é necessário que também ocorra a transgressão ao direito correspondente a esse bem. Já quanto ao tributo, sua exigência deve ser desvinculada a quaisquer infrações. Além disso, do fato danoso tributário emerge a norma de responsabilidade do Estado, com índole sancionatória – a qual estabelece o dever-ser de pagar uma indenização. O tributo, na completude da norma jurídica de incidência tributária, não constitui sanção por ato ilícito, na sua concepção a prescrição-tese nunca corresponderá a uma sanção (indenização).

155. TROIANELLI, Gabriel Lacerda. *Responsabilidade do Estado por dano tributário*. São Paulo: Dialética, 2004, p. 55.

O fato danoso tributário apto a integrar a proposição antecedente da perinorma de responsabildade será o que ocorre quando o resultado da conduta do Estado transborda os limites ditados pela ordem jurídica.[156] Assim, sempre que a atuação do Estado resultar na violação de direitos do sujeito passivo protegidos, estar-se-á perante um eventual dano passível de indenização.

Importante frisar que referida conduta tem como origem (na endonorma) atos tributários praticados pelo próprio Estado, consistentes em medidas tomadas para a efetivação da obrigação tributária. E, como o Estado é uno, distinguindo-se apenas as funções por meio das quais atua, independe qual órgão estatal praticou o ato, se do Legislativo, do Executivo ou do Judiciário.[157]

Esclarece-se que com o nascimento da obrigação tributária surgem direitos e deveres correlatos, tanto para o sujeito passivo quanto para o sujeito ativo. É aqui que o comportamento do Estado, prescrito na proposição-tese da endonorma opera-se, mediante ações ou omissões, como: vistorias, apreensões, execuções, penhoras, sentenças, concessões de

156. A identificação de excessos cometidos pelo Estado, causadores de danos ao sujeito passivo, não passou despercebida para Vasco Branco Guimarães (GUIMARÃES, Vasco Branco. *A responsabilidade civil da administração fiscal emergente da obrigação de imposto.* Belo Horizonte: Fórum, 2007, p. 30), são suas palavras: "No exercício das actividades inspectivas e de aplicação da norma pela AF, podem surgir situações-limite, em que direitos protegidos (intimidade, vida provada, propriedade) podem ser violados provocando dano na esfera jurídica do contribuinte. A conjugação destes vários factores coloca a relação jurídica fiscal como uma relação em que podem surgir danos para o contribuintem sempre que a sua legalidade estrita não seja respeitada ou a invalidade da norma e a sua aplicação errónea ou com escesso, assim o determinarem."

157. Zulmar Fachin (FACHIN, Zulmar. *Responsabilidade patrimonial do estado por ato jurisdicional.* Rio de Janeiro: Renovar, 2001, p. 67) afirma que "[...] tendo o Estado personalidade jurídica unitária e manifestando-se sempre por meio de um de seus órgãos (legislativo, executivo e judiciário), deverá indenizar quando do ato de seu agente resultar lesão a alguém. Pouco importa saber se o agente estatal desempenha uma atividade legislativa, executiva ou jurisdicional. Não pode haver dúvida de que a responsabilidade patrimonial do Estado pode decorrer de atos legislativos, executivos e judiciários. É por meio destes atos que se expressa o poder estatal. E o poder estatal precisa ser responsabilizado por suas manifestações danosas".

medidas liminares, inclusão em dívida ativa etc. Por isso, de acordo com as premissas adotadas, atribuímos a qualificação de *tributário* ao fato danoso ora em estudo, sendo certo que esta designação não afasta as alcunhas atribuídas pela doutrina tradicional aos danos passíveis de indenização (como exemplo *dano moral* e *dano patrimonial*).

Diante dos termos expostos, o *fato danoso tributário* é *fato* descrito no suporte fático da perinorma de responsabilidade patrimonial do Estado emergente de obrigação tributária, que adquire o *status* de jurídico no momento em que vertido em linguagem competente e subsumido à norma de responsabilidade do Estado. Também, é *danoso* na medida em que corresponde a uma lesão na esfera jurídica de alguém, que não está obrigado pelo ordenamento a suportar o encargo indevido (prejuízo). E é *tributário* pela sua origem, conforme decorre de outros fatos descritos na norma (endonorma) da obrigação tributária, segundo já exposto quando da análise da estrutura da norma de responsabilidade.

4.1 Relevância do dano como consequência da conduta do Estado

Diversos são os doutrinadores que realizam a análise da responsabilidade patrimonial do Estado tomando como foco a conduta do agente. Não obstante, tomamos que o foco ejetor da norma de responsabilidade por ato de conteúdo tributário é o fato danoso tributário, já que, de acordo com o estudo normativo do instituto em questão, não importa saber se a conduta do Estado foi, ou não, contrária à ordem jurídica.[158] O que importa é saber se a consequência do comportamento do agente ocasionou dano ilegítimo na esfera jurídica de outrem[159]

158. Tomando-se por pressuposto o *fato jurídico que faz nascer o dever de indenizar*, tem-se o dano como "fato imponível". Porém, para os autores que adotam o tema sob a ótica do *fato que faz nascer o dano*, será a conduta do agente que trará o fundamento do dever de o Estado ressarcir.

159. É importante ter em mente que, à luz do exposto, a conduta realizada pelo Estado não se confunde com o resultado da conduta. A primeira está prescrita na proposição-tese da endonorma e a segunda, na proposição antecedente da perinorma.

– entendendo-se como dano ilegítimo aquele que o ofendido não tem o dever jurídico de suportá-lo.

Observe-se que o que faz nascer o dever de o Estado reparar o fato danoso tributário é a própria ocorrência do dano, já que esse é o suporte fático da norma de responsabilidade patrimonial do Estado. Sem o dano, não há o que se falar em responsabilidade. Logo, a eclosão da relação jurídica de responsabilidade se dá com a descrição em linguagem do fato danoso, e não com a conduta do agente do Estado.

É que o dano é pressuposto da responsabilidade patrimonial do Estado, isto é, o fato danoso tributário é o fundamento da norma de responsabilidade, não por que a conduta causadora do dano seja contrária ao ordenamento jurídico, mas por que o sujeito que suporta o dano não tem o dever jurídico de sofrer o prejuízo. Em outras palavras, o que importa para a responsabilidade do Estado não é que o dano seja resultado de uma atividade lícita ou ilícita, mas sim que o ofendido não tem o dever jurídico de suportar os efeitos do correspondente dano.[160]

Nesse sentido, a causa de imputação de responsabilidade do Estado por atos de conteúdo tributário é o dano injustamente suportado pelo sujeito passivo da obrigação tributária, seja ele decorrente de atividade lícita ou ilícita praticada pelo Estado.

De acordo com a perspectiva do Estado, o comportamento lícito seria suficiente para afastar a norma de responsabilidade, já que estar-se-ia diante de um exercício de poder-dever estatuído de acordo com o princípio da legalidade, não tendo escolha em relação à possibilidade de aplicação da norma, nem mesmo que entenda ser ilegal.

Não obstante, as prerrogativas do Estado (como a supremacia do interesse público sobre o privado) dão suporte para que, sob o manto da suposta legalidade, sejam realizadas

160. PINEROS PERDOMO, Mauricio. La responsabilidad del estado por la adopción de leyes tributarias inconstitucionales. In: GARCIA NOVOA, Cesar (Coord.); HOYOS JIMENEZ, Catalina (Coord.). *El tributo y su aplicación*: perspectativas para el siglo XXI (En homenage al L aniversario del instituto latinoamericano de derecho tributario): Tomo I. Buenos Aires: Marcial Pons, 2008, p. 708.

intervenções nas esferas jurídicas dos sujeitos passivos de modo a lhe ferir injustamente seu direito, este, verificado nas garantias constitucionais denominadas de *direitos fundamentais individuais*.

4.2 Dano tributário indenizável: a tipificação do dever de indenizar

Os resultados danosos decorrentes da conduta do Estado podem ensejar o nascimento de responsabilidade patrimonial. Com a descrição em linguagem competente da ocorrência do dano tributário, nasce o dever potencial de o Estado reparar o patrimônio do lesado. Logo, o dano perpetrado no patrimônio do sujeito passivo da obrigação tributária é o *suporte fático* da norma de responsabilidade patrimonial do Estado.

Ressalta-se que não é da conduta do Estado que emerge o dever de indenizar o dano à luz do art. 37, § 6º, da Constituição Federal,[161] mas sim o resultado dessa conduta, ou seja, o próprio dano é a causa de imputação de responsabilidade do Estado.[162]

Porém, não é qualquer dano tributário que pode ser suporte fático da norma de responsabilidade, somente o dano não consentido pelo ordenamento jurídico é que pode fazer parte da proposição antecedente da norma de responsabilidade que descreve o fato danoso tributário injusto. Nesse aspecto, o dano legitimado a integrar o suporte fático da norma

161. Art. 37. A administração pública direta e indireta de qualquer dos Poderes da União, dos Estados, do Distrito Federal e dos Municípios obedecerá aos princípios de legalidade, impessoalidade, moralidade, publicidade e eficiência e, também, ao seguinte: [...]
§ 6º. As pessoas jurídicas de direito público e as de direito privado prestadoras de serviços públicos responderão pelos danos que seus agentes, nessa qualidade, causarem a terceiros, assegurado o direito de regresso contra o responsável nos casos de dolo ou culpa.

162. Renato Alessi e Fernando Garrido Falla pensam diferente, no sentido de que quando o Poder Público investe contra o patrimônio de particular de forma ilícita, está configurada a responsabilidade. Porém, quando o Estado investe de acordo com os ditames legais, a hipótese é de sacrifício de direito.

de responsabilidade, isto é, o dano ressarcível, corresponde à violação indevida a um interesse juridicamente tutelado da vítima, ou seja, a interesses legítimos do ofendido, por mais que ainda não tipificado em norma legal.

Embora intimamente ligado à noção de valor, não é condição suficiente para considerar o dano como injusto, e passar a integrar a prescrição antecedente da perinorma de responsabilidade, a constatação de um prejuízo patrimonial ou extrapatrimonial.[163] Será também necessária a verificação de ofensa a interesse (do sujeito passivo) juridicamente tutelado. Sendo assim, deve haver um prejuízo jurídico e não meramente patrimonial para que o dano se caracterize pela afetação prejudicial de um direito.

A esse propósito, Maurício Piñeros Perdomo[164] esclarece que o dano antijurídico será aquele que os contribuintes não têm o dever jurídico de suportar o prejuízo, e o Estado não tem o direito de causar. Assim, na mesma linha que perfilhamos, o autor tece importante consideração acerca de que além do prejuízo patrimonial, também deve haver o prejuízo jurídico para que o dano se configure como passível de indenização e, portanto, possível de integrar o antecedente da norma de responsabilidade patrimonial do Estado emergente da obrigação tributária. Vejamos:

> [...] no es que el Estado sea responsable porque la victima no tiene la obligación de soportar el daño, ao contrario: la victima no

---

163. Nesse sentido, Gabriel Lacerda Troianelli (TROIANELLI, Gabriel Lacerda. *Responsabilidade do Estado por dano tributário*. Sao Paulo: Dialética, 2004, p. 86) leciona que o pagamento de um tributo, embora traga prejuízo patrimonial, é um dano justo não indenizável, vejamos: "Assim, fora as hipóteses relativas às exigências de multas e tributos. 'danos justos', e, portanto, não indenizáveis, qualquer outra forma de diminuição ao patrimônio do cidadão imposto pelo Estado deverá, em razão da responsabilidade objetiva do Estado, dar causa a indenização."

164. PIÑEROS PERDOMO, Mauricio. La responsabilidad del Estado por la adopcion de leyes tributarias inconstitucionales. In: GARCIA NOVOA, Cesar (Coord.); HOYOS JIMENEZ, Catalina (Coord.). *El tributo y su aplicación:* perspectativas para el siglo XXI (En homenage al L aniversario del instituto latinoamericano de derecho tributario): Tomo I. Buenos Aires: Marcial Pons, 2008, p. 708-709.

> tiene la obligación de soportar el daño cuando el Estado no tiene derecho a dañar.
>
> [...]
>
> El factor de atribuición del daño o título jurídico de la imputación es la razón en virtude de la cual la consecuencias económicas del daño debem ser asumidas por el Estado y no por la víctima. En otras palabras, el perjudicado no tiene el deber de soportar el daño porque dicho daño es imputable al Estado debido a la precencia de un título jurídico de imputación.

A despeito disso, se o dano indenizável deve ser o dano injusto, ou seja, aquele que extrapola os limites do que legalmente deveria ser tolerável pelo ofendido, por mais esse motivo a investigação do comportamento (se lícita ou ilícita) do causador do dano é irrelevante para a incidência da norma de responsabilidade do Estado por atos de conteúdo tributário. Nesse sentido também é o entendimento de Récio Eduardo Cappelari, para quem:

> A qualificação do dano como injusto dispensou para a sua interpretação e análise a investigação do comportamento do agente para que se defina a responsabilidade civil, por meio da noção subjetiva do ato ilícito. Assim, conquanto se adote essa nova concepção, ou seja, a construção de um direito de danos, somente a averiguação objetiva de sua injustiça em relação aos bens tutelados é suficiente para pôr em evidência a obrigação de indenizar.[165]

Ante a ausência de critérios objetivos para se determinar quando os sujeitos passivos das obrigações tributárias têm o dever jurídico de suportar o dano causado pelo Estado, ou quando têm o dever de assumir o prejuízo como uma carga que o ordenamento impõe, convém esclarecer que para exata tipificação do dano, é necessário realizar um juízo valorativo sobre o desvalor ou diminuição suportados pelo ofendido.[166]

---

165. CAPPELARI, Récio Eduardo. Reflexões sobre o dano injusto: a concretização da ideia de justiça. Revista Justiça do Direito, v. 24, n. 1 (2010). Disponível em: https://bit.ly/2MtuuMc Acesso em: 04 jun. 2019, p. 67.

166. O que determina quais propriedades entram, quais não entram, da tipicidade do fato danoso tributário é o ato-de-valoração que antecede a feitura da hipótese da

Ao trazer à colação a realidade italiana, Récio Eduardo Capelari traz que naquele sistema "Caberá ao juiz o preenchimento valorativo da cláusula geral mediante a escolha de situações de dano e interesses que necessitem ser tutelados."[167]

Constata-se que os elementos que tentam definir o que é dano indenizável não trazem critérios objetivos que tipificam qual a lesão que será passível de indenização por parte do Estado. A integração deverá ser realizada pelo intérprete e aplicador da norma de responsabilidade patrimonial do Estado por atos de conteúdo tributário. Não obstante, existem limites para se incluir o fato danoso tributário no antecedente normativo, quais sejam: a constatação de um prejuízo patrimonial ou extrapatrimonial e a verificação de ofensa a interesse (do sujeito passivo) juridicamente tutelado.

4.3 Dano decorrente da atividade administrativa tributária do Estado

O Estado manifesta a vontade nacional por meio dos poderes (Executivo, Legislativo e Judiciário) que o integram. Referidos poderes possuem funções específicas, funcionando como "um plexo de atribuições, de faculdades, de poderes e deveres: é um feixe de competência".[168] Em suas atribuições, todos os poderes exercem atividades administrativas, necessárias para a dinâmica do funcionamento do Estado, sendo que como *atividades administrativas* podemos entender o complexo de atribuições, competência ou encargos desenvolvidos por todos os entes da federação com vistas a dar operatividade ao Estado. Com isso, os atos não jurisdicionais, praticados pelos agentes da autoridade judiciária, bem como os atos não legislativos,

---

norma.

167. CAPPELARI, Récio Eduardo. Reflexões sobre o dano injusto: a concretização da ideia de justiça. Revista Justiça do Direito, v. 24, n. 1 (2010). Disponível em: https://bit.ly/2MtuuMc Acesso em: 04 jun. 2019, p. 66.

168. VILANOVA, Lourival. *Causalidade e relação no direito*. 5. ed. São Paulo: Noeses, 2015, p. 218.

praticados pelos agentes da autoridade legislativa, também são atos administrativos em seu conteúdo e forma, aptos a trazer como resultado eventual lesão necessária para desencadear a norma de responsabilidade tributária do Estado.[169]

No exercício da atividade administrativa de tributação, inúmeras são as condutas do Estado que possuem relação de causalidade com os danos indevidos produzidos na esfera jurídica dos particulares, sendo que para todas é aplicado o princípio comum da responsabilidade do Estado, já que se enquadram nas diretrizes gerais do problema.

Como seria tarefa hercúlea revelar todas as caracterizações ontológicas, ou seja, tipicidades das atividades administrativas originárias de dano passível ressarcimento, passamos, então, a exemplificar algumas atividades administrativas do Estado presentes em nossa jurisprudência.

4.3.1 Dano causado por cobrança indevida de tributo

O primeiro exemplo de atividade administrativa originária de dano trata da inclusão indevida de terceiro no polo passivo de demanda executiva. O caso traz a ilegalidade de a administração pública, após expedir a norma individual e concreta da obrigação tributária, apresentar ação executiva fiscal contra alguém que é estranho à relação jurídica estabelecida com o fisco. O exemplo citado foi analisado pelo Tribunal Regional Federal da 2ª Região em sede de recurso de apelação,[170] em que

---

169. A definição adotada no presente estudo é material, e não orgânica, já que todos os órgãos do Estado podem praticar atos administrativos, mesmo que atipicamente. Nesse mesmo sentido também é a definição apresentada por Lúcia Valle Figueiredo (FIGUEIREDO, Lúcia Valle. *Curso de direito administrativo*. 9. ed. São Paulo: Malheiros, 2008, p. 34), vejamos: "A função administrativa consiste no dever de o Estado, ou de quem haja em seu nome, dar cumprimento fiel, no caso concreto, aos comandos normativos, de maneira geral ou individual, para realização dos fins públicos, sob regime prevalecente de direito público, por meio de atos e comportamentos controláveis internamente, bem como externamente pelo Legislativo (com o auxílio dos Tribunais de Contas), atos, estes, revisíveis pelo Judiciário".

170. Apelação Cível 2007.51.01.006083-6 (Rel. Desembargador Federal Marcus Abrah-

se relata que o autor propôs a demanda ordinária para o fim de obter indenização por danos morais em face da União. Para tanto, o autor informou que foi citado para responder à execução fiscal e teve bloqueio de seus bens, sendo que o débito tributário foi constituído em nome de outra pessoa. Esclareceu-se ainda que entre a constrição e a exclusão do autor da demanda executiva transcorreram mais de quatro anos. No relatório, o Desembargador Marcus Abraham afirma que:

> De fato, o equívoco e a demora da União em resolvê-lo, ensejando a constrição de bens de pessoa que nada devia, são suficientes para a procedência do pedido de indenização. O dano moral, nesse caso é presumido e decorre da própria constrição indevida do bem do apelante e da demora em liberá-lo. Sequer seria necessária maior prova do abalo e constrangimentos sofridos. [...]
>
> Presentes, portanto, os requisitos que impõem o dever de indenizar.

Nota-se que a norma completa de responsabilidade tributária foi constituída pela integração da proposição-tese da endonorma com a conduta do Estado originária do dano. Houve erro da União, ao tomar as medidas para satisfação do débito fiscal, em incluir o autor da ação ordinária de indenização no polo passivo da execução fiscal, já que é terceiro estranho à relação jurídica constituída no lançamento tributário. Referida falha pressupôs o fato danoso tributário apto a integrar a proposição antecedente da perinorma de responsabilidade tributária do Estado. Com isso, desencadeou-se o dever do Estado de indenizar a lesão indevidamente suportada pelo particular.[171]

---

em, 5ª Turma Especializada, *DJ* de 10.11.2015).

171. Outro caso semelhante é a apelação Cível 0003189-72.2006.4.01.3310/BA (Rel. Desembargador Federal Jirair Aram Meguerian, Sexta Turma, e-DJF1 p.666 de 01/02/2016), cuja ementa consta que: "[...] No presente caso, o conjunto probatório apresentado é suficiente para demonstrar a responsabilidade do INSS pela inclusão indevida do nome do Autor em cadastro de inadimplentes, restando incontroverso nos autos que a inscrição do nome do Autor na dívida ativa e no Cadin ocorreu por erro da Administração, ao confundir autor, mera testemunha por ocasião de assinatura de Termo de Confissão de Dívida Fiscal, com os responsáveis pelo inadimplemento de empresa que o firmou. Ademais, em razão da inscrição indevida, o

Nessa mesma linha de raciocínio, deve seguir a atividade da Administração Pública que inscreve débito tributário inexistente em dívida ativa, com posterior propositura de executivo fiscal. Sobre isso, o Tribunal Regional Federal da 1ª Região[172] analisou processo em que a União inscreveu débitos de Imposto Sobre a Propriedade Territorial Rural – ITR em nome de particular que já havia alienado o imóvel rural. O antigo proprietário já havia comunicado o Fisco, em processo administrativo, das razões pelas quais tais inscrições seriam indevidas, pelo que foi incluído no Sistma ITR a informação para não ser realizada a inscrição. Não obstante, o fisco, apesar de estar instruído a não inscrevê-los, acabou efetivando indevidamente as inscrições do débito em dívida ativa. No voto do relator, constam as seguintes informações a respeito do julgado:

> Portanto, tendo tais atos (inscrições em dívida ativa no nome do autor de débitos referentes ao ITR/93) sido ilegítimos (condutas ilícitas), compete à União indenizar os danos materiais e morais deles resultantes (nexo de causalidade), seja em face do art. 37, §6º, da Constituição (responsabilidade objetiva), seja em face do art. 159 do Código Civil de 1916 (responsabilidade subjetiva).
>
> [...]
>
> Por fim, a indevida inscrição de débitos em dívida ativa, com a consequente emissão de certidão positiva (fl. 41) e conhecimento do fato por terceiros (fls. 68 e 149/152), implica dano extrapatrimonial indenizável, visto que gera constrangimento e abalo da reputação do suposto devedor.
>
> Diante disso, a União está obrigada a indenizar esse constrangimento e abalo de repuração sofridos pelo autor em razão da indevida inscrição de débitos atinentes ao ITR/93 (danos morais), não havendo danos materiais a serem indenizados.

---

autor fora alvo de execução fiscal. III. Comprovada a inscrição indevida em cadastro restritivo de crédito, resta caracterizado o dano moral, que, no caso, dispensa prova do prejuízo em concreto, uma vez que o abalo à imagem do Autor perante a sociedade é presumido. Precedentes. [...]"

172. Apelação Cível 0033583-98.1997.4.01.3400/DF (Rel. Desembargador Federal João Batista Moreira, Rel. Conv. Juiz Federal Marcelo Albernaz (Conv.), 5ª Turma, *DJ* p. 25 de 07.12.2007).

O dano, correspondente ao constrangimento e abalo da reputação do suposto devedor, foi extraído da indevida inscrição em dívida ativa e consequente emissão de certidão positiva de débitos inexistentes. Referido dano indevido correspondeu ao suporte fático da perinorma de responsabilidade tributária, com o que a reparação (situada na proposição-tese da perinorma) foi entendida como devida pela União.

Outros julgados se coadunam com o entendimento ora explicitado, como REsp 904.330/PB [173] e o AC 0028643-46.2004.4.01.3400[174] sendo que todos trazem a conduta do Es-

---

173. PROCESSUAL CIVIL. ADMINISTRATIVO. RESPONSABILIDADE CIVIL DO ESTADO. DANOS MORAIS. ARTIGO 37, § 6º DA CONSTITUIÇÃO FEDERAL. SÚMULA 83/STJ. INDENIZAÇÃO. SÚMULA 7/STJ.
1. Ação de Reparação de Danos Materiais e Morais ajuizada em desfavor da União, com fulcro nos artigos 37, § 6º da CF, em face da indevida inscrição do nome do autor na dívida ativa, em cujo bojo restou reconhecida a conduta indevida da Administração Tributária, insindicável nesta Corte (Súmula 07/STJ).
2. O ajuizamento indevido de execução fiscal poderá justificar o pedido de ressarcimento de danos morais, quando ficar provado ter ocorrido abalo moral. Precedentes: REsp 773.470/PR, DJ 02.03.2007;
REsp 974.719/SC, DJ 05.11.2007; REsp 1034434/MA, DJ 04.06.2008.
3. É inadmissível o recurso especial manejado pela alínea 'c' do permissivo constitucional quando a orientação do tribunal se firmou no mesmo sentido da decisão recorrida. (Súmula 83/STJ).
4. Inequívoca a responsabilidade estatal, consoante a legislação infraconstitucional e à luz do art. 37 § 6º da CF/1988, bem como escorreita a imputação dos danos morais, nos termos assentados pela Corte de origem, verbis:"[...] Verificado que contra o autor foi movida ação de execução fiscal para a cobrança do crédito tributário correspondente, em razão da indevida inscrição do seu nome em Dívida ativa, não há como desconsiderar a participação da União no dano causado ao demandante. No caso presente, o autor sofreu não só constrangimento, mas indignação e revolta ante o fato de ter sido processado por inscrição indevida de débito na Dívida ativa. Entendendo-se que ficou caracterizada a responsabilidade civil da União pelos danos morais causados ao autor, há de se verificar como pode ser compensado pelo fato. [...] Assim, fixo, a título de indenização por danos morais, o valor de R$ 2.500,00, reconhecendo como indevida a indenização por danos materiais, na forma em que estabelecido na sentença, porquanto requereu o autor o ressarcimento decorrente dos prejuízos psíquicos sofridos. [...]" 5. A análise acerca da extensão do prejuízo moral causado ao autor, devidamente analisada pela instância a quo para a fixação do quantum indenizatório, resta obstada pelo verbete sumular nº 7/STJ.
6. Recurso especial não conhecido.
(REsp 904.330/PB, Rel. Ministro Luiz Fux, 1ª TURMA, julgado em 16.10.2008, *DJe* 03.11.2008).

174. CIVIL. ADMINISTRATIVO. RESPONSABILIDADE CIVIL DO ESTADO.

tado originária do dano na proposição-tese da endonorma, e o dano indevido como proposição-hipótese da perinorma de responsabilidade tributária do Estado.

4.3.2 Dano causado pela fiscalização tributária

Outro exemplo de atividade administrativa originária de dano é a fiscalizatória, realizada por agentes públicos em nome da administração tributária, que tem a prerrogativa de, em nome do interesse público, interferir na esfera privada dos indivíduos. Nas palavras de Paulo de Barros Carvalho,[175] "é uma imposição inafastável do exercício do *poder-dever* que a lei atribui aos agentes da Administração Tributária, e se refle-

---

LANÇAMENTO TRIBUTÁRIO. INSCRIÇÃO NA DÍVIDA ATIVA. RETIFICAÇÃO DO CÓDIGO DA RECEITA ANTERIORMENTE FEITO PELO CONTRIBUINTE. DANOS MORAIS. CABIMENTO. 1. Cuidando-se de responsabilidade civil objetiva, à vítima cabe provar o dano e o nexo causal com a ação administrativa, o que restou provado na espécie dos autos. Cumpria à Administração, por seu turno, provar a culpa concorrente ou exclusiva do particular, que não restou provada. 2. Não procede a alegação de culpa exclusiva do autor, a excluir a responsabilidade da ré, pelo fato de ter ele utilizado procedimento que não seria o correto para a retificação de recolhimento, para alteração de código de receita. Se do DARF apresentado com o REDARF (fls. 49 e 50) consta carimbo de agente da Delegacia da Receita Federal em Brasília indicando o código correto. Mesmo que o procedimento estivesse incorreto, seria de se esperar que o agente orientasse o contribuinte e, mais grave ainda, que não fosse efetivada a inscrição do suposto débito na Dívida Ativa. 3. Conquanto não tenha sido a autora inscrita no CADIN, é de se ver que em se tratando de empresa do setor de saúde o só fato da inscrição indevida em Dívida Ativa é suficiente a que não seja expedida CND, documento esse exigido como condição para pagamentos de convênios e contratos firmados com entes da Administração Pública. Dano moral caracterizado. 4. A "reparação de danos morais ou extra patrimoniais, deve ser estipulada *cum arbitrio boni iuri*, estimativamente, de modo a desestimular a ocorrência de repetição de prática lesiva; de legar à coletividade exemplo expressivo da reação da ordem pública para com os infratores e compensar a situação vexatória a que indevidamente foi submetido o lesado, sem reduzi-la a um mínimo inexpressivo, nem elevá-la a cifra enriquecedora" (TRF1 AC 96.01.15105-2/BA) 5. Apelação e reexame necessário a que se dá parcial provimento para reduzir o valor dos danos morais de R$ 20.735,82, duas vezes o montante inscrito, para R$ 7.000,00.
(AC 0028643-46.2004.4.01.3400/DF, Rel. Desembargador Federal Carlos Moreira Alves, Rel.Conv. Juiz Federal Marcos Augusto De Sousa (CONV.), 6ª Turma, *e-DJF1*, p. 219 de 12.08.2011).

175. CARVALHO, Paulo de Barros. *Curso de direito tributário*. 12. ed. São Paulo: Saraiva, 1999, p. 365.

se num desdobramento do princípio da supremacia do interesse público ao do particular."

A atividade fiscal tributária estabelece uma relação entre Estado e contribuinte e envolve uma série de procedimentos previstos na competência atribuída ao agente responsável pela conduta, a serem realizados dentro dos limites e fundamentos expostos na lei. Com efeito, ao extrapolar referidos limites, dar-se-á azo à norma de responsabilidade tributária do Estado.

Isso é o que aconteceu no caso relatado pelo Tribunal Regional Federal da 1ª Região,[176] em que o contribuinte propôs ação ordinária contra a União para o fim de obter indenização em razão de fiscalização realizada com abuso do poder pela Delegacia da Receita Federal, em que teve toda sua mercadoria de procedência estrangeira apreendida, apesar de todos os produtos portarem notas fiscais de importação regular. Constou no relatório do julgado que aproximadamente noveta e dois por cento das mercadorias foram posteriormente devolvidas, e o restante foi objeto de impugnação administrativa rejeitada. Alegou-se que a fiscalização foi realizada com um grande número de funcionários armados da Receita Federal e que em frente ao estabelecimento criou-se um tumulto. Vejamos excerto do voto do relator que esclarece em que situação se identificou o abuso do poder perpetrado pelas autoridades administrativas:

> [...] Na atividade investigatória, iniciada a partir de indícios, a polícia e a Receita Federal exercem seu poder-dever, ato de soberania estatal, o que faz com que somente se possa falar em direito à indenização caso sua atuação tenha sido pontuada por excessos e abusos ilegais.
>
> Segundo o afirmado na sentença, o fundamento do pleito indenizatório, formulado pelo autor, é a ilicitude da investigação realizada pela Receita Federal, a qual contou com auxílio da polícia para sua concretização.

176. AC 5002281-82.2012.404.7012, 4ª Turma, Relator Luís Alberto D'azevedo Aurvalle, juntado aos autos em 11.11.2016.

Extrai-se dos autos que a Seção de Administração Aduaneira da Delegacia da Receita Federal do Brasil em Cascavel/PR, após receber da Ouvidoria do Ministério da Fazenda denúncia de que a empresa autora estaria comercializando mercadorias originárias da China, sem a regular internalização no país, utilizando-se de seu nato poder de polícia, procedeu à verificação dos fatos. A abordagem deu-se com o respectivo mandado.

Segundo a regra do art. 794 do Decreto nº 6.759/2009, havendo indícios de infração punível com a pena de perdimento, a mercadoria importada deve ser retida pela Secretaria da Receita Federal do Brasil, até que seja concluído o correspondente procedimento de fiscalização. Ou seja, há base legal para a realização dos procedimentos de apreensão de mercadorias.

No entanto, em que pesem ponderáveis os fundamentos da sentença, entendo que houve abusos na operação da Receita Federal na empresa autora.

Do conjunto probatório, extrai-se que a operação foi realizada com bastante estardalhaço, eis que foi fechada a rua, tendo sido utilizadas viaturas policiais, com sirene e giroflex ligados, além de veículos da Receita. Os policiais adentraram no recinto fiscalizado portando armas longas de grosso calibre em punho, mesmo em se tratando de empresários e funcionários que, a princípio, não ofereciam periculosidade. Os auditores não se identificaram. Sem dar qualquer possibilidade de defesa aos proprietários do estabelecimento, foram apreendendo toda a mercadoria que supunham ser importada, mesmo aquelas cujas notas fiscais estavam nas mãos dos proprietários. Foram recolhidos 109 volumes.

Grande parte da mercadoria (cerca de 90%) foi devolvida, por não haver qualquer irregularidade. O pequeno percentual de produtos apreendidos sujeitos à pena de perdimento (brinquedos, cosméticos, mochilas etc.) estava regularmente internalizado, sendo que as irregularidades foram basicamente por desatendimento às normas de segurança e do INMETRO.

Daí percebe-se que – em que pese ser poder-dever da União instaurar o processo administrativo para apurar os fatos e impor a sanção legal prevista – a ré extrapolou os limites de suas atribuições fiscalizatórias quando expôs desnecessariamente os investigados durante a abordagem e apreensão, onde cometeu excessos ao transformar uma ação legítima em espetáculo público, mormente por se tratar de cidade pequena, onde a exposição moral se intensifica diante de um círculo reduzido de pessoas, ficando o estigma de "contrabandistas".

O abuso do poder foi considerado fato originário do dano moral, eis que o contribuinte foi submetido à situação vexatória, transtorno e desconforto perante a sociedade, ficando com o estigma de local que vende material de contrabando, conforme comprovado por testemunhas. Assim, estabeleceu-se o nexo causal entre a conduta do Estado (correspondente ao abuso do poder na fiscalização do estabelecimento comercial), e o dano indevidamente sofrido pelo contribuinte (abalo em sua imagem por ter recebido o estigma de "contrabandista"). E, consequentemente, aplicou-se a norma de responsabilidade tributária do Estado, condenando a União a indenizar o prejuízo indevidamente suportado pelo contribuinte.

Não se pode negar que a reclamação dos contribuintes por *abuso do poder* na atividade fiscalizatória é recorrente,[177] sendo que a norma de responsabilidade funciona como um ato de coação à observância da estrita competência e poder pelas autoridades administrativas, que no desempenho de suas atividades não podem extrapolar os princípios que regem o ordenamento jurídico.

4.3.3 Dano causado pela negativa de fornecimento de certidão

O terceiro exemplo de atividade administrativa correntemente originária de dano é a negativa infundada de certidão negativa de tributos por parte da administração pública. A certidão de inscrição em dívida ativa é suporte físico do ato de inscrição do débito fiscal, que veicula a norma individual

177. Atento para o problema, Paulo de Barros Carvalho (CARVALHO, Paulo de Barros. *Curso de direito tributário.* 12. ed. São Paulo: Saraiva, 1999, p. 365) traz suas preocupações no seguinte trecho: "A experiência brasileira é testemunho eloquente do uso da novel faculdade, mas antes disso o depoimento histórico aponta para o abuso dessa permissão, muitas vezes desenvolvida em termos de violação aos direitos da cidadania. Estamos em que, se alguma providência houvesse de ocupar o importante tópico, no quadro dos princípios gerais do Sistema Tributário Nacional, certamente hospedaria conteúdo oposto, qual seja o de firmar critérios mais seguros para a delimitação daquela vetusa faculdade, fortalecendo os direitos individuais e impedindo grosseiros atentados à ordem jurídica nacional."

e concreta referente ao débito constituído em detrimento do contribuinte. Mediante a expedição da certidão negativa, em que não constam débitos inscritos, é que o contribuinte consegue comprovar a sua regularidade com o fisco.[178]

O direito de obter certidão é um direito fundamental constante no art. 5°, XXXIV, "b", da Constituição Federal,[179] que não pode ser negado pelo Estado quando inexistir débito tributário constituído contra o interessado, com prazo de pagamento já esgotado.[180] Se infundada a recusa do fornecimento de certidão negativa de débito, e o dano ao contribuinte for constatado, poderá haver a incidência da norma de responsabilidade tributária do Estado.

Nesse sentido, foi a decisão do Tribunal Regional Federal da 2ª Região,[181] em que o contribuinte entrou com ação judicial visando à condenação da União ao pagamento de indenização por danos morais, em virtude de lhe ter sido negado o direito de obter certidão de tributos federais positiva com efeito de negativa. Consta, no processo, que o contribuinte incluiu todos os seus débitos tributários pendentes em programa de parcelamento (Refis), com o que não haveria motivo do

---

178. Sobre a Certidão de Dívida Ativa, Paulo de Barros Carvalho (CARVALHO, Paulo de Barros. *Direito tributário*. Fundamentos jurídicos da incidência. 4. ed. São Paulo: Saraiva, 2006, p. 966) esclarece que: "Consiste o documento em expediente emitido pela Fazenda Pública, como resultado do ato de inscrição de débito fiscal. É o produto da apuração da liquidez e certeza do crédito, representando o suporte físico da norma individual e concreta introduzida no ordenamento mediante o ato da inscrição em dívida ativa".

179. "XXXIV – são a todos assegurados, independentemente do pagamento de taxas:
[...]
b) a obtenção de certidões em repartições públicas, para defesa de direitos e esclarecimento de situações de interesse pessoal;
[...]".

180. Verifica-se que, nos termos do art. 206 do Código Tributário Nacional, a certidão em que conste créditos não vencidos, em curso de cobrança executiva em que tenha sido efetivada a penhora, ou cuja exigibilidade esteja suspensa, possui os mesmos efeitos da certidão negativa de tributos.

181. AC: 200751010317690, Relator: Desembargador Federal Marcus Abraham, Data de Julgamento: 25.06.2013, 5ª Turma Especializada, Data de Publicação: 05.07.2013.

Estado para a recusa. Não obstante, somente após impetrar Mandado de Segurança que a Administração Pública forneceu referida certidão. Além disso, consta que a prova da regularidade fiscal do contribuinte se fazia necessária para o fim de participar de licitações e realizar contratos com a administração pública, fatos estes sobre os quais foram inferidos a prova do dano. Vejamos o que fala o relator no julgado:

> *In casu*, houve erro imputável à Administração, a qual já detinha as informações necessárias para a expedição da certidão fiscal, uma vez que afirmou haver consultado a Declaração de Imposto de Renda da Apelante que comprovava as alegações desta. Verifica-se também nos autos que a Apelante, por mais de uma vez (fls. 22, 25 e 26), buscou extrajudicialmente fornecer informações que facilitassem o trabalho da Administração, tentando provar cabalmente que fazia jus à certidão positiva com efeitos de negativa.
>
> [...]
>
> Fixadas tais premissas, impõe-se reconhecer que a Administração Pública laborou em erro, ou seja, sua conduta, ao negar a expedição de certidão fiscal (positiva com efeitos de negativa), foi indevida, mormente quando possuía meios efetivos para saber que a Apelante não estava descumprindo os termos do parcelamento do REFIS. Contudo, para a configuração da responsabilidade objetiva do Estado, é mister caracterizar-se também a existência de um dano causado à parte, bem como o nexo etiológico que vincula a conduta ao dano.
>
> [...]
>
> O mero fato de ser impedida de comprovar sua regularidade fiscal induz à presunção de que a empresa está irregular perante o fisco, sendo, por si, situação ensejadora de dano. Trata-se de hipótese de dano moral *in re ipsa*, pois ao ser-lhe negada a certidão positiva com efeitos de negativa, presume-se que a empresa não estava a honrar com seus compromissos perante a Fazenda Pública, premissa que se revelou falsa, sendo tal erro de fácil constatação pela Administração, uma vez que era em seu próprio banco de dados que estava presente a informação de que a Apelante não estava inadimplente com suas obrigações. Negar certidão fiscal indevidamente a quem a ela fazia jus equivale a declarar tal pessoa inadimplente sem que o seja. É obrigação da Administração ser zelosa na expedição de certidões fiscais, devendo emiti-la correta e agilmente.

> [...]
>
> Por todo o exposto, creio que a conduta da Apelada de fato causou danos à Apelante, pois sua atuação, ao negar-se a fornecer certidão positiva com efeitos de negativa a que tinha direito a Recorrente, fez presumir que a sociedade empresária estava inadimplente perante a Fazenda Nacional, com os efeitos danosos que acima já foram expostos.

No exemplo em questão, temos, na endonorma de responsabilidade tributária, o fato de o contribuinte não possuir débito exigível perante a Receita Federal como hipótese fática, e a obrigação de o Estado fornecer certidão positiva com efeito de negativa na proposição-tese. Na perinorma de responsabilidade consta no antecedente o fato danoso de estar o contribuinte impedido de contratar com a Administração, bem como de manter seus contratos já firmados com esta. E no consequente, há a obrigação do Estado de indenizar o contribuinte pelo prejuízo indevidamente suportado. Por fim, o nexo causal se formou entre a conduta omissiva da administração em não fornecer a certidão (que lhe era obrigação), e o dano sofrido pelo contribuinte.[182] Justificada, pois, a incidência da norma de responsabilidade tributária do Estado no presente caso.

182. A recusa de fornecimento de certidões foi trazida em peculiar caso relatado por Hugo de Brito Machado (MACHADO, Hugo de Brito. *Direitos fundamentais do contribuinte e a efetividade da jurisdição.* São Paulo: Atlas, 2009, p. 120), vejamos os fatos: "Conhecemos inúmeros casos nos quais é negado ao contribuinte o seu direito à certidão, sendo em alguns deles ridículo o argumento utilizado para a recusa. Entre estes, podemos citar o caso do contribuinte ao qual foi negada a certidão de quitação, conhecida como Certidão Negativa de Débito, porque o sistema registrara haver ele feito o pagamento de 50 e poucos reais sem que existisse o débito correspondente. É evidente que não existia débito nenhum a impedir o fornecimento da certidão, mas o funcionário incumbido do serviço alegou que como ninguém paga sem dever, no caso o interessado com certeza deixara de prestar a declaração do imposto correspondente, sendo que, portanto, devedor da multa correspondente ao inadimplemento da obrigação acessória, isto é, da obrigação de declarar. E assim, somente depois de regularizada tal situação, é que poderia fornecer a certidão desejada, cabendo ao contribuinte tanto a iniciativa, como o ônus de provar a sua regularidade perante a Fazenda".

4.3.4 Dano causado pelo descumprimento de ordem judicial

O último caso especificamente relatado no presente estudo, de atividade administrativa originária de dano, é o descumprimento de decisão proferida pelo Poder Judiciário, na sua função jurisdicional (ato típico). Sobre isso, o Tribunal Regional da 2ª Região[183] analisou ação ordinária na qual se relatou que, em outros autos, foi proferida decisão em que a União estava impedida de inscrever o contribuinte em Dívida Ativa, bem como obrigada a retirar a restrição do mesmo no CADIN, suspendendo-se a cobrança de taxas de ocupação relacionadas a imóvel do sujeito passivo e declarando-se a inexistência de relação jurídica tributária. Antes do trânsito em julgado, quando pendia análise de Recurso Especial e Recurso Extraordinário, a União realizou novos lançamentos da taxa de ocupação do imóvel, propôs novas execuções fiscais e reteve Imposto de Renda do particular a título de compensação, o que motivou a ação de repetição de indébito, cuja sentença foi favorável à devolução dos valores bloqueados.

Sobre o assunto, o Relator da ação ordinária em que se pede indenização assim afirma:

> Ao descumprir ordem judicial, a União agiu de forma ilegítima, devendo reparar o dano moral sofrido pelos Apelados, que tiveram o nome de seu falecido esposo e pai inscrito indevidamente em dívida ativa, vem sofrendo cobranças indevidas e teve a restituição de seu imposto de renda retida. Ressaltese que, em casos como o presente, o dano moral configurase *in re ipsa*, isto é, prescinde de prova, sendo presumido pela simples violação ao bem jurídico tutelado.
>
> A inscrição em dívida ativa, o indevido ajuizamento de execução fiscal e a indevida cobrança de valores remetida à residência da parte autora, bem como a retenção da devolução do imposto de renda em razão de tais débitos são fatos que geram abalo além daquele comum da vida cotidiana. Com efeito, é pertinente frisar

183. AC: 0000247-35.2011.4.02.5001, Relator: Desembargador Federal Marcus Abraham, Data de Julgamento: 27.10.2015, 4ª Turma Especializada, Data de Publicação: 10.11.2015.

> que o STJ entende que a simples inscrição em rol restritivo, por si só, é suficiente para que seja fixada indenização por danos morais, por serem estes presumidos. *(sic)*

Nota-se, no presente exemplo, que a endonorma da norma de responsabilidade tributária do Estado é integrada pelo comando emitido pelo Poder Judiciário, ao qual a Administração Pública deveria cumprir. Ao desobedecer à ordem judicial, o Estado ocasionou dano na esfera jurídica do particular, que teve seu nome inscrito indevidamente em dívida ativa, sofreu novo executivo fiscal e teve seu patrimônio bloqueado. Referido dano é hipótese fática da perinorma da norma de responsabilidade tributária, razão pela qual sua evidência acarretou no dever de o Estado reparar a lesão indevidamente sofrida pelo particular.

O desrespeito ao Judiciário, mediante o comportamento arbitrário do fisco, assume o caráter de fato apenado pela norma de responsabilidade do Estado, já que esta norma é um excelente remédio punitivo em prol da defesa dos direitos fundamentais dos contribuintes. Conforme exposto por Hugo de Brito Machado,[184] "Não se pode admitir que a Fazenda Pública, por ser titular de poder, desacate reiteradamente, como faz, as decisões judiciais, pois isso constitui negação completa do Direito, causa mais significativa de sua degradação e perda de eficácia". Foi com esse caráter que a jurisprudência acima admitiu a aplicação da norma que imputou a responsabilidade ao Estado.

4.4 Dano decorrente de atividade legislativa, de lei declarada inconstitucional e de omissão do legislador

A atividade legislativa corresponde ao "conjunto de atribuições necessárias para a elaboração das leis",[185] conforme competência conferida constitucionalmente. Referida ativi-

184. MACHADO, Hugo de Brito. *Direitos fundamentais do contribuinte e a efetividade da jurisdição*. São Paulo: Atlas, 2009, p. 138.

185. CAVALCANTI, Themistocles Brandão. *Tratado de direito administrativo*. Vol. VI. 2. ed. São Paulo: Freitas Bastos, 1951, p. 366.

dade é manifestada mediante leis emanadas pelo processo legislativo, de natureza geral e abstrata, que não atingem de imediato os sujeitos de direito. Eis que, sozinha, a norma geral e abstrata não atinge as condutas intersubjetivas, dado seu elevado grau de generalidade e abstração. Para sua incidência, faz-se necessário um processo de positivação do direito a fim de disciplinar a conduta praticada por meio de uma norma individual e concreta.[186]

Em termos mais específicos, as normas gerais e abstratas tratam de enunciados conotativos elaborados mediante um juízo condicional, que associa um fato hipotético descrito no antecedente a uma consequência a ser cumprida, modalizada deonticamente em obrigatória, permitida ou proibida. Esses enunciados não conseguem cumprir seu comando sem que, mediante um intérprete, seja construído em linguagem o evento descrito na proposição-hipótese da norma, bem como seja instituído o fato relacional mediante a norma individual e concreta – sempre tomando como referência o texto do direito posto. Assim que será o rompimento da relação do dever-ser em direção às propriedades do ser.[187]

A construção das unidades irredutíveis de significação do deôntico-jurídico, ou seja, essa trajetória da norma geral e abstrata para a construção da norma individual e concreta é tarefa privativa do aplicador do direito, assim entendido como todo o indivíduo habilitado a fazer a incidência da norma, que pode ser a Administração Pública, o Judiciário, o sujeito passivo ou o próprio Poder Legislativo em suas funções atípicas.

---

186. Os comandos que inovam a ordem jurídica são emanados em regra pelo Poder Legislativo, porém, o Poder Judiciário e o Poder Executivo também podem produzir mandamentos com os mesmos atributos que o ato legislativo, capazes de introduzir novos mandos no ordenamento jurídico.

187. Paulo de Barros Carvalho (CARVALHO, Paulo de Barros. *Direito tributário.* Fundamentos Jurídicos da Incidência. 4. ed. São Paulo: Saraiva, 2006. p. 225) é sucinto em afirmar que: "A mensagem deôntica, emitida em linguagem prescritiva de condutas, não chega a tocar, diretamente, os comportamentos interpessoais, já que partimos da premissa de que não se transita livremente do mundo do 'dever-ser' para o do 'ser'".

Com isso, fica esclarecido que a atividade legislativa não toca o plano dos fatos, de modo a contemplar a realização efetiva das condutas prescritas na proposição-tese da norma individual e concreta. Isto é, as condutas humanas não são afetadas sem que ocorra a aplicação do direito pelo intérprete, que expede a norma individual e concreta e estabelece efetivamente qual o comando a ser cumprido diante da hipótese normativa.

Com a incidência da norma individual e concreta, os sujeitos de direito e as relações jurídicas são definidas. Também, os comandos prescritos na proposição-tese da norma estabelecem as ações omissivas ou comissivas que o Estado tem o dever de observar em relação ao particular, sendo que, se estas ações resultarem em prejuízo indevido ao particular, a norma de responsabilidade estará pronta a repercutir na esfera jurídica dos envolvidos.

Assim, somente com a aplicação da norma individual e concreta é que teremos a conduta originária do dano indenizável, já que a norma geral e abstrata não tem o condão de trazer resultados comportamentais materialmente identificáveis. De tal modo são os esclarecimentos de Sergio Cavalieri Filho:[188]

> A lei, em sentido material, ato legislativo típico, não pode causar prejuízo a ninguém enquanto norma genérica, abstrata e impessoal; seus efeitos, positivos ou negativos, dependem da sua efetiva incidência sobre o caso concreto, quando, então, passível de reparação será o ato jurídico ou administrativo que ensejou a aplicação da norma, jamais a lei em tese. A lei absolutamente genérica nada mais que simples interesses pode contrariar. A eventual lesão de direito subjetivo decorrerá diretamente da aplicação da lei e apenas indiretamente dela. Daí a regra geral no sentido da irresponsabilidade do Estado pelos atos legislativos típicos que preordenam a vida em sociedade.

Nesse sentido, embora não se possa identificar a responsabilidade do Estado por sua atividade legislativa, isso não

---

188. CAVALIERI FILHO, Sérgio. *Programa de responsabilidade civil.* 3. ed. São Paulo: Malheiros, 2002, p. 215.

significa que haja imunidade estatal ao dever de reparar o direito alheio, e o lesado tenha que arcar com os prejuízos decorrentes da conduta estabelecida pela norma individual em concreta. Havendo a materialização do dano indevido, deverá ser a obrigação do Estado de indenizar, independentemente de qual conduta estatal originou o dano – se norma individual e concreta ou geral e abstrata, oriunda do Poder Legislativo, Judiciário ou Administrativo. Como a realidade social é mais criativa que a nossa imaginação, havendo dano indevido e nexo causal com a ação ou omissão do Estado impressindível para identificar a imputação do dever de reparar, não há razão para afastar prioristicamente a norma de responsabilidade.

Aqui, explica-se que a identificação da conduta originária do dano somente é necessária para aferir a imputação da responsabilidade ao seu agente causador, ou seja, para estabelecer o nexo causal necessário a identificar de quem é o dever de reparar os prejuízos sofridos pelo lesado. Mesmo que a imputação da responsabilidade se dê ao agente público aplicador da norma, que expede e faz cumprir a norma individual em concreta, será do Estado a responsabilidade. Pois, este é uno, somente suas funções é que são segregadas.

Esse caminho é semelhante ao realizado pelas leis declaradas inconstitucionais pelo Poder Judiciário, seja no controle difuso ou concentrado. Na medida em que as leis são normas gerais e abstratas, dependentes de aplicação para produzirem as condutas normadas na proposição-tese da norma, não estão aptas a estabelecer o nexo causal entre estas condutas e eventual dano decorrente. Porém, com a declaração de inconstitucionalidade, a imputação ao sujeito responsável do dever de reparar o dano injusto se dará a quem representa o agente público que produziu a norma indevidamente e que feriu o ordenamento jurídico, produzindo indiretamente danos nas esferas jurídicas dos sujeitos passivos. Aqui será aplicada a teoria da responsabilidade civil objetiva agravada, pois, se não fosse a lei inconstitucional, não haveria ocorrido a lesão.[189]

189. Maurício Piñeros Perdomo (PIÑEROS PERDOMO, Mauricio. *La responsabilidad del estado por la adopcion de leyes tributarias inconstitucionales*. In: GARCIA NOVOA,

Por isso, persistirá a norma de responsabilidade do Estado, cuja relação jurídica descrita no consequente se estabelecerá entre o lesado e a pessoa de direito público que realizou a conduta originária do dano, ou seja, expediu a norma inconstitucional. Assim que Amaro Cavalanti também entende:

> De certo, declarada uma lei inválida ou inconstitucional por decisão judiciária, um dos efeitos da decisão deve ser logicamente o de obrigar a União, Estado ou Município, a reparar o dano causado ao indivíduo, cujo direito fora lesado, – quer restituindo-se-lhe aquilo que indevidamente foi exigido do mesmo, como sucede nos casos de impostos, taxas ou multas inconstitucionais, – quer satisfazendo-se os prejuízos, provadamente sofridos pelo indivíduo com a execução da lei suposta.[190]

Nesse mesmo sentido é a responsabilidade do Estado por leis declaradas inconstitucionais, em que anteriormente ocorreu a produção de norma jurídico-tributária individual e concreta por parte do sujeito passivo.[191] Nesse caso, em que a aplicação do direito ocorre por ato do particular e não por ato do Estado, a imputação da norma de responsabilidade do Estado também se justifica diante da teoria da responsabilidade

---

Cesar (Coord.); HOYOS JIMENEZ, Catalina (Coord.). *El tributo y su aplicación:* perspectativas para el siglo XXI (En homenage al L aniversario del instituto latinoamericano de derecho tributario): Tomo I. Buenos Aires: Marcial Pons, 2008, p. 710) traz a responsabilidade do Estado legislador sob a ótica da falta do serviço legislativo no seguinte trecho: "[...] la declaratoria de inconstitucionalidad de una norma tributaria, independientemente de cuál sea el sistema adoptado por el ordenamiento en relación con los efectos de las sentencias que declaram tal inconstitucionalidad, denota una evidente falla del servicio legislativo, pues son deberes del legislador en el ejercicio de sú finción de hacer las leyes, obrar de acuerdo con la Constituición y las leyes de rango superior que regulan la función legislativa, prever los efectos de las normas que dicta y actuar conforme al interés general."

190. CAVALCANTI, Amaro. *Responsabilidade civil do Estado.* Vol. I e II. Rio de Janeiro: Borsoi, 1956, p. 623.

191. Paulo de Barros Carvalho (CARVALHO, Paulo de Barros. *Direito tributário.* Fundamentos Jurídicos da Incidência. 4. ed. São Paulo: Saraiva, 2006, p. 257) esclarece como ocorre a produção, pelo sujeito passivo, da norma individual e concreta, vejamos: "Cabem-lhes individualizar o evento tributário, constituindo-o como fato jurídico, e estruturar, denotativamente, todos os elementos integrantes da relação do tributo. Em outras palavras, a lei dá competência ao contribuinte para constituir o fato jurídico e a obrigação tributária que dele decorre, pelo fenômeno da *causalidade jurídica* [...]."

civil objetiva agravada, em que o sujeito obrigado a reparar a lesão injusta é o que realiza atividade ameaçadora conexa ao dano, isto é, coloca em risco os direitos dos indivíduos.

Na medida em que a lei geral e abstrata declarada inconstitucional colocou em risco o direito do sujeito passivo, e culminou em danos na esfera jurídica deste, o produtor da atividade normativa deve ser responsabilizado pelos prejuízos daí advindos. Além do que, sem a atividade legislativa que culminou com a lei declarada inconstitucional, o dano indevido não teria ocorrido, constituindo-se aquele em *causa mater* da lesão suportada pelo sujeito passivo.[192]

Embora a abordagem não tenha sido sob esses argumentos, Gabriel Lacerda Troianelli não nega a responsabilidade do Estado por atos do Legislativo declarados inconstitucionais, em que o próprio sujeito passivo expede a norma individual e concreta. São suas palavras:

> A mera promulgação de uma lei tributária viciada é, em geral, suficiente para causar dano independente de qualquer outro ato administrativo, especialmente tendo-se em vista que a maior parte dos tributos, hoje em dia, é sujeita ao lançamento por homologação, em que o contribuinte deve pagar o tributo sem o prévio exame por parte da administração.
>
> Assim, promulgada e vigente a lei, ela começa a produzir seus efeitos, obrigando o contribuinte a pagar o tributo independentemente de qualquer ato formal de exigência e o colocando em estado de mora caso não efetue o pagamento no prazo do vencimento do tributo.[193]

---

192. Augostín Gordillo (GORDILLO, Agustín. *Tratado de derecho administrativo.* 5. ed. Belo Horizonte: Del Rey e Fundación de Derecho administrativo, 2003, Tomo 2, p. XX-32) traz a contribuição da Associação Escola Popular Germano Argentina Belgrado, que afirma a responsabilidade pelo princípio do enriquecimento ilícito do Estado, vejamos: "se sostuvo que si bien la ley por sí misma no generaba responsabilidad por causar um daño, existía de todos modos responsabilidad del Estado si a consecuencia de ella se producía un enriquecimiento sin causa de la administración."

193. TROIANELLI, Gabriel Lacerda. *Responsabilidade do Estado por dano tributário.* São Paulo: Dialetica, 2004, p. 128.

Não são raros os casos em que o Supremo Tribunal de Federal define a inconstitucionalidade da lei tributária e os sujeitos passivos, que emitiram a norma individual e concreta, tem que resolver sobre os custos do cumprimento das obrigações indevidas, inclusive em relação a deveres instrumentais impróprios. A solução está em: julgada inconstitucional a exigência, a responsabilidade tributária do Estado pode ser deflagrada se constatada materialidade do dano ao contribuinte.

Por fim, o estudo da responsabilidade tributária do Estado legislador deve verificar os danos decorrentes de omissão legislativa, isto é, os prejuízos suportados pelos sujeitos passivos diante da ausência de lei sobre direitos outorgados ao corpo social, como exemplo os benefícios fiscais concedidos pelo ordenamento jurídico pendentes de regulamentação.[194] Nesse caso, se havia a obrigação de ser expedido um ato legislativo para regulamentar algum benefício fiscal concedido, a fim de permitir o efetivo gozo dos direitos já previstos ao sujeito passivo, e o agente do Estado assim não procedeu, o dano decorrente da mora em permitir a utilização do citado benefício deve ser recomposto mediante o desencadeamento da norma de responsabilidade do Estado.[195]

Verifica-se aqui que o dano pela omissão legislativa assume todas as características necessárias para integrar a

194. Convém trazer que todos os atos normativos, inaugurais no ordenamento, seguem o mesmo padrão de incidência da norma de responsabilidade quando trouxerem como resultado o dano indevido. Assim, independentemente de serem emanados do Legislativo, do Executivo ou do Judiciário, a ausência de atividade legislativa seguirá a mesma ordem judicial.

195. Tendo em vista que o ato legislativo é resultado de um processo, importa esclarecer que a omissão legislativa caracteriza-se pela ausência da ultimação do processo legislativo, não pela sua deflagração ou pelo seu desenvolvimento. Assim também falou Maurício Zockun (ZOCKUN, Maurício. *Responsabilidade patrimonial do Estado*. Matriz Constitucional, a responsabilidade do Estado por atos legislativos, a obrigatoriedade da préva indenização e a responsabilidade pessoal do parlamentar. São Paulo: Malheiros, 2010, p. 163), observemos: "O rompimento da inação daninha aos interesses juridicamente protegidos da sociedade dá-se com a produção do ato normativo capaz de romper com o estado de inação, e não com a simples intenção de desfazer essa situação. Afinal, a simples deflagração do processo legislativo não traz como consequência a obrigatória inovação da ordem jurídica".

proposição-hipótese da norma de responsabilidade, já que a conduta omissiva reduz os limites jurídicos de uma garantia fundamental atribuída aos sujeitos passivos. Isso importa em afirmar que o dano é diretamente imputável à omissão estatal, atribuindo-se a faculdade ao lesado de obter a reparação devida pelo reconhecimento da responsabilidade do Estado por omissão do dever de legislar.

Para exemplificar o citado, podemos citar o caso Dangeville do direito comunitário europeu, trazido por Juan Ignacio Moreno Fernández,[196] em que a empresa Cabinet Jacques Dangeville S/A propôs demanda contra o Estado francês na Comissão Europeia de Direitos Humanos (CEDH), por ter pago IVA indevidamente no ano de 1978, diante da falta de adequação da legislação francesa com a normativa europeia. Para tanto, a empresa alegou que, de acordo com a Directiva 77/388/CEE (Sexta Diretiva), a partir de 1° de janeiro de 1978 sua atividade estava expressamente isenta do pagamento de impostos. Ciente, a Comissão Europeia comunicou para a França a concessão de prazo complementar para sua adaptação à normativa reguladora do IVA. Porém, a empresa Dangeville insistiu na devolução do IVA indevidamente pago, destacando a responsabilidade do Estado francês por ter descumprido com o prazo estabelecido pela Sexta Diretiva, que lhe causou prejuízo equivalente ao montante do tributo pago. Como solução, em abril de 2002, o Tribunal Europeu de Direitos Humanos acatou a pretensão da empresa Dangeville, declarando violação ao direito de propriedade, e condenou a França ao pagamento de danos morais e patrimoniais, estes últimos equivalentes à soma de IVA indevidamente paga.

Embora o ordenamento seja outro, a aplicação do princípio que rege a responsabilidade civil do Estado (do *neminem laedere*) pode ser verificado no caso acima, já que, diante da

196. FERNÁNDEZ. Juan Ignacio Moreno. *La responsabilidad patrimonial del estado-legislador en materia tributaria y vías para reclamarla.*Pamplona: Thomson Reuters, 2009, p. 150-154.

omissão legislativa do Estado francês coagiu-se a não agir de modo a causar dano ao patrimônio do contribuinte.

Em resumo do exposto, a regra geral consiste na irresponsabilidade do Estado por atos legislativos gerais e abstratos, já que impossíveis de afetar concretamente as condutas humanas de modo a ocasionar os danos indevidos necessários para figurar na proposição-hipótese da perinorma de responsabilidade. Porém, quando for construída norma individual e concreta, mediante atividade administrativa, o tratamento a ser dispensado em relação à responsabilidade é idêntico ao aplicável aos atos administrativos típicos, já que a causalidade determinante do sujeito que reparará o dano é realizada com a conduta praticada na proposição-tese da endonorma de responsabilidade, pelo agente da administração pública. Ou seja, o comportamento originário do dano indevido será atribuído ao agente aplicador da norma individual e concreta, a quem é dada a imputação de reparar o prejuízo.

Posição semelhante é a dos atos legislativos declarados inconstitucionais, causadores de danos injustos. Inclusive se for o sujeito passivo que emitiu a norma individual e concreta. Nesse caso, a conduta que indiretamente trouxe a lesão ao sujeito passivo é a própria lei declarada inconstitucional, já que sem a lei, não haveria dano, consequentemente o dever de responder pelos prejuízos advindos não existiria. Então, aplicando-se a teoria da responsabilidade civil objetiva agravada, não há como afastar a responsabilidade de quem expediu a norma inconstitucional.

O princípio da irresponsabilidade também não se aplica quando houver omissão legislativa. Isso se dá em virtude de que, se o Estado tem o dever de legislar sobre determinada outorga de direito já concedida, e não o faz, está minimizando os direitos garantidos aos indivíduos, causando lesão na esfera jurídica dos mesmos. Com isso, a norma de responsabilidade poderá incidir, formando-se a relação jurídica entre o prejudicado e quem tinha o dever de legislar.

Fato é que, como o Estado é uno, independentemente de quem cumpre a conduta que identifica o nexo causal para figurar na norma como responsável pelo dano advindo da função legislativa, se Legislativo, Executivo e Judiciário, será do Estado como um todo a responsabilidade para reparar os prejuízos suportados pelo sujeito passivo.

4.5 Dano decorrente da atividade jurisdicional

A atividade jurisdicional[197] que aqui se configura trata da atividade típica do Poder Judiciário,[198] assim entendida como o procedimento que visa a obter provimento em caráter final e definitivo, dos conflitos surgidos de lesões ou ameaças a direitos. O ato típico que representa a atividade judicial é a sentença, que tem conteúdo decisório das relações jurídicas e que põe fim à fase cognitiva do procedimento.

Verificamos que o desencadeamento da norma de responsabilidade do Estado se dá pela ocorrência e materialização do fato danoso tributário, apto a figurar no antecedente da perinorma de responsabilidade. Assim, para entender se a atividade jurisdicional pode desencadear a norma de responsabilidade é

---

197. Conforme podemos extrair de Yussef Said Cahali (CAHALI, Yussef Said. *Responsabilidade civil do Estado*. 5. ed. São Paulo: Editora Revista dos Tribunais, 2014, p. 490), a atividade jurisdicional é distinta da atividade judicial, "a última, como gênero, por ser mais ampla, engloba também hipóteses distintas das atividades decisórias: na expressão 'atividade' ou 'função judiciária' enquadram-se todos os atos praticados pelo Estado-juiz e seus auxiliares, de natureza não necessariamente decisória, destinados à perfeita consecução da prestação jurisdicional".

198. De acordo com o princípio da inafastabilidade do controle jurisdicional, o direito subjetivo de se socorrer ao Judiciário para solução de conflitos pode ser exercido por qualquer um. Zulmar Fachin (FACHIN, Zulmar. *Responsabilidade patrimonial do estado por ato jurisdicional*. Rio de Janeiro: Renovar, 2001, p. 163) assim explica: "O poder constituinte originário proibiu o legislador ordinário e o constituinte reformador que excluam da apreciação do Poder Judiciário lesão ou ameaça a direito (art. 5°, XXXV). Deste modo, nem o Poder Legislativo, nem outro órgão ou qualquer particular poderão tomar decisão que subtraia da esfera serena do Poder Judiciário a apreciação de lesão ou ameaça de lesão a direito. O jurisdicionado terá sempre franqueada a porta do Estado-juiz por onde poderá ingressar, deduzindo sua pretensão".

necessário verificar se seus atos são passíveis de encontrar correspondência com os elementos normativos da referida norma.

Nesse sentido, temos que na relação expressa no consequente da endonorma o Estado pode realizar condutas cujo resultado são danos injustos, assim entendidos os danos que o sujeito passivo não tem a obrigação legal de suportar. Referidos danos são trazidos por condutas ilícitas ou lícitas praticadas mediante abuso do poder, que afirmam a imputação ao agente responsável do dever de reparar o dano.

Com isso, a responsabilidade decorrente de atividade jurisdicional será verificada na medida em que houver correspondência entre o dano injusto como resultado de uma ação do Estado, no seu domínio jurisdicional, e a norma geral e abstrata da responsabilidade tributária do Estado.[199]

Admitindo que a atividade jurisdicional possa dar lugar à norma de responsabilidade, o pedido deve-se dirigir ao Estado, e não ao magistrado diretamente. O Estado detém o monopólio da prestação jurisdicional, fazendo atuar a lei no caso concreto e respondendo a título principal por eventual erro no desempenho da função. Os juízes são apenas agentes que obram em nome do Estado e, se verificado culpa ou dolo na atuação desses indivíduos, caberá o direito de regresso previsto na carta constitucional (art. 37, § 6°, da Constituição Federal).

Consequentemente, a responsabilidade requerida ao Estado em decorrência de atividade jurisdicional não é obstada pela responsabilidade do juiz descrita no art. 143 do Código de Processo Civil (Lei n° 13.105/2015),[200] eis que a responsabilidade

---

199. Yussef Said Cahali (CAHALI, Yussef Said. *Responsabilidade civil do Estado*. 5. ed. São Paulo: Editora Revista dos Tribunais, 2014, p. 488) traz que os princípios legitimadores da responsabilidade do Estado no exercício da atividade jurisdicional são: "A dignidade da pessoa humana (mormente na hipótese de erro judiciário), a liberdade (que exige a limitação da intervenção legítima do Poder Público), a igualdade (que demanda a proporcionalidade na divisão dos encargos e ônus da atuação do Poder Público entre os cidadãos) e a legalidade".

200. Além disso, o pedido ao Estado não é obstado pela responsabilidade do juiz descrita no art. 143 do Código de Processo Civil (Lei 13.105/2015).

do magistrado refere-se à reparação devida ao Estado em ação regressiva, no caso de o agente ter agido com dolo ou culpa.

Ainda, temos que o pedido de reparação do dano indevido se dirige ao Estado, mas será do agente que representa o Judiciário o provimento jurisdicional que decidirá a indenização. Assim, o juiz que dirá o direito, mas em nome do Estado, que tem o dever de reparar os danos indevidamente causados na prestação jurisdicional.[201] Assim é, que a relação descrita na norma tributária de responsabilidade do Estado sempre se dará entre este e o sujeito passivo, estando excluídos os juízes.

As ações do Estado, aptas a trazerem prejuízos aos administrados, que serão analisadas a seguir são: as falhas e as omissões na prestação jurisdicional, e a modulação de efeitos em declaração de inconstitucionalidade.

4.5.1 Dano causado por erro na prestação jurisdicional

Conforme informado em capítulo anterior, erro é um juízo não válido, incompatível com os critérios a serem aplicados ao caso. E o erro na prestação jurisdicional refere-se a um juízo não válido verificado mediante o descompasso linguístico ocorrido entre o comando sentencial e as normas gerais e abstratas necessárias para o conceder o provimento judicial, a construção do fato jurídico ou a construção do fato relacional.

Referido erro na prestação jurisdicional requer a revisão da decisão equivocada perante o Poder Judiciário a fim de construir em linguagem novo comando sentencial, que traga o direito nos termos do ordenamento jurídico e, se constatado dano, confira ao lesado o direito de obter reparação.

201. Rui Barbosa (BARBOSA, Rui. *Oração aos Moços*. 5. ed. Rio de Janeiro: Casa Rui Barbosa, 1999. Disponível em: https://bit.ly/2KpByXR . Acesso em: 03 jun. 2019) já firmava que: "Outro ponto dos maiores na educação do magistrado: corar menos de ter errado que de se não emendar. Melhor será que a sentença não erre. Mas, se cair em erro, o pior é que se não corrija. E, se o próprio autor do erro o remediar, tanto melhor; porque tanto mais cresce, com a confissão, em crédito de justo, o magistrado, e tanto mais se soleniza a reparação dada ao ofendido".

Nesses termos, para que se chegue à norma de responsabilidade diante de erro do Judiciário, é necessário desconstruir a prestação jurisdicional equivocada mediante novo provimento judicial. Este último que informará a conduta inicial do Estado em desacordo com o ordenamento jurídico, e, se o erro ora materializado em linguagem competente resultar em lesão aos particulares, com a descrição do fato danoso é que se desencadeia a norma de responsabilidade do Estado.

Quando o ato jurisdicional é desprovido de juridicidade, ou seja, encontra discrepância com a linguagem do ordenamento jurídico ou da construção dos fatos, a parte ou o interessado deve-se insurgir oportunamente contra o ato em si, a fim de que se construa o nexo causal entre a conduta do Estado e o dano resultante dessa. Vale dizer, a declaração de que a conduta do Estado foi equivocada serve para que se estabeleça o nexo causal entre a conduta do Estado e a lesão perpetrada na esfera jurídica do sujeito passivo. Além disso, tendo em vista que o provimento jurisprudencial é que diz o direito, somente com a declaração de inconstitucionalidade que o dano passa a ser injusto, ou seja, o prejuízo sofrido pelo sujeito passivo é considerado indevido.

Ora, se o ato judicial típico analisa a lei geral e abstrata e a aplica na construção dos fatos jurídicos, dando o provimento final às relações, presume-se ser provido de juridicidade. Tal presunção faz com que eventual dano sofrido pelo sujeito passivo seja legítimo, na medida em que a aplicação do direito ocorreu nos termos em que eram devidos. Para que o dano se revista de injuridicidade, é necessário que seja trazido em linguagem competente que o provimento jurisdicional inicial, originário do dano, não atendeu aos ditames esperados pela legislação, com o que seu resultado não foi legítimo.

Mas, quando o ato judicial consistir em sentença de mérito transitada em julgado, caberia analisar a coisa julgada em face da possibilidade de ação rescisória, pelo prazo de dois anos estabelecido pelo Código de Processo Civil (Lei 13.105/2015).[202] Então, poderíamos entender que após o decurso do prazo acima, que é decadencial, não haveria mais a possibilidade de novo provimento jurisdicional que alterasse o julgado, impedindo o desencadeamento da norma de responsabilidade.

Ocorre que, o reconhecimento pelo Judiciário do erro na prestação jurisdicional não tem identidade com alteração do julgado em sede de ação rescisória. Mesmo nos casos em que decaiu o direito da parte de requerer análise da coisa julgada para obter novo provimento, não há obstáculo para que se reconheça o erro no provimento jurisdicional necessário para se admitir o dano como indevido.

Conforme esclarece Zulmar Fachin:

> Mas, consoante alguns doutrinadores, ainda nessa hipótese, em que não mais cabe ação rescisória por ter ocorrido a decadência, não há por que resusar-se o reconhecimento do direito à indenização a quem foi lesado pela decisão: não se trata de pleitear a sua alteração, que já se tornou imutável, mas de, em outro processo, entre partes diversas (já que o Estado é, necessariamente o réu), pleitear indenização decorrente de erro judiciário.[203]

Com isso, a coisa julgada pacifica as relações sociais, mas não serve para impedir o lesado de obter decisão no sentido de que o dano suportado é indevido, pois, decorrente de erro no provimento jurisdicional. Sendo indevido, a norma de responsabilidade deve incidir, estabelecendo-se a relação entre Estado e sujeito passivo lesado.

---

202. Art. 975, *caput*. O direito à rescisão se extingue em 2 (dois) anos contados do trânsito em julgado da última decisão proferida no processo.

203. FACHIN, Zulmar. *Responsabilidade patrimonial do estado por ato jurisdicional*. Rio de Janeiro: Renovar, 2001, p. 172-173. Mais a frente, às fls. 201, referido autor ainda traz que: "A solução não deve ser outra: o lesado poderá ajuizar ação de reparação de dano contra o Estado independentemente de ter havido ou não a rescisão da sentença danosa. Não pode ser imposta precondição a ser preenchida pelo lesado. Esta solução deve ser acolhida por ser a mais justa. Ademais, não se pode esquecer que são duas relações jurídicas distintas: a primeira (a ação rescisória) entre particulares, em que o Estado-juiz, em tese, atua com independência e imparcialidade; a outra (ação de reparação de dano) entre o lesado e o Estado".

4.5.2 Dano causado pela ausência ou demora na prestação jurisdicional

O acesso ao Poder Judiciário é garantia fundamental estabelecida no art. 5º, XXXV, da Constituição Federal, que assim estabelece "a lei não excluirá da apreciação do Poder Judiciário lesão ou ameaça a direito". Com isso, todas as pessoas têm direito de exigir manifestação do Estado-juiz a fim de resolver conflito pendente, e o Estado tem o dever de conceder o provimento jurisdicional, dizendo o direito.

Não obstante, o Estado pode se omitir no seu dever de proteção judiciária, seja negando em oferecer ou atrasando a tutela da prestação jurisdicional. Referidos casos de omissão do Poder Judiciário decorrem de falta do Estado em se manifestar sobre a existência ou não do direito do sujeito passivo, acarretando dano ao patrimônio do jurisdicionado.

Para aferir a denegação de justiça, podemos ter como parâmetro as leis processuais que fixam prazos dentro dos quais os atos processuais devem ser exercidos, como a regra geral contida no art. 4º do Código de Processo Civil ("As partes têm o direito de obter em prazo razoável a solução integral do mérito, incluída a atividade satisfativa"), ou o art. 226 do mesmo diploma ("O juiz proferirá: I – os despachos no prazo de 5 (cinco) dias; II – as decisões interlocutórias no prazo de 10 (dez) dias; III – as sentenças no prazo de 30 (trinta) dias").

Todavia, não basta a verificação da ausência ou a demora na prestação judicial, necessário será que referida conduta omissiva do Estado resulte em dano ao sujeito passivo, a fim de que a hipótese fática da norma de responsabilidade seja preenchida e a reparação irrompida. Isso pelo fato de que a conduta do Estado, de deixar o sujeito passivo sem a tutela jurisdicional ou trazê-la tardiamente ao processo, será importante para a imputação do dever de reparar os prejuízos. Mas só a construção em linguagem do dano indevidamente suportado pelo sujeito passivo é que trará a incidência da norma reparadora.

A negativa de provimento para estabilização definitiva de direito conflitado afronta o princípio da dignidade humana e cai no conceito de serviço público imperfeito. Além disso, a demora processual pode trazer ansiedade, frustração, decepção, diversas idas e vindas ao advogado, indisponibilidade de patrimônio por prazo excessivo, entre outras questões que sequestram a dignidade dos sujeitos passivos. Referidos fatos caracterizam conduta reprovável pelo ordenamento jurídico aptos a estabelecer relação de causalidade com danos causados aos sujeitos passivos.

A falha no serviço jurisdicional pode ser explicada, por exemplo, na omissão do juiz em liberar bens penhorados quando extinta execução em que o contribuinte sagrou-se vencedor da demanda. Nesse caso, a materialização do dano se dá com os prejuízos advindos da indisponibilidade do bem, e o nexo causal é verificado pela relação de causalidade entre os prejuízos e a conduta omissiva do Estado-juiz em não conceder a liberação do bem de propriedade do contribuinte.

Assim sendo, havendo dano indevido ao sujeito passivo pela ausência ou pela demora na prestação jurisdicional, o Estado deve reparar a lesão com base na teoria objetiva, podendo exercer direito de regresso se constatado culpa ou dolo do juiz. Ou seja, a responsabilidade do Estado incidirá em função de dano indevido com nexo de causalidade em negativa de prestação do Poder Judiciário.

4.5.3 Dano causado pelo indeferimento de medida liminar ou tutela provisória

O indeferimento de medida liminar ou de tutela provisória mediante provimento jurisdicional difere da ausência ou demora na prestação jurisdicional pelo fato de que aquela é conduta comissiva, em que o Estado agiu positivamente, já esta é conduta omissiva, em que a ação foi negativa. No indeferimento, o provimento jurisdicional foi expressamente analisado e indeferido pelo Poder Judiciário, já na ausência ou demora, o Estado não se manifestou, pois quedou-se inerte na sua função.

Todos têm direito à manifestação do Estado-juiz sobre a existência ou não de seu direito. A Constituição garante a proteção judicial aos sujeitos passivos ao estabelecer que "a lei não excluirá da apreciação do Poder Judiciário lesão ou ameaça a direito" (art. 5°, XXXV). Referida proteção judicial de direitos não pode ser afastada mediante decisões judiciais que admitam lesões a direitos.

A despeito disso, ao analisar requerimento de medida liminar ou tutela provisória, o Estado deve emitir provimento que preserve previamente o direito tutelado, de modo a não causar lesão indevida ao jurisdicionado antes da decisão final no processo. Se a ameaça ao direito for iminente, a conduta do magistrado precisa prever a proteção necessária ao sujeito passivo, a fim de garantir o exercício das garantias jurídicas fundamentais pertencentes ao particular. Assim, nas palavras de Hugo de Brito Machado, "as decisões proferidas no juízo cautelar têm a finalidade de preservar a utilidade da decisão final, para que não reste amesquinhado o direito à jurisdição".[204]

Logo, se no primeiro momento ocorrer o indeferimento de medida liminar ou de tutela provisória e posteriormente a decisão prévia sobre o direito não for confirmada em sentença final, a conduta do Estado ensejará a responsabilidade estatal no caso de referido indeferimento ser originário de dano. Assim, uma vez negado o provimento jurisdicional, estando presentes os pressupostos legais para sua admissibilidade, o Estado estará sujeito à norma de responsabilidade se referida conduta for originária de dano. Eis que o dano aqui será indevido.

Sobre isso, Lúcia Valle Figueiredo afirma que:

> Se negada, por exemplo, liminar em mandado de segurança embora presentes seus pressupostos legais, se de tal negativa ocorrer dano, haverá responsabilidade de quem, desbordando de seus limites, tê-la-ia negado. Nosso posicionamento é, pois, no sentido de que o Estado responde, e sobretudo pela prestação jurisdicional retardada, que acaba por configurar denegação da justiça.[205]

---

204. MACHADO, Hugo de Brito. *Direitos fundamentais do contribuinte e a efetividade da jurisdição*. São Paulo: Atlas, 2009, p. 185.

205. FIGUEIREDO, Lúcia Valle. *Curso de direito administrativo*. 9. ed. São Paulo:

Isso significa que o Estado terá responsabilidade quando causar dano ao sujeito passivo em decorrência de indeferimento de medida liminar ou de tutela provisória, se presentes todos os requisitos para a sua concessão, e posteriormente o direito do particular for confirmado em decisão final. Exemplo disso poderia ser uma determinada empresa que necessita obter certidão positiva com efeito de negativa de tributos federais, para o fim de manter seu contrato com a administração pública. Como seu direito foi negado na esfera administrativa, a empresa propôs mandado de segurança com pedido de liminar para o fim de obter referida certidão. Não obstante, em cognição sumária seu pedido de liminar foi negado, acarretando a rescisão do contrato que a empresa detinha com a administração pública. Posteriormente, a sentença não confirmou a liminar e determinou a expedição da certidão positiva com efeito de negativa, já que presentes todos os requisitos. Referida sentença veio a transitar em julgado, porém o contrato já havia sido rescindido e outra empresa havia sido contratada pela administração a fim de dar continuidade ao avençado. Nesse caso, o indeferimento da liminar ocasionou dano indevido na esfera do contribuinte, que não tinha o dever se suportar a lesão. Consequentemente, a norma de responsabilidade poderá incidir para que o Estado repare o prejuízo suportado pelo administrado.

A responsabilidade do Estado em sede de medidas processuais provisórias foi trazida por Hugo de Brito Machado obedecendo-se a essa mesma ideia:

> As decisões proferidas no denominado juízo cautelar têm a finalidade precípua de preservar o Direito, evitando o seu perecimento antes da decisão final no processo. Em outras palavras, as decisões proferidas no juízo cautelar têm a finalidade de preservar a utilidade da decisão, para que não reste amesquinhado o direito à jurisdição.
>
> Em muitos casos, infelizmente, não se tem conseguido fazer valer a efetividade do direito à jurisdição, como ocorreu, por exemplo,

Malheiros, 2008, p. 300.

> no fechamento de uma fábrica de cigarros que se insurgia contra a forma de determinação do valor do Imposto sobre Produtos Industrializados. Nas diversas ações por ela movida contra a Fazenda Nacional, não havia nenhuma sentença definitiva. Mesmo assim, o Supremo tribunal Federal lhe negou o pedido de efeito suspensivo em um recurso extraordinário em processo no qual questionava o fechamento de seu estabelecimento.[206]

Nesse sentido, ao legitimamente buscar provimento jurisdicional para garantia de direito violado, o sujeito passivo que tiver indeferido seu requerimento de medida liminar ou de tutela provisória, poderá invocar a norma de responsabilidade pelo dano que indevidamente suportou. Não há por que escusar o Estado pela lesão injusta que sua conduta originou na esfera jurídica protegida dos particulares.

4.5.4 Dano e modulação de efeitos em declaração de inconstitucionalidade

A declaração de inconstitucionalidade de uma lei traz implicações gerais importantes aos contribuintes, pois, em regra, nenhum dos efeitos poderia subsistir com a nulidade da norma,[207] já que sua invalidação deveria restaurar a situação material anterior, e, caso não fosse possível, a ocorrência se resolveria em perdas e danos. Nesse contexto, poderia-se afirmar que, no geral, a declaração de nulidade de uma lei inconstitucional teria eficácia *ex tunc*.[208] Não obstante, com

---

206. MACHADO, Hugo de Brito. *Direitos fundamentais do contribuinte e a efetividade da jurisdição*. São Paulo: Atlas, 2009, p. 185.

207. A declaração de inconstitucionalidade de uma lei equipara-se a uma declaração de nulidade de uma lei inconstitucional. Assim, de acordo com a premissa que adotamos, inconstitucionalidade iguala-se a nulidade.

208. O conceito ora utilizado é o de eficácia jurídica, assim entendida como a propriedade do fato jurídico de propagar os efeitos que lhe são próprios. Nas palavras de Paulo de Barros Carvalho (CARVALHO, Paulo de Barros. *Direito tributário*. Fundamentos Jurídicos da Incidência. 4. ed. São Paulo: Saraiva, 2006, p. 59), temos que eficácia jurídica "é o mecanismo de incidência, o processo pelo qual, efetivando-se o fato relatado no antecedente, projetam-se s efeitos prescritos no consequente. É o fenômeno que acontece com as normas vigentes, sempre e quando os fatos jurídicos se instalam.

o advento das Leis 9.868/99 e 9.882/99, a eficácia retroativa dos julgados do Supremo Tribunal Federal foi relativizada, passando da teoria da nulidade para da anulabilidade, já que se possibilitou a modulação de efeitos em decisões de inconstitucionalidade. Vejamos o que estabelece o art. 27 da Lei 9.868/99:

> Ao declarar a inconstitucionalidade de lei ou ato normativo, e tendo em vista razões de segurança jurídica ou de excepcional interesse social, poderá o Supremo Tribunal Federal, por maioria de dois terços de seus membros, restringir os efeitos daquela declaração ou decidir que ela só tenha eficácia a partir de seu trânsito em julgado ou de outro momento que venha a ser fixado.

Nessa mesma ideia, prossegue o art. 11 da Lei 9.882/99:

> Ao declarar a inconstitucionalidade de lei ou ato normativo, no processo de arguição de descumprimento de preceito fundamental, e tendo em vista razões de segurança jurídica ou de excepcional interesse social, poderá o Supremo Tribunal Federal, por maioria de dois terços de seus membros, restringir os efeitos daquela declaração ou decidir que ela só tenha eficácia a partir de seu trânsito em julgado ou de outro momento que venha a ser fixado.

Assim, de acordo com as normas acima transcritas, sob o manto da segurança jurídica e do interesse público, o Supremo Tribunal Federal pode criar ficção jurídica para o fim de negar efeitos prospectivos à norma. Isso implica afirmar que os atos anteriores à declaração de inconstitucionalidade, por exemplo, seriam mantidos em suas inconstitucionalidades, sem que houvesse a possibilidade de revisão judicial sob o argumento da nulidade. Em outros termos, pela modulação dos efeitos, entre a entrada em vigor da norma e sua retirada do ordenamento pelo Supremo Tribunal Federal, teríamos conservados os efeitos de ilicitude da lei, sem que ocorra a sanção pelo descumprimento do ordenamento.

Mas, o que importa para o presente estudo é verificar se a modulação dos efeitos em declaração de inconstitucionalidade

---

Tudo pela força da causalidade jurídica, decretada pela imputação normativa".

é conduta apta a atrair relação de causalidade com eventual dano à esfera jurídica do sujeito passivo, ou seja, se o comportamento do Supremo Tribunal Federal pode incorrer em dano indevido, trazendo a incidência da norma de responsabilidade do Estado. É o que passamos a analisar.

Baseado no direito positivo, as normas jurídicas são proposições prescritivas sujeitas a valores de validade ou invalidade com referência a um determinado sistema.[209] As normas serão válidas se pertencentes e inválidas se não pertencentes ao sistema relacionado. E, para pertencer ao sistema, ou seja, para serem válidas, as normas devem ser colocadas no mundo jurídico mediante procedimento previsto para esse fim, por órgão legitimado a produzi-lo.

Assim, se a norma foi posta em um sistema por órgão competente a produzi-la, de acordo com o procedimento estabelecido, então referida norma tem relação de pertinencialidade com o sistema, com o que é válida. Referida norma somente será retirada do sistema por outra, e enquanto não ab-rogada,[210] servirá para regular as condutas dos sujeitos. Nesse contexto, a norma válida, portanto pertencente ao sistema jurídico, está apta a incidir nas hipóteses fáticas que descreve, produzindo os efeitos daí advindos.

Uma das possibilidades de se retirar a norma do sistema é com a declaração de que possui incompatibilidade com a Constituição Federal, realizada perante o Supremo Tribunal Federal. Porém, até que ocorra a devida manifestação do pretório excelso sobre a constitucionalidade ou não, a norma em análise

---

209. CARVALHO, Paulo de Barros. *Direito tributário, linguagem e método*. 2. ed. São Paulo: Noeses, 2008, p. 450.

210. Conforme esclarece Paulo de Barros Carvalho (CARVALHO, Paulo de Barros. *Direito tributário*. Fundamentos Jurídicos da Incidência. 4. ed. São Paulo: Saraiva, 2006, p. 57), a norma ab-rogada carece de vigência para juridicizar fatos futuros, porém continua vigente para os casos anteriores. Seus esclarecimentos são no sentido de que: "a regra ab-rogada permanece válida no sistema até que se cumpra o tempo de sua possível aplicação. Vencido o trato de tempo, pela ocorrência dos fatos extintivos que a legislação prevê, agora sim poderemos falar em desaparecimento da validade. O sistema "S" não conterá mais a norma "n".

permanecerá válida e produzindo efeitos, pois, teria sido editada regularmente, gozando de presunção de constitucionalidade. É somente com a declaração de inconstitucionalidade que a norma seria retirada do sistema, deixando de produzir efeitos.

A esse propósito, as situações ocorridas anteriormente à declaração de inconstitucionalidade podem ser mantidas mediante a modulação de efeitos da decisão do Supremo Tribunal Federal, preservando-se, assim, as relações estabelecidas no passado. Mesmo que a norma seja contrária ao ordenamento jurídico, temos a possibilidade de não retroação da decisão de inconstitucionalidade para mantença das ocorrências consolidadas no tempo.

A norma que veicula a modulação de efeitos diante da declaração de inconstitucionalidade perante o Supremo Tribunal Federal (art. 27 da Lei 9.868/99, reproduzido pelo art. 11 da Lei 9.882/99 para processo de arguição de descumprimento de preceito fundamental), pode ser assim descrita: *ao ser declarada inconstitucionalidade de lei ou ato normativo, então poderá o STF decidir sobre a eficácia de sua decisão.* Consequentemente, se a decisão sobre a eficácia da declaração de inconstitucionalidade (descrita na proposição-tese) trouxer dano indevido ao sujeito passivo, poderá ocorrer a incidência da norma de responsabilidade tributária do Estado. Eis que o dano é o suporte fático da referida norma. Então, importa agora saber se o dano decorrente da decisão sobre a eficácia da declaração de inconstitucionalidade deve ser suportado pelo sujeito passivo, pois encontra supedâneo no ordenamento jurídico, ou é um dano que viola indevidamente um interesse juridicamente tutelado da vítima.

Quanto a isso, se a modulação dos efeitos da declaração de inconstitucionalidade de uma lei versar sobre a irretroatividade da jurisprudência, teremos que a lei declarada inconstitucional será retirada do ordenamento a partir da declaração, mas os seus efeitos propagados antes da decisão do tribunal serão mantidos. Nesse contexto, se a modulação não trouxer aplicação retroativa da declaração de inconstitucionalidade, estará se obstando o retorno ao *status quo* anterior ao da situação jurídica firmada sob o manto da inconstitucionalidade. Em outros termos, a modulação de efeitos estará assegurando a manutenção dos resultados da declarada ilicitude. Assim, se a lei que institui um determinado tributo for declarada inconstitucional, mas forem mantidos os efeitos dessa lei em relação ao momento anterior da declaração, estará se legitimando os efeitos de uma lei que se contrapõe ao Estado de Direito.[211]

Sob o primado da segurança jurídica, os direitos e garantias dos contribuintes não podem ser mitigados em relação ao seu aspecto temporal. Isto é, ao ser declarada inconstitucional, por não encontrar supedâneo na Constituição, a lei recebe o certificado de que deve ser retirada do ordenamento por violar direitos dos contribuinte. Então, nesse caso não há motivo jurídico suficiente para se permitir que durante certo período de tempo a lei inconstitucional restrinja os direitos e garantias consagrados na Constituição. Isso seria uma afronta aos direitos fundamentais do contribuinte.

Os direitos fundamentais são normas de prevenção contra a possível violação dos direitos por eles protegidos. O restabelecimento da situação conforme a Constituição é consequência dos próprios direitos fundamentais, que primam pela segurança jurídica do retorno ao estado em que a lei inconstitucional não existia.

Mas não estamos falando que a modulação de efeitos deve ser algo que não possa ocorrer, que não encontre fundamento jurídico. Eventualmente a declaração de inconstitucionalidade pode resultar em agravamento do contribuinte frente ao Estado.[212] Nesse contexto, a nulidade da decisão deve ser relativiza-

211. De acordo com o princípio do Estado de Direito, a atuação do Estado deve-se dar por regras gerais, claras, conhecidas e prospectivas.

212. Hugo de Brito Machado (MACHADO, Hugo de Brito. *Direitos fundamentais do contribuinte e a efetividade da jurisdição.* São Paulo: Atlas, 2009, p. 77-78) relata a seguinte ocorrência como exemplo: "A contribuição de seguridade social para as empresas do setor rural foi fixada em 2,5% da receita bruta proveniente da comercialização de sua produção. Ocorre que algumas empresas dedicadas à produção rural não comercializam os seus produtos em estado natural, mas industrializados. Exercem atividade rural, e também atividade industrial, de sorte que em relação a estas fez-se necessária norma específica, para evitar um tratamento injusto que, em alguns casos,

da, já que os princípios que regem a tributação e que limitam a ação do Estado são voltados para a segurança do contribuinte.

O Estado, por meio do Poder Legislativo, é quem edita as leis. Sua atuação dá os contornos do direito conforme outorgado pela Constituição, sendo que a declaração de inconstitucionalidade de uma de suas leis não deve lhe trazer surpresa, pois já conhecidos os riscos em relação ao que editou. Assim também pensa Humberto Ávila:

> Não se afigura correto, portanto, sustentar que o Estado, unitariamente compreendido, é surpreendido com a declaração de nulidade de uma lei. À diferença do particular, que se sujeita ao ato administrativo, sem participar da sua concepção, sem ter poder para sua edição (planejando as suas atividades com base na lei e nos atos administrativos que lhe são impostos), sem qualquer ingerência sobre o fator criador do risco, o Estado, como um todo, institui as normas e edita os próprios atos. Enquanto o particular se sujeita ao fator de risco, o Estado o cria; enquanto o particular atua exercendo liberdade própria e se sujeitando ao poder alheio, o Estado atua restringindo liberdade alheia e exercendo poder próprio outorgado pela Constituição. Ora, não há surpresa quando o risco é gerado pela própria atuação soberana daquele que a

---

poderia levar a empresa a cindir-se, ficando uma pessoa jurídica a cuidar exclusivamente da atividade rural e outra a cuidar da atividade industrial. Por isso, o legislador produziu norma determinando que o critério de determinação daquelas contribuições, estabelecido para as empresas rurais, aplica-se às pessoas jurídicas que se dediquem à produção agroindustrial, quanto à folha de salários de sua parte agrícola, mediante o pagamento da contribuição prevista neste artigo a ser calculada sobre o valor estimado da produção agrícola própria, considerado o preço do mercado. Esta, aliás, era o entendimento já fixado pela jurisprudência. Consubstanciado em lei, foi esta atacada por ação declaratória de inconstitucionalidade, promovida no interesse de agroindústrias que vinham sendo derrotadas no judiciário com a pretensão de pagar suas contribuições sobre a folha de salários, porque em razão de processos automatizados de produção, como era o caso dos criadores de frangos, tinham verba salarial muito baixa em relação ao volume da produção. Declarada a inconstitucionalidade do § 2° do art. 25 da Lei n° 8.870/94, restou questão de saber como fica o regime jurídico da contribuição das agroindústrias para a Seguridade Social, e o INSS então passou a exigir que elas recolhessem suas contribuições, relativas aos cinco anos anteriores à decisão do Supremo Tribunal Federal, calculadas sobre as folhas de salários. Para as empresas com folha de salário diminuta em comparação com o valor da produção, não há problema algum. A retroatividade dos efeitos da decisão que declarou a inconstitucionalidade é indiscutível, entretanto, para as empresas com folha de salário de valor elevado, a exigência de contribuição calculada sobre esta implica verdadeiro aumento do tributo com efeito retroativo, o que inegavelmente constitui verdadeiro absurdo".

> alega: a surpresa depende da ausência de relação de causalidade entre a ação feita e a mudança ocorrida. Sem isso não há surpresa, mas conhecimento, ou dever de conhecimento, do porvir. Não há relação de confiança consigo próprio.[213]

O Estado não pode se dizer surpreso com a declaração, realizada por ele, de inconstitucionalidade de lei editada também por ele. Como foi o Estado que produziu a norma inconstitucional, com a declaração de inconstitucionalidade não pode tirar vantagem de seus efeitos. E, se o reconhecimento da nulidade da lei lhe trouxer prejuízos, o Estado tem o dever de suportá-los, já que não pode se valer de sua própria torpeza.[214] Com isso, os efeitos da decisão que declara a inconstitucionalidade não podem retroagir em detrimento dos contribuintes.

Mesmo pensando na justificativa de que a segurança jurídica e o excepcional interesse social dão supedâneos para restringir os efeitos da declaração de inconstitucionalidade, ao realizar a ponderação entre os direitos envolvidos deve-se dar atenção

---

213. ÁVILA, Humberto. *Teoria da segurança jurídica*. 3. ed. São Paulo: Malheiros, 2014, p. 562.

214. Quando o Estado é beneficiado pela ausência de consequências negativas decorrentes da manutenção dos efeitos da violação constitucional, terá encorajada a edição de outras normas inconstitucionais. Sobre isso, o STF já afirmou: "Pondero que, em materia tributária, a aplicação de efeitos prospectivos à declaração incidental de inconstitucionalidade demanda um grau ainda mais elevado de parcimônia, portanto é um truísmo afirmar que os valores arrecadados com a tributação se destinam ao emprego em finalidade públicas. Portanto, não basta ao sujeito ativo apontar a destinação de índole pública do produto arrecadado para justificar a modulação temporal dos efeitos de declaração de inconstitucionalidade, sob o risco de se inviabilizar qualquer pretensão de restituição de indébito tributário, em evidente prejuízo da guarda da constitucionalidade e da legalidade das normas que instituem as exceções. Evidentemente, a possibilidade que o sistema jurídico confere ao Supremo Tribunal Federal para modular no tempo os efeitos da declaração de inconstitucionalidade e a destinação do produto da arrecadação não podem redundar na imunização do Estado ao dever de zelar pela validade das normas jurídicas que cria, favorecendo assim a especulação legal." (AI 557237 AgR, Relator(a): Min. JOAQUIM BARBOSA, Segunda Turma, julgado em 18.09.2007, *DJe*-131 DIVULG 25-10-2007 PUBLIC 26.10.2007 *DJ* 26.10.2007 PP-00080 EMENT VOL-02295-11 PP-02055). Nesse sentido também é a manifestação de Humberto Ávila (ÁVILA, Humberto. *Teoria da segurança jurídica*. 3. ed. São Paulo: Malheiros, 2014. p. 570): "É que, não havendo qualquer consequência para o exercício legítimo do poder de tributar, o Estado não se vê compelido a atuar dentro do âmbito de poder que lhe foi reservado pela Constituição: o exercício legítimo e o exercício ilegítimo do poder têm o mesmo resultado – asseguram a cobrança do tributo".

aos direitos fundamentais, e não ao apoderamento do Estado. Nas palavras de Humberto Ávila, "a segurança jurídica é princípio objetivo em favor dos cidadãos (embora nem sempre em favor de determinado cidadão), e não em favor do Estado".[215]

A mantença dos atos contrários ao direito, transferindo-se a responsabilidade pelo ônus dos atos ilegais aos contribuintes, fere inclusive o princípio da dignidade humana. É o Estado que deve suportar os prejuízos de seus atos, seja quando declarou a inconstitucionalidade de lei instituidora do tributo (atribuindo-se a nulidade da decisão), ou quando declarou a inconstitucionalidade de lei que lhe reduzia a arrecadação (aplicando-se a anulabilidade do decidido).

São os cidadãos que precisam de garantias constitucionais contra o arbítrio estatal, e não o contrário. A estabilidade e a credibilidade do ordenamento jurídico dependem da proteção do cidadão em face do Estado, que detém o interesse arrecadatório e precisa ser freado em sua ânsia. Por essas razões, o dano decorrente da decisão sobre a eficácia da declaração de inconstitucionalidade é uma lesão que viola indevidamente um interesse juridicamente tutelado do contribuinte. Com o que essas considerações já são suficientes para se concluir que referido dano corresponde à hipótese fática da perinorma de responsabilidade, fazendo incidir o dever de reparar o dano indevidamente suportado pelo contribuinte.[216]

---

215. ÁVILA, Humberto. *Teoria da segurança jurídica*. 3. ed. São Paulo: Malheiros, 2014, p. 560.

216. A norma de responsabilidade do Estado, no caso de modulação irretroativa dos efeitos de declaração de inconstitucionalidade, soma-se aos argumentos da norma de responsabilidade por atividade legislativa, quando o ato é declarado inconstitucional. Na verdade, seja pelo dano indevido advindo pela modulação de efeitos de lei declarada inconstitucional, ou pelo dano decorrente da edição de lei declarada inconstitucional, a norma de responsabilidade do Estado estará apta a incidir, já que é o dano que autoriza o desencadeamento da norma. A conduta do Estado serve apenas para afirmar o nexo causal. Como em ambos os casos se verifica a causalidade entre a lesão ao contribuinte e o comportamento estatal, com a modulação de efeitos da declaração de inconstitucionalidade ou com a própria declaração de inconstitucionalidade, pode-se imputar o dever de reparação ao Estado.

Capítulo 5

QUALIFICAÇÃO DA RESPONSABILIDADE TRIBUTÁRIA DO ESTADO

O instituto da responsabilidade pressupõe a existência de uma prévia relação jurídica obrigacional, que ao ser cumprida traz como desdobramento o dever de reparar danos daí advindos. A reparação do dano faz parte de nova relação jurídica obrigacional, que traz a imputação da responsabilidade ao causador do dano.

Com isso, na responsabilidade, sempre haverá uma prévia relação jurídica obrigacional da qual decorrerá uma segunda relação, cujo objeto é a reparação do dano causado. Sobre isso leciona Sérgio Cavalieri Filho,[217] para o qual a responsabilidade decorre da violação de uma relação obrigacional, trazendo como consequência o dever de recompor o prejuízo causado pelo descumprimento da obrigação.

Assim, sempre que o instituto da responsabilidade puder ser verificado, haverá uma relação jurídica obrigacional anterior àquela cujo objeto é a reparação do dano. Com o que duas relações jurídicas podem ser constatadas: a anterior e

---

217. CAVALIERI FILHO, Sérgio. *Programa de responsabilidade civil.* 3. ed. São Paulo: Malheiros, 2002, p. 22.

a posterior. A responsabilidade é objeto da relação posterior, sendo que a anterior pode ter quaisquer fonte do direito.

Pois bem, se a relação jurídica obrigacional preexistente tiver sua fonte em um pacto, estamos diante da responsabilidade dita contratual. Por outro lado, se a relação tem por causa geradora uma obrigação imposta por uma norma de direito, haverá a responsabilidade extracontratual.

Pondere-se que a relação jurídica obrigacional preexistente da responsabilidade tributária do Estado tem sua origem na legislação tributária, pois o enlace entre o sujeito passivo e o sujeito ativo decorre do dever prestacional da obrigação tributária descrita na lei, como expoente do princípio da legalidade tributária.

Ressalta-se que a relação jurídica tributária é estritamente regulada pelo princípio da legalidade, revelando que as obrigações e os deveres dos sujeitos decorrem todos da legislação. Nesse diapasão, o poder de tributar somente pode ser exercido mediante lei, já que só ela pode definir os tipos tributários e as prestações exigidas das partes envolvidas.

Daí pode-se concluir que a responsabilidade tributária do Estado é extracontratual, já que nesse caso a correlata relação jurídica preexistente tem seu fundamento na obrigação tributária. Como é na lei que nascem os deveres atrelados ao adimplemento do tributo, a consequente relação de reparar eventuais danos decorrentes será extracontratual.

Referida responsabilidade extracontratual possui amplitude muito maior que a alcançada pela responsabilidade contratual, já que coloca o Estado em posição de devedor sempre que haja dano e nexo causal. Ao contrário da responsabilidade havida por obrigações assumidas livremente pelas partes (por um pacto), que é muito mais restrita em sua incidência, pois além dos elementos citados, também depende da verificação da culpa.

Esse mesmo raciocínio realizado para a responsabilidade contratual e extracontratual deve ser seguido para explicar a dicotomia existente entre responsabilidade civil e responsabilidade penal. Havendo uma relação jurídica preexistente à responsabilidade que decorra de regras de direito civil, a responsabilidade é dita "civil".[218] Porém, se a relação jurídica anterior à norma de responsabilidade for de direito penal, temos a responsabilidade penal.

E assim também temos que, pelo fato de a responsabilidade tributária do Estado ter seu fundamento no dano decorrente do extrapolamento da conduta do Estado tida na relação jurídica decorrente do dever prestacional da obrigação tributária, essa responsabilidade pode ser qualificada como tributária. Ou seja, diante do fato de referida responsabilidade ser originária da prescrição de um vínculo jurídico formado entre o sujeito ativo e o sujeito passivo, voltado ao dever prestacional da obrigação tributária, a responsabilidade do Estado pode ser dita como *tributária*.

Verifica-se que, embora a Responsabilidade do Estado apresente unidade em sua essência, ela pode ser desdobrada[219] de acordo com critérios lógicos que identifiquem as características que sirvam para melhor compreensão do tema, assim como fazemos com os ramos do direito.[220] Nesse senti-

218. Não se pode vincular o termo "responsabilidade civil" com relação jurídica regida pelo direito privado, já que nesse caso as relações jurídicas ditadas pelo direito público pertinentes ao direito civil estariam equivocadamente excluídas da citada responsabilidade. O instituto da Responsabilidade Tributária do Estado é espécie do gênero Responsabildade Civil do Estado, pois o conjunto representativo daquele instituto apresenta correspondência com as características deste instituto. Mas, não podemos dizer que existe identidade entre esses conjuntos, já que a Responsabilidade Civil do Estado é mais genérica em sua acepção.

219. De acordo com CARRIÓ, Genaro R. *Notas sobre Derecho y Lenguaje*, 4. ed., Abeledo-Perrot, Buenos Aires, 1990, p. 94, *apud* Alexandre Santos de Aragão (ARAGÃO, Alexandre Santos de. *Direito dos serviços públicos*. 2. ed. Rio de Janeiro: Forense, 2008, p. 122), "As classificações não são nem verdadeiras nem falsas, são funcionais ou inúteis; suas vantagens ou desvantagens dependem do interesse que guia quem as formula, e a sua fecundidade para apresentar uma área do conhecimento de maneira mais facilmente compreensível ou mais rica das consequências práticas desejadas pelo autor que as elabora. Sempre há múltiplas maneiras de agrupar ou classificar um campo de relações ou de fenômenos; o critério para se decidir por uma delas é dado apenas por critérios de conveniência científica, didática ou prática".

220. Em regra, a classificação de espécies de categorias jurídicas, realizadas a partir

do, especificar que a responsabilidade pelo dano decorrente de obrigação tributária é uma responsabilidade extracontratual tributária do Estado, traz esclarecimentos quanto às especificidades do instituto.

Com isso, compreender que a responsabilidade do Estado é tributária permite atribuir a este sujeito a obrigação de ser responsável pelos danos advindos no implemento do cumprimento da obrigação tributária, já, classificá-la[221] como extracontratual, explica a dispensa da análise do elemento culpa na atribuição do dever de reparar o dano.

5.1 Pressuposto da pretensão reparadora: inexistência de culpa ou dolo

Com o intuito de atender à concretização do princípio do *neminem laedere*, o ordenamento jurídico adota como regra o regime da responsabilidade objetiva nas relações entre Estado e particular. Tal fato viabiliza o ressarcimento para as vítimas na medida em que não impõe a exigência da prova do dolo ou da culpa do Estado, revelando-se forma mais solidária na reparação integral dos prejuízos havidos. Em outras

---

de sua conceituação e natureza, é o objetivo dos jurisconsultos tradicionais que pretendem explicar o direito posto pelo legislador.

221. Desde que atendido um raciocínio lógico, toda classificação é válida, pois tem por único escopo identificar as semelhanças e dessemelhanças entre o que se classifica, facilitando a compreensão do assunto sob exame. Assim, desde que seja fruto de critérios lógicos, não há classificações certas ou erradas, o que há são classificações úteis ou menos úteis que podem servir para que outras pessoas entendam melhor o que é, como funciona, para que serve uma coisa ou para aclarar tais dados. De acordo com CARRIÓ, Genaro R. *Notas sobre Derecho y Lenguaje*, 4.ed., Abeledo-Perrot, Buenos Aires, 1990, p. 94, *apud* Alexandre Santos de Aragão (ARAGÃO, Alexandre Santos de. *Direito dos serviços públicos*. 2. ed. Rio de Janeiro: Forense, 2008, p. 122), "As classificações não são nem verdadeiras nem falsas, são funcionais ou inúteis; suas vantagens ou desvantagens dependem do interesse que guia quem as formula, e a sua fecundidade para apresentar uma área do conhecimento de maneira mais facilmente compreensível ou mais rica das consequências práticas desejadas pelo autor que as elabora. Sempre há múltiplas maneiras de agrupar ou classificar um campo de relações ou de fenômenos; o critério para se decidir por uma delas é dado apenas por critérios de conveniência científica, didática ou prática".

palavras, ao visualizar o dever de reparação sem aferir se houve transgressão voluntária ou involuntária a dever jurídico, simplifica-se a pretensão reparadora na responsabilidade objetiva, já que o comportamento do agente não é levado em conta, bastando para justificar a obrigação de reparar o dano tão somente o nexo causal havido entre a conduta originária do dano – omissiva ou comissiva – e o fato danoso.

Diante disso, a responsabilidade patrimonial do Estado reside no postulado da insignificância do dolo ou da culpa, prescindindo da apreciação dos elementos subjetivos para a aplicação da norma. Os vícios na manifestação da vontade importam apenas para eventual direito de regresso contra o agente administrativo. Sendo que, caso provada a culpa ou o dolo do funcionário, é dever do Estado propor a ação regressiva contra aquele, já que se trata de direito indisponível (patrimônio público).

Quanto a isso, importa trazer as palavras de Rui Stoco:

> Em acréscimo impõe-se lembrar que o § 6°, do art. 37, da CF estabelece a responsabilidade objetiva do Estado como norma autolimitadora da soberania do Estado, reconhecendo a hipossuficiência do cidadão perante o poder do Estado.
>
> Assim, comprovado o evento danoso e estabelecido o nexo causal, exige-se da Administração que indenize o prejudicado e persiga o agente público causador do dano, através da ação de regresso.
>
> A culpa do agente ou servidor não será, nesses casos, condição ou pressuposto da obrigação de o Estado indenizar a vítima, mas será exigida essa comprovação se pretender o Poder Público responsabilizá-lo regressivamente.[222]

Então, o ordenamento jurídico adota como princípio a responsabilidade objetiva do Estado, em que está obrigado a reparar os danos causados pelos seus agentes que atuam nessa qualidade, independentemente de dolo ou culpa na conduta destes, assegurado o direito de regresso contra o causador direto da

222. STOCO, Rui. *Tratado de responsabilidade civil:* doutrina e jurisprudência. 10. ed. São Paulo: Revista dos Tribunais, 2014, p. 1.350.

lesão na esfera dos particulares, desde que demonstrado vício na manifestação da vontade dos referidos agentes públicos.

Não obstante, adotou-se a teoria do risco administrativo (e não a teoria do risco integral) como fundamento da responsabilidade do Estado, pois, é condição para o Estado figurar como sujeito obrigado ao pagamento da reparação do dano, que referido dano seja originário de ação ou omissão estatal, ou seja, que exista relação de causa e efeito entre o comportamento do Estado e a lesão ao particular (nexo causal).

O Estado só responderá, portanto, se houver vínculo causal entre sua conduta e o dano indevido. Caso o dano seja produzido por alguém ou algo estranho ao Estado, não haverá a incidência da norma de responsabilidade para esse sujeito, eis que não será instaurado o liame jurídico necessário para a imputação do dano.

5.2 Nexo causal e atos omissivos

O nexo causal é elemento extrínseco do dano, pois não integra os elementos que caracterizam a lesão indenizável. Tem a função de determinar quem é o agente responsável pelo evento danoso, atribuindo ao autor da conduta originária da lesão condição de sujeito obrigado a reparar o dano adjacente. Em outras palavras, o nexo causal estabelece que é do autor da ação ou omissão praticada, da qual decorre o prejuízo que se queixa o particular, a responsabilidade pelos prejuízos daí advindos.

Sendo assim, o nexo pressupõe a presença de dois dados de fato a fim de atribuir a imputação da responsabilidade civil: a conduta do Estado[223] originária do dano e o fato danoso tributário. E é o elo referencial na relação dada entre esses dois fatos que constitui o elemento lógico-normativo denominado de nexo causal.

---

223. A conduta do Estado é resultante da ação ou omissão dos indivíduos que agem em seu nome, não sendo relevante estar em horário de expediente ou não, já que basta o comportamento se dar em razão da função pública que respaldou os meios necessários para sua prática.

Sobre o assunto, expôs Sergio Cavalieri Filho:

> A relação causal, portanto, estabelece o vínculo entre um determinado comportamento e um evento, permitindo concluir, com base nas leis naturais, se a ação ou omissão do agente foi ou não a causa do dano. Determina se o resultado surge como consequência natural da voluntária conduta do agente.
>
> Em suma, o nexo causal é um elemento referencial entre a conduta e o resultado. É através dele que podemos concluir quem foi o causador do dano.

A ideia de nexo causal decorre de leis lógicas,[224] apostas na ligação de causa e efeito entre a conduta e o resultado. Por isso, o vínculo de causalidade pode ser caracterizado com a seguinte afirmação: sem determinado fato, o dano não teria ocorrido.

A causa mais adequada para produzir o resultado danoso, que teve uma interferência decisiva para a ocorrência da lesão é a que se liga ao dano. Isso reflete a teoria adotada pelo direito brasileiro, da causalidade adequada,[225] em que é preciso apurar, entre duas ou mais circunstâncias, a que concretamente concorreu para a produção do prejuízo. Será do autor do ato que decisivamente influiu para o dano, a responsabilidade por este.

No entanto, a difícil questão implica verificar o nexo causal entre a conduta omissiva do Estado e o dano advindo desta. Ou seja, entre as condutas negativas, que não implicam alteração direta do mundo dos fatos, e eventuais prejuízos daí ocorridos aos particulares.

Como a omissão é ausência de comportamento, em regra nada surge em si mesma, capaz de alterar a situação jurídica

---

224. Embora o nexo causal seja uma construção lógica, temos no direito positivo algumas passagens que afirmam sua verificação para resolver a imputação do dano ao seu causador. Assim é o art. 927 do Código Civil, que faz referência à causalidade na medida em que estabelece que "Aquele que, por ato ilícito, causar dano a outrem, fica obrigado a repará-lo. Estas disposições são complementadas com art. 403 do Código Civil, que assim legisla: "Ainda que a inexecução resulte de dolo do devedor, as perdas e danos só incluem os prejuízos efetivos e os lucros cessantes por efeito dela direto e imediato sem prejuízo do disposto na lei processual".

225. Também chamada de teoria do dano direto e imediato.

dos indivíduos, diante falta de conduta. Mas, não há dúvidas que a ausência de comportamento, quando impera o dever de agir, pode violar dever jurídico ou impedir a ocorrência de um resultado indevidamente prejudicial a alguém. Dessa forma, conforme leciona Sérgio Cavalieri Filho, "embora a omissão não dê causa a nenhum resultado, não desencadeie qualquer nexo causal, pode ser causa para não impedir o resultado."[226] E, assim, não impedir que o fato danoso opere é conduta que possui vínculo de causalidade com o dano.

Na medida em que a lei impõe um determinado comportamento ao Estado, a omissão adquire relevância para verificação do fator *sine qua non* gerador do dano. Nesse sentido, se a abstenção foi determinante para a ocorrência do resultado que causou prejuízo ao sujeito passivo, o nexo causal estará presente.

Sobre isso, ainda esclarece Sérgio Cavalieri Filho:

> Ora, não impedir significa permitir que a causa opere. O omitente, portanto, coopera na realização do evento com uma condição negativa: ou deixando de se movimentar, ou não impedindo que o resultado se concretize. Responde por esse resultado não porque causou com a omissão, mas porque não o impediu, realizando a conduta a que estava obrigado.[227]

Advirta-se que é possível que um contribuinte requeira uma certidão positiva com efeitos de negativa de tributos federais, sob o argumento de que os débitos estão com exigibilidade suspensa pelo parcelamento e extintos pelo pagamento, com o que não haveria óbice à expedição. Não obstante, a Fazenda Nacional não realiza a conduta positiva no prazo da lei e informa que o procedimento solicitado permanece em fase de aferição das informações.

---

226. CAVALIERI FILHO, Sérgio. *Programa de responsabilidade civil*. 3. ed. São Paulo: Malheiros, 2002, p. 73.

227. Idem, p. 74.

Nesse caso, a demora na expedição da certidão caracteriza conduta omissiva do Estado que, se produtora de danos, ensejará a incidência da norma de responsabilidade. Em outras palavras, a omissão foi a condição causal do dano perpetrado na esfera jurídica do contribuinte, restando evidente o nexo causal entre a conduta omissiva e o fato danoso.

Além disso, é interessante verificar que os fatos (omissivos ou comissivos) que criam risco, ou contribuem para o risco já existente, apontam a presença do nexo causal por via de presunções. Trata-se do chamado agravamento da causalidade ou teoria da responsabilidade civil objetiva agravada,[228] em que a imputação do dano é realizada a quem exerce atividade ameaçadora conexa à lesão.

Com isso, o risco da atividade mais o resultado danoso do exercício desta caracterizam o nexo causal pressuposto,[229] deslocando-se a responsabilidade do agente produtor do fato mais próximo ao dano para o agente que tem capacidade de evitar o dano ao menor custo. Daí fica subentendido que o simples exercício da atividade traz riscos extremamente graves, capazes de obrigar alguém a reparar um dano. Pelo que a responsabilidade objetiva se opera independentemente de o dano ser consequência direta da conduta do agressor.

O agravamento da causalidade ou teoria da responsabilidade civil objetiva agravada, se aplicada às condutas omissivas

---

228. Conforme dispõe o parágrafo único do art. 927 do Código Civil, "Haverá obrigação de reparar o dano, independentemente de culpa, nos casos especificados em lei, ou quando a atividade normalmente desenvolvida pelo autor do dano implicar, por sua natureza, risco para os direitos de outrem.

229. A presunção aqui citada é tomada sob a concepção da teoria geral do direito, a qual foi explicada por Florance Haret (HARET, Florence. *Teoria e prática das presunções no direito tributário*. São Paulo: Noeses, 2010, p. 26) como: "[...] a presunção é um julgamento sobre fatos, juízo em sua base indutivo, que se faz presente a todo momento no direito, e que se mostra de difícil prova ou investigação. Portanto, verifica-se que o próprio sistema prescritivo de conduta estabelece, por meio de normas, a orientação que elucida o resultado dele para a constituição de determinado fato jurídico, necessário como ativação do vínculo implicacional e o posterior nascimento da relação jurídica."

e potencialmente danosas realizadas pelo Estado, justificam a imputação da autoria do dano quando não verificada relação intrínseca da lesão com a conduta estatal.

Como exemplo, podemos pensar em uma empresa que não é contribuinte de ICMS, mas precisa enviar constantemente peças e equipamentos para manutenção em locais diversos de onde possui sede. Antes de enviar as peças e equipamentos, solicita cadastro especial perante a Receita do Estado, a fim de portar documento que autorize a circulação física da mercadoria sem nota de remessa. O fisco estadual não realiza o cadastro e, ao enviar alguns equipamentos para manutenção, a Receita Federal apreende os bens e dá pena de perdimento ao particular, sob a alegação de que presumivelmente os equipamentos se tratavam de contrabando.

A hipótese traz uma conduta omissiva do fisco estadual, já que este se quedou inerte no pedido de regime especial realizado pelo particular. Essa ausência de atividade trouxe risco iminente para a empresa, que sofreu dano injusto ao suportar a pena de perdimento dos equipamentos. Nesse caso, a conduta omissiva da Receita Estadual, embora não tenha relação intrínseca com o prejuízo suportado pelo particular, seria suficiente para trazer a imputação da responsabilidade do Estado se aplicado o agravamento da causalidade ou teoria da responsabilidade civil objetiva agravada.

5.3 Excludentes de responsabilidade

A responsabilidade tributária do Estado está calcada na teoria objetiva, a qual impõe a reparação de danos ao sujeito passivo sem que seja perquirido qualquer elemento pscicológico, como dolo ou culpa. Não obstante, esta teoria admite que o Estado se exima da responsabilidade se provar a ocorrência de uma das chamadas excludentes de responsabilidade.

Referidas excludentes de responsabilidade do Estado obstam o desencadeamento da norma de responsabilidade. E o fazem na medida em que retiram do dano o caráter injusto deste, ou seja, suprimem a condição de encargo indevido do dano. Isso porque se o dano suportado pelo sujeito passivo da obrigação tributária é uma lesão legítima, entendida como aquela em que a legislação obriga suportar, a perinorma da responsabilidade tributária do Estado não será irrompida, pois, carecedora da ocorrência do fato descrito no antecedente da perinorma.

Na circunstância de acontecer uma excludente de responsabilidade, estaremos diante de um fato jurídico que abona a lesão injusta, passando o dano a se tratar de um encargo que a legislação obriga o indivíduo a suportar em si mesmo, sem que ocorra a transferência da função de ressarcir para o Estado.

Não obstante, alguns autores tratam as excludentes de responsabilidade como impeditivas do vínculo de causa e efeito entre a conduta que origina o dano e o próprio dano. E justificam a não aplicação da responsabilidade na ausência da comprovação do nexo causal. Para tanto, informam que, se referida conduta não foi realizada pelo Estado, não haveria a relação causal que ensejaria a responsabilidade do Estado.

Nesse sentido, informa Celso Antônio Bandeira de Mello que:

> Nos casos de responsabilidade objetiva, o Estado só se exime de responder se faltar o nexo entre seu comportamento comissivo e o dano. Isto é: exime-se apenas se não produziu a lesão que lhe é imputada ou se a situação de risco inculcada a ele inexistiu ou foi sem relevo decisivo para a eclosão do dano. Fora daí responderá sempre. Em suma: realizados os pressupostos da responsabilidade objetiva, não há evasão possível.[230]

Referido autor não está sozinho, já que Maria Sylvia Zanella Di Pietro traz o mesmo argumento ao dispor que:

> Sendo a existência do nexo de causalidade o fundamento da responsabilidade civil do Estado, esta deixará de existir ou incidirá

230. MELLO, Celso Antônio Bandeira de. *Curso de direito administrativo*. 23. ed. São Paulo: Malheiros, 2007, p. 1.042.

> de forma atenuada quando o serviço público não for a causa do dano ou quando estiver aliado a outras circunstâncias, ou seja, quando não for a causa única.[231]

Entretanto, esse não é o melhor caminho a ser trilhado, já que não há o que se falar em nexo causal entre dano injusto e conduta originária do dano, se a lesão perpetrada na esfera individual do sujeito passivo não é apta a figurar na norma de responsabilidade quando da materialização de uma das excludentes de ilicitude. O problema se resolve antes. Se não há encargo indevido, não há responsabilidade e, consequentemente, não se chega ao ponto de falar em nexo causal.[232]

Nesse contexto, todos os fatos desencadeados no consequente da endonorma de responsabilidade tributária do Estado, causadores de danos não aptos a figurarem no antecedente da perinorma, obstarão que o encargo advindo do referido dano seja transferido para o Estado, já que nesse caso as lesões não serão aptas a romperem com a referida norma de responsabilidade.

Como causas clássicas de excludente de responsabilidade, temos a força maior, o caso fortuito, o fato exclusivo da vítima e o fato de terceiro.[233] Quanto às causas, explica-se que tanto caso fortuito quanto força maior são fatos que não se podem evitar, cujo resultado era impossível impedir. A diferença consiste em que a força maior é fato externo à atuação do Estado, pois decorrente de atividade estranha à exercida por este, em que a vontade do homem não participa. É o *act of God*, no dizer dos

---

231. PIETRO, Maria Sylvia Zanella Di. *Direito administrativo*. 18. ed. São Paulo: Atlas, 2005, p. 568.

232. Não se está a negar a inexistência do nexo etiológico diante das excludentes de responsabilidade, mas sim que a relação de causa e efeito não chega a ser deflagrada diante da inocorrência do dano necessário a figurar como suporte fático da norma de responsabilidade.

233. Para Sérgio Cavalieri Filho (CAVALIERI FILHO, Sérgio. *Programa de responsabilidade civil*. 3. ed. São Paulo: Malheiros, 2002, p. 74), "é possível que alguém se envolva em determinado evento sem que tenha dado causa, hipótese em que não haverá o dever de reparar o dano. Isso pode ocorrer pelo menos em três hipóteses: culpa exclusiva da vítima, fato de terceiro e caso fortuito ou força maior".

ingleses, em que a conduta do Estado não se faz presente. Já o caso fortuito é fato advindo de uma causa interna do Estado, superior às forças do agente que não pôde prever o acontecimento, porém em que a conduta do Estado está presente.

No caso de força maior, a exclusão da responsabilidade é admitida, pois é fato impeditivo de que o Estado pratique os atos necessários para o cumprimento regular de sua conduta. Exemplificamos com o fato de que é dever do Estado conceder certidões solicitadas pelos particulares, em repartições públicas, para defesa de direitos e esclarecimento de situações de interesse pessoal (art. 5°, XXXIV, "b", da Constituição Federal). Caso ocorra algum fato caracterizado como força maior (ex.: inundação, raio, furacão etc.), impeditivo da emissão da certidão solicitada pelo particular, o Estado não conseguirá cumprir sua função até a restauração da regular situação de fato. Com isso, não podemos falar que o Estado foi omisso em sua atuação, impedindo a emissão da competente certidão, mas sim que sua conduta foi impedida por fato de força maior, até o restabelecimento das condições necessárias para a emissão da citada certidão.

Para o presente exemplo, sem que o comportamento voluntário (omissivo ou comissivo) do Estado, previsto no consequente da endonorma de responsabilidade, possa ser realizado, não haverá o dano originário deste, apto a figurar no antecedente da perinorma. Isso porque não podemos falar em dano originado de uma conduta que inexistiu. Se a conduta ainda não se operou, eventual dano injusto também não pode ter ocorrido.[234]

Contrariando a doutrina clássica, trazemos que o mesmo não ocorre para o caso fortuito, no qual a exclusão da responsabilidade não se opera.[235] Para tal fato, mesmo o Estado ten-

234. Se verificado dano no citado exemplo, este será consequência direta do fato de força maior, não imputável ao Estado.

235. Já em 1965, Agostinho Alvim (ALVIM, Agostinho. *Da inexecução das obrigações e suas consequências*. 3. ed. São Paulo: 1965, p. 315) informava que: "A distinção que modernamente a doutrina vem estabelecendo, aquela que tem efeitos práticos e que já vai se introduzindo em algumas leis, é a que vê no caso fortuito um impedimento

do feito tudo para cumprir a sua obrigação, sua conduta é que afetará o direito de outrem, causando dano além do que este deveria suportar em sua esfera jurídica.

Para esclarecer, utilizamos o mesmo exemplo acima, de que é dever do Estado conceder certidões solicitadas pelos particulares, em repartições públicas, para defesa de direitos e esclarecimento de situações de interesse pessoal. Mas agora a certidão não foi expedida em prazo hábil em virtude de caso fortuito, pois o sistema de computadores – como o da Receita Federal, por exemplo – estava inoperante. Se dessa omissão estatal decorrer dano ao sujeito solicitante da certidão, a norma de responsabilidade do Estado estará apta a ser deflagrada, já que o dano necessário para integrar o antecedente da perinorma foi verificado diante da conduta omissiva do Estado.

Quanto ao fato exclusivo da vítima ou ao fato de terceiro, não há o desencadeamento da norma de responsabilidade em ambos. O fato exclusivo da vítima trata de uma conduta do lesado decisiva para o evento danoso, que elimina qualquer comportamento do Estado apto a lhe imputar a norma de responsabilidade. Já o fato de terceiro é o resultado da conduta de uma pessoa estranha ao Estado ou ao lesado, que se traduz na inexistência de comportamento estatal produtor do dano.

---

relacionado com a pessoa do devedor ou com a sua empresa enquanto que a força maior é um acontecimento externo. Tal distinção permite estabelecer uma diversidade de tratamento para o devedor, consoante o fundamento da sua responsabilidade. Se esta fundar-se na culpa, bastará o caso fortuito para exonerá-lo. Com maior razão o absolverá a força maior. Se a sua responsabilidade fundar-se no risco, então o simples caso fortuito não o exonerará. Será mister haja força maior, ou como alguns dizem, caso fortuito externo." Atualmente, referido entendimento é exposto por Celso Antônio Bandeira de Mello (MELLO, Celso Antônio Bandeira de. *Curso de direito administrativo.* 23. ed. São Paulo: Malheiros, 2007, p. 1.043), para quem: "A *fortiori* exime-se de responsabilidade quando o dano é inevitável, sendo baldos quaisquer esforços para impedi-lo. Por isso, a força maior – acontecimento natural irresistível –, de regra, é causa bastante para eximir o Estado de responder. Pensamos que o mesmo não sucederá necessariamente ante os casos fortuitos. Se alguma falta técnica, de razão inapreensível, implica omissão de um comportamento possível, a impossibilidade de descobrí-la, por seu caráter acidental, não elide o defeito do funcionamento do serviço devido pelo Estado".

Em ambos, a conduta originária do dano não é realizada pelo Estado, ou seja, não há a ocorrência do comportamento censurado no consequente da endonorma tributária, cujo resultado figuraria no antecedente da perinorma. Como a ação ou omissão foi perpetrada por outra pessoa (vítima ou terceiro), não temos o rompimento da norma de responsabilidade para Estado.[236]

Resumindo todo o exposto, as hipóteses excludentes de responsabilidade são fatos que justificam a não conduta do Estado para a ocorrência do fato danoso tributário. Ou seja, que demonstram a ausência de comportamento estatal apto a produzir danos. Com isso, elidem a incidência da norma de responsabilidade estatal ao se configurarem como fatos que afastam a condição de indevido a eventual dano advindo. Conforme explanado acima, as excludentes de responsabilidade são: a força maior, o fato exclusivo da vítima e o fato de terceiro.

5.4 Princípios operantes na Responsabilidade do Estado

No presente estudo, utilizamos a acepção de *princípio* como linguagem que projeta para o mundo jurídico valores a serem construídos pelos intérpretes dos textos por onde são veiculados. No sentido exposto, princípio é norma do direito

236. Em relação ao fato exclusivo da vítima, Yussef Said Cahali (CAHALI, Yussef Said. *Responsabilidade civil do Estado*. 5. ed. São Paulo: Editora Revista dos Tribunais, 2014, p. 55) compartilha do mesmo entendimento em relação a ser óbice ao desencadeamento da norma de responsabilidade do Estado, vejamos: "Aqui, o dano, que tem sua causa exclusiva no dolo ou na culpa grave do próprio ofendido, ausente qualquer causa imputável à Administração, simplesmente deixa de configurar um *dano injusto*, não se prestando, assim, como causa jurídica da ação ressarcitoria; é a aplicação do antigo princípio do direito romano: *qui culpa sua dannum sentit, non videtur dannum sentire*; ou, mais precisamente, *quod quis ex sua culpa dannum sentit, nom intellegitur dannum sentire [...]*." Como exemplo, temos a informação equivocada, prestada pelo contribuinte ao fisco, no lançamento por declaração. No caso de referido equívoco na notícia trazer dano ao particular, não há o que se falar em incidência da norma de responsabilidade do Estado, mesmo porque não é defeso ir a juízo pretendendo beneficiar-se com a própria torpeza.

positivo que insere valor relevante para o sistema.[237] E, como linha diretiva de significação, o princípio irradia um feixe orientativo às condutas interpessoais, de modo a basear a estrutura mãe do comportamento das pessoas diante dos institutos jurídicos, eis que direciona para os valores fundantes da sociedade.

Para tanto, o instituto da responsabilidade do Estado se vale de alguns princípios do ordenamento jurídico a fim de amparar sua operatividade. Entre eles estão o princípio da prevenção e o princípio da precaução,[238] os quais objetivam a contenção dos danos indevidos mediante a aferição dos riscos afetos à probabilidade da ocorrência destes. Assim, tanto a prevenção quanto a precaução "buscam dimensionar concreta ou abstratamente os riscos, antecipando prováveis ou possíveis lesões decorrentes da violação de determinados interesses ou direitos",[239] e com o intuito de orientar a conduta do Estado na preservação da integralidade dos direitos dos administrados.

O princípio da prevenção trata de evitar os riscos potenciais, cuja periculosidade é presumida. Aqui, o Estado deve agir preventivamente, a fim de evitar o prejuízo que possivelmente aconteceria se a causalidade entre a conduta estatal e o dano indevido não fosse interrompida. Nas palavras de Juarez

---

237. Esclarecemos que o termo princípio comporta quatro acepções, conforme bem explicado por Paulo de Barros Carvalho (CARVALHO, Paulo de Barros. *Direito tributário, linguagem e método*. 2. ed. São Paulo: Noeses, 2008, p. 266): "Em direito, utiliza-se o termo 'princípio' para denotar as regras de que falamos, mas também se emprega a palavra para apontar normas que fixam importantes critérios objetivos, além de ser usada, igualmente, para significar o próprio valor, independentemente da estrutura a que está agregado e, do mesmo modo, o limite objetivo sem a consideração da norma".

238. Referidos princípios, embora expressamente previstos em matéria ambiental no art. 225 da Constituição Federal e em direito do consumidor no art, 6°, I, do Código de Defesa do Consumidor, se aplicam a todo o ordenamento, já que os objetivos almejados pelo Estado na gestão dos interesses públicos não devem ser segregados de modo a se preservar apenas alguns direitos dos administrados, em prejuízo ao abandono de outros.

239. VENTURI, Thaís Goveia Pascoaloto. *Responsabilidade civil preventiva*. A proteção contra a violação dos direitos e a tutela inibitória material. São Paulo: Malheiros, 2014, p. 251.

de Freitas, "na prevenção, antevê-se, com segurança, o resultado maléfico e, correspondente, nos limites das atribuições legais, surge a obrigação de o Estado tomar medidas interruptivas da rede causal, de molde a impedir o dano antevisto".[240]

Já o princípio da precaução se refere aos riscos conhecidos, com periculosidade auferida. De acordo com referido princípio, o Estado tem o dever de evitar eventos que supõe-se danosos aos particulares, com o fito de não permitir o estabelecimento de nexo de causalidade com atividades estatais interventivas.

Ambos os princípios se apresentam como fundamentos que orientam os operadores do direito (seja Executivo, Legislativo ou Judiciário) a agir com cautela e zelo, mediante a estimativa de riscos de perigo, a fim de evitar danos aos particulares e prejuízo indevido ao patrimônio público. O que diferencia referidos princípios é o grau de previsibilidade da ocorrência do dano.[241]

A aplicação de tais fundamentos volta a responsabilidade para o futuro, já que o valor a ser inserido é o de que a incidência da norma de responsabilidade seja evitada pelo Estado na medida em que se acautela a ocorrência do fato jurígeno danoso, necessário para o desencadeamento da referida norma de responsabilidade.

Sob essa ótica, o princípio da prevenção e o princípio da precaução guiam os sujeitos públicos para a adoção de maiores e melhores cuidados no desempenho das atividades Estatais, isso a fim de evitar que novos danos ocorram, ou seja,

---

240. FREITAS, Juarez. *Responsabilidade civil do Estado e o princípio da proporcionalidade: vedação de excesso e de inoperância*. In: FREITAS, Juarez de (Coord.). *Responsabilidade civil do Estado*. São Paulo: Malheiros, 2006, p. 187.

241. Ao explicar que o Estado tem que sacrificar o mínimo possível para preservar a integralidade máxima dos direitos fundamentais, Juarez de Freitas (FREITAS, Juarez de. *Direito fundamental à boa administração pública*. 3. ed. São Paulo: Malheiros, 2014, p. 92) explica que: "Sem incorrer no simplificador cálculo utilitário, a proporcionalidade em sentido estrito indaga pelo 'preço a pagar'. Vale dizer, faz a conta dos ganhos e das perdas, ao apurar se os ônus (diretos e indiretos, sob a forma de externalidades negativas) não são desmensurados".

poupar acidentes que causam lesão na esfera jurídica dos administrados, já que sabedores (os sujeitos públicos) de que a produção dos danos lhe serão atribuíveis, com a obrigação de integral reparação.

Essa visão aponta para uma preocupação com os direitos tutelados da vítima (particulares), que de forma alguma conflita com o princípio da supremacia do interesse público sobre o interesse privado. Segundo esse princípio, a característica essencial do regime jurídico administrativo é a preponderação abstrata do interesse público em detrimento dos interesses dos particulares, com a possibilidade de o Estado impor condutas a estes.

Ocorre que a interpretação que se deve dar a referido princípio é que o interesse público ora tutelado, tido muitas vezes como absoluto e autoritário, é na verdade o bem de toda a coletividade, a ser realizado com a minimização de sacrifícios de direitos dos tutelados. Com isso, a satisfação do interesse público passa pelo resguardo das garantias jurídicas dos particulares em face do Estado.

Assim sendo, conforme afirma Maurício Zockun, "o interesse da coletividade reside na ideia segundo a qual as prerrogativas privadas não devem ser amesquinhadas para persecução do bem comum, caso tal expediente não seja imprescindível para ultimar esse propósito".[242] Dai por que os princípios da prevenção e da precaução servem, antes de tudo, para preservar o interesse público, já que visam a resguardar os direitos dos particulares contra qualquer espécie de medida Estatal que imponha dano indevido à esfera jurídica dos indivíduos.

Na verdade, o princípio da supremacia do interesse público sobre o interesse privado é complementar aos princípios da prevenção e da precaução, uma vez que estes evitam

242. ZOCKUN, Maurício. *Responsabilidade patrimonial do Estado.* Matriz Constitucional, a responsabilidade do Estado por atos legislativos, a obrigatoriedade da prévia indenização e a responsabilidade pessoal do parlamentar. São Paulo: Malheiros, 2010, p. 92.

a incidência da norma de responsabilidade para o fim de não causar lesão na esfera jurídica dos particulares, e não trazer prejuízos indevidos para o Estado com gastos em indenizações evitáveis. Já aquele tem como valor o interesse público de não amesquinhar indevidamente os direitos dos indivíduos, também evitando-se danos indevidos na esfera jurídica destes.[243]

Valendo-se de outro enfoque, essas considerações ainda se transbordam para a restauração do equilíbrio social rompido no caso de dano injusto ter-se propagado, onde se busca não deixar a vítima desamparada. Sobre isso, temos que, de acordo com o princípio da solidariedade,[244] deve haver uma distribuição equitativa, por toda a sociedade, dos encargos suportados individualmente por alguém. Se os benefícios do Estado abarcam a todos, os prejuízos individuais eventualmente suportados em prol da coletividade também devem ser distribuídos.[245] Já que não há como conciliar a atuação do Estado

243. Nesse viés são as palavras de Maria Sylvia Zanella Di Pietro (PIETRO, Maria Sylvia Zanella Di. *Discricionariedade administrativa na Constituição de 1988*. 3. ed. São Paulo: Atlas, 2012, p. 251) "O princípio da supremacia do interesse público, ao contrário do que se afirma, não coloca em risco os direitos fundamentais do homem. Pelo contrário, ele os protege. Veja-se que o direito administrativo nasceu justamente no período do Estado liberal, cuja preocupação maior era a de proteger os direitos individuais frente aos abusos de poder. Protegeu tanto a liberdade, que acabou por gerar profunda desigualdade social, porque, afinal, os homens não nascem tão livres e iguais como pretendia Rousseau e foi afirmado no artigo 1 da Declaração dos Homens e do Cidadão de 1789."

244. Conforme art. 3°, I, da Constituição Federal, a solidariedade é objetivo fundamental da República.

245. O Supremo Tribunal Federal fez referência ao princípio da solidariedade no Recurso Extraordinário 262.651, mediante a seguinte manifestação do Ministro Joaquim Barbosa: "[...] a obrigação imposta ao Estado de indenizar o particular em caso de dano a ele causado resultaria, em essência, do fato de que não seria justo que alguém suportasse sozinho os ônus decorrentes de uma atividade exercida em benefício de toda a sociedade. Aqui, o dever de indenizar a vítima advém não de um risco criado pela atividade estatal, mas de um princípio que poderíamos chamar de solidariedade social, solidariedade essa engendrada pelo fato de que toda a ação administrativa do Estado é levada a efeito em prol do interesse coletivo. Vale dizer, para cumprir a contento a sua missão de zelar pelo bem comum, a Administração necessita intervir em múltiplas esferas da vida econômica e social. Ao fazê-lo, cria situações que se traduzem em danos para algumas pessoas. O princípio da igualdade de todos perante os encargos públicos vem em socorro dessas pessoas que

em busca do interesse público com o padecimento do ônus de uma ação ou omissão estatal danosa por uma vítima sozinha. Deve haver igualdade dos encargos dos indivíduos perante o Estado, de modo a todos suportarem equitativamente os prejuízos advindos da atuação estatal coletiva.

Isso significa, ainda, que o princípio da solidariedade se aquilata com o princípio da igualdade, já que a repartição dos encargos públicos deve ser em condições de igualdade, ressarcindo o indivíduo que suportou sozinho todo o encargo do dano.[246] Essas considerações se complementam com os esclarecimentos de Celso Antônio Bandeira de Mello. Vejamos:

> Se houve conduta estatal lesiva a bem jurídico garantido de terceiro, o princípio da igualdade – inerente ao Estado de Direito – é suficiente para reclamar a restauração do patrimônio jurídico do lesado. Qualquer outra indagação será despicienda, por já haver configurado situação que reclama em favor do atingido o patrocínio do preceito da isonomia.[247]

---

sofrem os prejuízos decorrentes da ação estatal, fazendo com que os danos por elas sofridos sejam compartilhados por toda a coletividade".

246. Herbert Lionel Adolphus Hart (HART, Herbert Lionel Adolphus. *O conceito de direito*. Pós-escrito organizado por Penelope A. Bulloch e Joseph Raz; tradução de Antônio de Oliveira Sette-Câmara; revisão da tradução Marcelo Brandão Copolla; revisão técnica Luiz Vergílio Dalla-Rosa. São Paulo: Martins Fontes, 2009, p. 205-206) ainda esclarece que "O princípio geral latente nessas diversas aplicações da ideia de justiça é que os indivíduos fazem jus, uns em relação aos outros, a uma certa posição relativa de igualdade ou desigualdade. Isto é algo a ser respeitado nas vicissitudes da vida social, quando encargos ou benefícios têm de ser distribuídos; é também algo a ser restaurado, se tiver sido perturbado. Assim, considera-se tradicionalmente que a justiça mantém ou restaura um *equilíbrio* ou *proporção*, e seu princípio condutor frequentemente se formula com a frase 'Devem-se tratar os casos iguais de forma igual'; embora precisemos acrescentar: 'e tratem-se os casos diferentes de forma diferente'. Assim, quando protestamos, em nome da justiça, contra uma lei que proíba os negros de frequentar parques públicos, o sentido dessa crítica é que tal lei é má porque, ao distribuir os benefícios dos serviços públicos entre a população, discrimina entre pessoas que, sob todos os aspectos pertinentes, são iguais. Pelo contrário, se louvarmos uma lei como justa por ter retirado de algum setor especial algum privilégio ou, por exemplo, a imunidade tributária, o raciocínio norteador é que entre a classe privilegiada e o restante da comunidade não existe a diferença pertinente que justifique esse tratamento especial".

247. MELLO, Celso Antônio Bandeira de. *Curso de direito administrativo*. 23. ed. São Paulo: Malheiros, 2007, p. 1.029.

A despeito disso, o princípio da igualdade insere no ordenameno jurídico a relação comparativa entre dois ou mais sujeitos, sob um determinado critério, para servir a finalidade de tratar a todos da forma necessária para mantê-los iguais. Sob o enfoque do instituto da responsabilidade tributária do Estado, a citada comparação se dará entre todos os administrados afetos à tributação, o critério comparativo utilizado será o grau do dano suportado por estes, e a finalidade será cumprida pela reparação à lesão dos que suportaram maior ônus que os demais.[248]

Desse modo, o princípio da igualdade arremata o princípio da solidariedade na medida em que estabelece os parâmetros pelos quais será cumprida a repartição dos encargos públicos entre os administrados. A solidariedade traz que todos devem suportar equitativamente todos os encargos da atuação estatal, ao passo que a igualdade informa como serão os critérios comparativos para se estabelecer o tratamento dado aos indivíduos, a fim de que os ônus sejam distribuídos equitativamente entre estes. Assim, o princípio da igualdade é verdadeiro desdobramento do princípio da solidariedade.

Diante do exposto, os princípios operantes da responsabilidade do Estado consagram valores substantivos que protegem os direitos fundamentais dos indivíduos, adequados ao interesse público do Estado na segurança dos concernidos

---

248. Para Ramón Valdes Costa (COSTA, Ramón Valdes. *Instituciones de derecho tributário*. 2. ed. Buenos Aires: Depalma, 2004, p. 370), o princípio em questão pode ser analisado sob quatro óticas distintas: *i*) igualdade na lei; *ii*) igualdade pela lei; *iii*) igualdade diante da lei; e *iv*) igualdade das partes. A primeira concepção estabelece que, como todos são iguais, a lei tributária não pode fazer distinções em relação a condições físicas ou morais (igualdade jurídica) ou entre contribuintes com as mesmas capacidades econômicas (igualdade econômica). A segunda reza que o Estado deve lograr uma igualdade entre os indivíduos, suprimindo as desigualdades que considera injustas. Quanto à terceira ótica apresentada, a lei deve ser aplicada pelo Poder Executivo de forma uniforme para todas as pessoas afetas a regulamentação, sem estabelecer tratamento diferencial a quem está em igual ou similar situação. Por fim, a quarta acepção do princípio da igualdade é informada pela assertiva de que nenhuma das partes da relação tributária detém superioridade jurídica quanto a outra, sendo apenas uma relação de débito e crédito, e não de poder. No presente estudo, adotamos a concepção do referido princípio sob a ótica da igualdade pela lei.

direitos dos contribuintes. Referidos princípios, como da precaução, da prevenção, da solidariedade e da igualdade, orientam o Estado a agir, conforme as normas do ordenamento, em busca do bem-estar comum.[249] Nesse sentido, o Estado tem o dever de pautar sua conduta em prestar proteção aos direitos dos particulares, sob pena de ser obrigado a indenizar os danos sofridos pelo descuido do dever de tutela.

5.5 Controle jurisdicional da Responsabilidade do Estado

A norma de Responsabilidade do Estado nunca opera *ex oficio*, já que sempre dependerá de uma medida de oficialidade do sujeito passivo para que seja expedida uma norma individual e concreta dizendo o dever de o Estado reparar o dano sofrido pelo particular. Assim, o sujeito passivo da obrigação tributária, que sofreu lesão ilegítima, necessita mover a máquina estatal para que seu direito seja reconhecido, operando-se o pagamento de valores a título de reparação.

Nesse contexto, o caminho a ser trilhado por quem foi lesado passa da generalidade e abstração até a individualidade e concreção na norma, ou seja, parte do processo de positivação realizado com a construção em linguagem da norma de responsabilidade tributária do Estado perante o ente político cujo comportamento é originário do dano indevidamente suportado pelo particular. Isso, porque sem a norma individual e concreta que constitui em linguagem o evento descrito na hipótese fática, bem como o fato relacional, não há o que se falar em aplicação da norma de responsabilidade.

---

249. Para José Joaquim Gomes Canotilho (CANOTILHO, José Joaquim Gomes. *O problema da responsabilidade do Estado por actos ilícitos*. Coimbra: Almedina, 1974, p. 13-15), o instituto da responsabilidade tributária do Estado é instrumento de legalidade que não só assegura a conformidade dos atos do sujeito ativo no cumprimento da obrigação tributária, como também realiza justiça material na medida em que reparte o ônus das danosas intervenções dos poderes públicos e garante a esfera jurídico-patrimonial do sujeito passivo.

Essa construção da norma a ser realizada mediante linguagem competente, denominada de ato de aplicação, pode ser realizada tanto pelo agente da Administração Pública quanto pelo Juiz, a depender de qual órgão o sujeito passivo movimentará com seu requerimento. Assim, se o particular optar por apresentar seu requerimento de aplicação da norma no âmbito administrativo, sem jurisdicionar o fato jurídico, a norma individual e concreta será emanada pela Administração Pública, mediante ato administrativo[250] decisório. Já no caso de o sujeito passivo entender pela jurisdicionalização, a aplicação da lei ao caso particular será dada pelo juiz, em ato próprio do Poder Judiciário, qual seja a sentença. Independentemente do órgão escolhido, a norma individual e concreta será emitida pelo Estado como resultado de uma sucessão de atos, aos quais denominamos de *processo*,[251] onde a análise da subsunção do fato à norma é iniciada pela verificação do dano indevidamente suportado pelo sujeito passivo.

Nota-se que na sua feição, a norma individual e concreta emitida no exercício da competência administrativa é a

250. De acordo com Vladimir da Rocha França (FRANÇA, Vladimir da Rocha. *Estrutura e motivação do ato administrativo*. São Paulo: Melheiros Editores, 2007, p. 5), "Os atos administrativos são atos jurídicos do Estado (ou de quem esteja no exercício de prerrogativas públicas), expedidos numa posição de supremacia, que inserem regras jurídicas complementares à lei no sistema de direito positivo, sujeitas ao controle de juridicidade do Poder Judiciário, destinadas à realização do interesse público no caso concreto. São atos jurídicos que encontram seus fundamentos de juridicidade nas leis ou diretamente na Constituição. São igualmente sujeitos ao controle de juridicidade que compete ao Poder Judiciário." Conforme informado pelo autor, a definição transcrita tem forte inspiração na doutrina de Celso Antônio Bandeira de Mello (MELLO, Celso Antônio Bandeira de. *Curso de direito administrativo*. 23. ed. São Paulo: Malheiros, 2007, p. 389), para quem o ato administrativo é uma "declaração do Estado (ou de que lhe faça as vezes – como, por exemplo, um concessionário de serviço público), no exercício de prerrogativas públicas, manifestada mediante providências jurídicas complementares da lei a tíulo de lhe dar cumprimento, e sujeitas a controle de legitimidade por órgão jurisdicional".

251. A concepção de processo utilizada no presente estudo é a descrita por Hely Lopes Meirelles (MEIRELLES, Hely Lopes. *Direito administrativo brasileiro*. 32. ed. São Paulo: Malheiros, 2006, p. 683): "Processo é o conjunto de atos coordenados para a obtenção de decisão sobre uma controvérsia no âmbito judicial ou administrativo; procedimento é o modo de realização do processo, ou seja, o rito processual."

norma primária de responsabilidade, em que o Estado figura na posição de sujeito obrigado ao pagamento da reparação pelo dano indevidamente suportado pelo sujeito passivo da relação jurídica tributária. Quando aplicada pelo Estado-Juiz, a linguagem normativa fundada corresponde à norma secundária de responsabilidade, onde o Estado será o sujeito forçado ao cumprimento da reparação do dano. Assim, tanto na norma primária, emitida na esfera administrativa, quanto na norma secundária, emitida pelo Poder Judiciário, o Estado ocupa a posição de obrigado perante o particular, eis que é o sujeito ao qual o comando normativo se volta para o cumprimento da obrigação de reparar os prejuízos indevidos.

O que diferencia as esferas às quais se volta o contribuinte é que, no âmbito administrativo, o ato administrativo decisório da responsabilidade está sujeito à revisão pelo controle jurisdicional.[252] Já perante o Poder Judiciário, a construção da norma se dá pelo Estado-Juiz, que emite a palavra final da conduta a ser cumprida pelo Estado, obrigando-o, ou não, de forma coercitiva, a reparar a lesão sofrida pelo particular.

Na aplicação derradeira do direito, o Poder Judiciário, no exercício de sua função típica, pode analisar todos os atos emanados pelos outros poderes no que forem ilegais e no que constituírem abuso do direito (ilícitos atípicos),[253] mesmo atos do próprio Poder Judiciário, como eventuais erros cometidos pelo Estado na sua função jurisdicional causadores de danos injustos. Além disso, o Poder Judiciário, como órgão

---

252. Eis que, conforme art. 5°, XXXV, da CF/88, "a lei não excluirá da apreciação do Poder Judiciário lesão ou ameaça a direito".

253. Inclui-se aqui os atos discricionários que incorrem em abuso de direito. Quanto a isso, Maria Sylvia Zanella Di Pietro (PIETRO, Maria Sylvia Zanella Di. *Discricionariedade administrativa na Constituição de 1988*. 3. ed. São Paulo: Atlas, 2012, p. 162) esclarece que: "Mas isso não significa que o Judiciário não possa apreciar os atos discricionários, reduzindo também os limites da discricionariedade pela aplicação de princípios. Sempre que a Administração tenha várias opções para atingir a mesma finalidade, ela deve necessariamente optar por solução que esteja em consonância com os princípios informadores do direito administrativo, grande parte deles com fundamento constitucional".

competente para emanar a norma secundária, pode analisar a própria positivação da norma de responsabilidade perante o âmbito administrativo, emitindo provimento judicial final.

Nesse contexto, dois são os meios aptos para se buscar a aplicação da norma de responsabilidade do Estado, um mediante processo realizado no âmbito administrativo e outro no âmbito judicial. Ambos seguirão com a emissão da norma individual e concreta que expede o comando ao Estado para reparar a lesão indevidamente suportada pelo sujeito passivo. Porém, o ordenamento jurídico oferece como instrumento para controle do poder do Estado o provimento jurisdicional final, competindo ao Poder Judiciário emitir a norma secundária de responsabilidade tributária do Estado, ordenadora da conduta reparatória do dano.

Capítulo 6

A REPARAÇÃO DECORRENTE DA RESPONSABILIDADE TRIBUTÁRIA DO ESTADO

6.1 O dever de indenizar

Para Hart, todas as regiões do mundo dispõem de sistemas jurídicos semelhantes em sua estrutura, embora existam diferenças que devem ser conhecidas para que a formação educacional não seja deficiente. As principais semelhanças entre os diferentes sistemas jurídicos passam pela reparação daqueles que sofreram algum tipo de dano. Vejamos seus escritos:

> A maioria das pessoas instruídas sabe que as leis na Inglaterra formam um tipo de sistema, e que a França, os Estados Unidos, a Rússia Soviética e, na verdade, quase todas as regiões do mundo que são consideradas "Estados" independentes dispõem de sistemas jurídicos estruturalmente semelhantes, apesar de haver certas diferenças substanciais. Na verdade, uma formação educacional que deixasse as pessoas na ignorância desses fatos seria seriamente deficiente, e não considerariamos sinal de grande refinamento cultural se aqueles que sabem disso pudessem também dizer quais são as principais semelhanças entre os diferentes sistemas jurídicos. Espera-se que qualquer homem instruído seja capaz de identificar essas características marcantes de forma esquemática, como a seguir. Elas compreendem: (i) normas que proíbem ou coíbem certos tipos de comportamento sob pena

> de sanção; (ii) normas que requerem que se ofereça reparação, de algum modo, àqueles que sofreram certos tipos de dano; (iii) normas que especificam o que fazer para redigir testamentos, contratos ou outros instrumentos jurídicos que outorgam direitos ou criam obrigações; (iv) tribunais que determinam quais são as normas aplicáveis e quando foram infringidas, e estipulam a sanção a ser aplicada ou a indenização a ser paga; (v) um poder legislativo para criar nova normas e abolir as antigas.[254]

Assim, todos os sistemas jurídicos dispõem de estruturas semelhantes e há supedâneo em todos eles para a reparação civil no caso de dano suportado por alguém. Inobstante a isso, o dever de indenizar aqui citado difere do dever de recompor o patrimônio dos administrados no caso de o Estado estar legalmente autorizado a intervir contra o direito de terceiros, como no caso da desapropriação, da servidão, da ocupação temporária, entre outros. Aqui os regimes são diferentes, na recomposição do patrimônio particular mantém-se incólume o *quantum* econômico do direito suprimido, já que medida estatal autorizada pela legislação só pode ser levada a efeito com o prévio pagamento do valor mensurado ao titular do direito de propriedade esgarçado (ex.: art. 5º, XXIV, e art. 182, § 3º, da Constituição Federal). Já no pagamento de indenizações decorrente da responsabilidade do Estado, temos a perpetuação da lesão do patrimônio particular com o pagamento a posteriori dos valores cabíveis a título de indenização. Nesse último, não existe a previsibilidade da ocorrência do dano jurídico e nem da envergadura econômica.[255] Já naquele, tanto

254. HART, Herbert Lionel Adolphus. *O conceito de direito*. Pós-escrito organizado por Penelope A. Bulloch e Joseph Raz; tradução de Antônio de Oliveira Sette-Câmara; revisão da tradução Marcelo Brandão Copolla; revisão técnica Luiz Vergílio Dalla-Rosa. São Paulo: Martins Fontes, 2009, p. 3-4.

255. Maurício Zockun (ZOCKUN, Maurício. *Responsabilidade patrimonial do Estado*. Matriz Constitucional, a responsabilidade do Estado por atos legislativos, a obrigatoriedade da prévia indenização e a responsabilidade pessoal do parlamentar. São Paulo: Malheiros, 2010, p. 143 e 144) bem exemplifica a imprevisibilibade da ocorrência do dano ensejador da responsabilidade do Estado ao dizer que "Seja no planejamento, na execução ou na conclusão da obra pública, não há condições de o Poder Público previamente apurar se o proprietário de um imóvel lindeiro experimentará (i) incremento patrimonial do valor de sua gleba, (ii) inalterabilidade da

a lesão ao patrimônio, quanto o montante envolvido, são previamente quantificados e ressarcidos.

Também, para Celso Antônio Bandeira de Melo, essa possibilidade legal, ou seja, autorizada pela ordenação jurídica, de o Estado usurpar do patrimônio de particulares, mediante reparação prévia, difere da responsabilidade patrimonial do Estado, e denomina-se sacrifício de direito. Vejamos suas palavras:

> Não há falar, pois, em responsabilidade, propriamente dita, quando o Estado debilita, enfraquece, *sacrifica* um direito de outrem, ao exercitar um poder que a ordem jurídica lhe confere, autorizando-o a praticar um ato cujo *conteúdo jurídico intrínseco* consiste precisa e exatamente em ingressar na esfera alheia para incidir sobre o direito de alguém.
>
> A doutrina italiana costuma reservar a palavra *indenização* para estas hipóteses, fazendo uso do termo *ressarcimento* para os casos de responsabilidade. Refere-se a estes direitos, minimizados por uma ação estatal autorizada por lei, como *diritti affievoliti* ou *diritti che affievoliscono*, isto é, direitos enfraquecidos ou direitos que enfraquecem – que se debilitam.
>
> Não conservaremos a distinção terminológica entre as palavras indenização e ressarcimento, mas acolhemos, por sua indiscutível procedência, o discrímen entre sacrifício de direito e responsabilidade do Estado.[256]

Por força disso, importa estabelecer que a reparação devida em decorrência da privação legalmente habilitada pelo direito difere da reparação realizada como consequência de dano não autorizado pelo ordenamento jurídico.[257] E, para

---

situação jurídica ou (iii) prejuízo econômico. Ora, se não se sabe qual o resultado econômico decorrente dessa conduta estatal, é interdito ao Poder Público realizar o pagamento de qualquer quantia a título de indenização pela construção da referida obra, pois nem ao menos se sabe se tal medida estatal causará dano jurídico e econômico ao particular".

256. MELLO, Celso Antônio Bandeira de. *Curso de direito administrativo.* 31. ed. São Paulo: Malheiros, 2014, p. 1.013.

257. Essas considerações não afastam a responsabilidade do Estado em reparar os danos decorrentes de seus atos lícitos (ilícito atípico), conforme visto anteriormente. Isso em virtude de que o Estado pode agir licitamente e ocasionar indiretamente

fins didáticos, denominamos aquela de *recomposição*, eis que é consequência de um sacrifício de direito. Já esta denominamos de *ressarcimento*, cujo produto é a indenização pelo dano indevido. Assim, *reparação* é gênero do qual são espécies *recomposição* e *ressarcimento*.[258]

Logo, e de acordo com o já exposto, a reparação – enquanto ressarcimento – é efeito do dano indevido, está sintaticamente localizada na proposição-tese da endonorma e corresponde à conduta do Estado de restaurar um dano indevidamente suportado pelo sujeito passivo, mediante o pagamento de indenização. A despeito disso, a seguir será abordada a forma de apuração da indenização pela lesão indevida ao sujeito passivo.

6.2 A indenização

A responsabilidade tributária do Estado está centrada na obrigação de este indenizar um dano injustamente causado ao sujeito passivo. Ou seja, pela responsabilidade do Estado decorre a obrigação de o Estado compensar economicamente o sujeito passivo mediante o pagamento de indenização, correspondente à lesão sofrida pelo particular. Nesse sentido, toda ingerência a um direito deste, que acarreta dano, traz o respectivo dever de o Estado compensar o valor do bem ou direito que é objeto de privação, mediante uma compensação econômica (indenização) equivalente ao valor do bem ou direito de que foi privado.

Referida indenização devida pelo Estado, em decorrência da aplicação da norma de responsabilidade tributária, visa a corrigir uma desigualdade aritmética entre o ganho indevido auferido pela coletividade e a perda suportada pelo sujeito passivo,

---

lesão a um direito alheio, sem que tenha previsto o dano e seu quantum, realizando somente a posteriori o pagamento da devida indenização.

258. Para o presente estudo, importa apenas a análise da reparação enquanto ressarcimento, já que o instituto da recomposição, afeta ao sacrifício de direito, é alheia ao tema proposto.

mediante a transferência de recursos correspondentes ao citado ganho e à respectiva perda. Para isso, considera-se a medida repressiva que espera ser aplicada ao Estado e o benefício a ser auferido pelo particular. Sendo que referida transferência mira a compensação da vítima, ao passo que a medida repressiva tem o fito de prevenir os comportamentos estatais lesivos.

Mas, para que esses desígnios sejam alcançados, com a efetiva indenização do sujeito passivo e a repressão dos comportamentos estatais danosos, a aferição do montante do dano indevido deve ser tomada como ponto de partida. Assim, avalia-se inicialmente o prejuízo do sujeito passivo e após o impacto do ganho ilícito estatal, de modo que a fixação do valor da indenização deva guardar obediência a essa correlação. Por fim, busca-se o efeito que o ressarcimento integral causaria ao patrimônio do Estado, a fim de que, para além da função compensatória, a indenização também atue como prevenção de danos indevidos, de modo a desincentivar as condutas potencialmente danosas a partir de indenizações punitivas imputadas ao Estado.

Com isso, a reparação pelo dano causado passa pela entrega de uma compensação pecuniária equitativa ao prejuízo sofrido pelo sujeito passivo da obrigação de tributo, pois o Estado deve ser responsabilizado pelos danos que causa em extensão aos prejuízos gerados.[259] Referida equivalência se justifica na medida em que veda o locupletamento dos sujeitos envolvidos na relação jurídica de responsabilidade, bem como serve de incentivo para adoção de medidas de precaução, afinal, na tomada de decisão para realização da atividade danosa será considerado se os benefícios auferidos com a conduta do Estado superam os custos dos prejuízos causados a terceiros.

Sobre isso, Diogo Naves Mendonça explica que:

> [...] diante de uma regra de responsabilidade objetiva, os ganhos do ofensor com a renda derivada de uma atividade devem

259. De acordo com o art. 944 do Código Civil (Lei 10.406/2002) “A indenização mede-se pela extensão do dano”.

> exceder à soma dos ganhos esperados (que necessariamente serão reparados) e dos custos com medidas de cuidado. Nesse sentido, a regra de responsabilidade objetiva apresenta-se economicamente eficiente, já que induz à decisão socialmente correta.[260]

Em outras palavras, o critério que permite determinar a quantia da indenização é a exata extensão do dano causado pelo Estado (*restitutio in integrum*), já que impede o enriquecimento sem causa ao restaurar a posição original do sujeito passivo, bem como atinge apropriadamente a dissuasão do Estado quanto a sua conduta lesiva.

Perceba-se, pois, que a restauração da integridade do sujeito passivo acima referida encontra perfeita consonância com a indenização por danos patrimoniais,[261] substituíveis materialmente ou passíveis de compensação pecuniária. Porém, para as situações danosas de caráter extrapatrimonial é impossível a restauração perfeita da lesão causada pelo Estado, sendo necessária forma peculiar de se quantificar o dano.

---

260. MENDONÇA, Diogo Naves. *Análise econômica da responsabilidade civil.* O dano e sua quantificação. São Paulo: Atlas, 2012, p. 95.

261. A indenização pode ter natureza patrimonial ou extrapatrimonial, a depender do tipo de interesse lesado (identificado pela qualificação do fato danoso). Será patrimonial se o dano tiver consequências eminentemente econômicas. Outrossim, será extrapatrimonial se a lesão operar em direitos decorrentes da cláusula geral da personalidade do sujeito passivo (como sofrimento ou perda de um projeto de vida), trazendo consequências exclusivamente morais. Sobre o assunto, Alfredo Orgaz (ORGAZ, Alfredo. *El daño resarcible (Actos Ilícitos).* Buenos Aires: Bibliografica Argentina, 1952, p. 41) define dano patrimonial como "aquel que recae sobre el patrimonio, sea directamente en las cosas o bienes que lo componen, sea indirectamente como concecuencia o reflejo de un daño causado a la persona misma, en sus derechos o facultades (art. 1068): así, es daño material o patrimonial directo el que sufren los bienes económicos dstruídos o deteriorados; y daños patrimonial indirecto, por ejemplo, los gastos realizados (daño emergente) para la curación de lesiones corporales; o las ganancias que se frustran (lucro cesante) por efecto de la incapacidad para el trabajo sobrevenida a la víctima, temporaria o permanente, como consecuencia de um daño a su salud o a su integridad corporal." Por outro lado, Wilson Melo da Silva (SILVA, Wilson Melo da. *O dano moral e sua reparação.* 2. ed. Rio de Janeiro: Forense, 1969, p. 130) define danos morais como "lesões sofridas pelo sujeito físico ou pessoal natural de direito em seu patrimônio ideal, em contraposição a patrimônio material, o conjunto de tudo aquilo que não seja suscetível de valor econômico".

Quanto a isso, a reparação do dano de natureza extrapatrimonial tem por finalidade trazer comodidade à vítima, mediante a disponibilização de bens materiais, isto é, trazer conforto ao sofrimento com a criação de um prazer pelo uso e fruição de bens patrimoniais – contraposição da alegria à dor. Nesse panorama, a reparação se dará em dinheiro, embora o sentimento pelo conforto material trazido com a indenização não possua a mesma natureza do sentimento correspondente à ofensa moral. É que não há uma medida certa, com absoluta equivalência da reparação ao prejuízo imaterial, razão pela qual substitui-se a dor moral pela indenização em valor pecuniário.

Com efeito, o critério a ser adotado para a fixação do montante indenizatório, por danos de caráter extrapatrimonial, é o da equidade,[262] o qual será empregado pelo prudente arbítrio do juiz e sob a orientação dos princípios da razoabilidade e da proporcionalidade.

De acordo com referido critério, o juiz, ao formular a norma jurídica individual e concreta, valora a indenização compensatória do dano de modo que a quantia não seja ínfima a ponto de representar uma mera censura judicial, ou desmerecer o bem jurídico violado (direitos da personalidade), mas também não será excessivamente elevada, a fim de ocasionar enriquecimento indevido do sujeito passivo, com um injustificado aumento patrimonial.

Em suma, a reparação de danos patrimoniais tem como premissa a restauração do patrimônio do sujeito passivo e a repressão da conduta do Estado, ao passo que a indenização por danos extrapatrimoniais objetiva a redução do sofrimento da vítima e também a dissuasão do comportamento estatal. A primeira anulará o dano, já a segunda apenas minimizará os efeitos danosos dos atos. Ainda, a indenização devida pelos danos de natureza patrimonial será calculada pela efetiva redução patrimonial do lesado, ao passo que a segunda será

262. É um sistema aberto, em que não há uma fórmula lógica, matemática, capaz de cartesianamente auferir pecuniariamente a lesão aos direitos de personalidade.

auferida pelo arbítrio do julgador, de modo que o Estado entregue ao particular quantia suficiente para aquisição de bens materiais capazes de lhe trazer alguma consolação pelo seu sofrimento. Ambas têm dupla faceta, além de integradoras, dissuadem novos ilícitos pelo desestímulo ao lesante.

6.3 Restituição de tributos e Responsabilidade do Estado

A restituição de tributos é instituto jurídico em que o fisco tem o dever de devolver, aos particulares, valores pagos indevidamente a título de tributo. Com isso, havendo o adimplemento de suposta obrigação tributária que não é devida, opera-se a relação jurídica entre quem pagou o tributo e o Estado no sentido de que este restitua àquele os valores equivocadamente pagos.

Em outras palavras, o pagamento indevido de tributo (aqui considerado como fato jurídico tributário)[263] é hipótese da norma que prescreve a obrigação patrimonial do Estado de devolver ingressos indevidos, pagos pelos contribuintes a título de tributos. Assim, a proposição antecedente da norma de restituição de tributos é composta pela descrição do fato de pagamento indevido, sendo que e na proposição-tese está

263. Não é objeto do presente estudo analisar a natureza da devolução, pelo Estado, do indébito tributário. Para isso, nos reportamos a Thais de Laurentiis (LAURENTIIS, Thais de. *Restituição do tributo inconstitucional.* São Paulo: Noeses, 2015, p. 59-61), que esclarece o seguinte: "...quando o tributo foi pago antes de qualquer declaração de inconstitucionalidade da lei, ele era devido, já que embasado em norma jurídica válida porque pertencente ao sistema sem que nenhum órgão autorizado a tivesse qualificado de outra maneira. Somente depois de sancionada a lei tributária pela declaração de inconstitucionalidade, retirando sua validade com efeitos retroativos, é que se observa situação de invalidade, passando a qualificar o pagamento efetuado como indevido. Outro argumento que sustenta a natureza tributária da relação de indébito, é que o Direito Tributário cuida de todas as normas jurídicas válidas que estejam direta e indiretamente relacionadas ao conceito de tributo. Desse modo, a repetição de indébito deve ser regida pelas normas jurídicas integrantes do sistema tributário brasileiro. [...] Outrossim, o fato da restituição de tributos inconstitucionais ser relação jurídica derivada de ato ilícito (cobrança de exação inconstitucional culminando em pagamento indevido) não afasta a natureza tributária do instituto. [...] Destarte, o tributo indevido não é simples prestação de fato, mas sim prestação tributária, porque assim foi qualificada pela ordem jurídica".

contido o dever prestacional de o Estado restituir o indébito ao contribuinte.

Sobre o assunto, são esclarecedoras as palavras de Paulo de Barros Carvalho. Vejamos:

> Muitas vezes a importância recolhida a título de tributo é indevida, quer por exceder o montante da dívida real, quer por ter sido o crédito tributário desconstituído em virtude de estar em desacordo com o sistema pátrio. Nesse caso, assegura o ordenamento jurídico a devolução daquilo que o contribuinte pagou indevidamente. Fá-lo mediante norma geral e abstrata cuja hipótese descreve, em caráter conotativo, o pagamento indevido, prescrevendo, no consequente, uma relação jurídica obrigacional em que o Fisco ocupará o polo passivo, assumindo o dever de restituir o indébito, enquanto o contribuinte figurará como sujeito ativo, com o direito de exigir o cumprimento desta restituição. Diferentemente do que ocorre na obrigação tributária, o contribuinte é credor na relação ora examinada. O Fisco encontra-se no polo passivo do vínculo obrigacional, possuindo o dever de cumprir uma prestação pecuniária para com o contribuinte. Eis porque nos referiremos a esse dever como "debito do Fisco".[264]

De acordo com referidos instrumentos teóricos, se a hipótese descrita no antecedente normativo da restituição de tributos corresponder ao suporte fático da norma de responsabilidade patrimonial do Estado, ou seja, ao fato danoso tributário, podemos afirmar que há identidade entre os citados institutos. Essa relação de equivalência parte da análise do que é pagamento indevido do tributo,[265] para depois verificar se há implicação deste com o fato danoso tributário. Consequentemente, havendo a implicação, a restituição de tributos será tida como responsabilidade do Estado.

---

264. *Direito tributário*, p. 475.

265. O Art. 165 do Código Tributário Nacional traz o pagamento indevido de tributo como uma das possibilidades de restituição, dentre outros exemplos como o erro na determinação da alíquota aplicável, reforma ou anulação da decisão condenatória. Porém, observa-se que todos os casos convertem para a entrega, a título de pagamento, de valores indevidos a título de tributo. Logo, a restituição sempre estará tratando de pagamento de tributo indevido, independentemente da modalidade ou do ato que motivou a transferência dos recursos para o Estado.

O pagamento de tributo é fato extintivo do crédito tributário que, se realizado em desacordo com a previsão legal ou, mesmo que de acordo com a lei, esta não encontra supedâneo no texto constitucional, será indevido. Assim, como explica Thais de Laurentiis, o pagamento indevido de tributo é "aquele pagamento feito a maior erroneamente, ou seja, em montante excedente ao tributo devido pelo contribuinte, ou ainda pode ser o pagamento referente ao crédito tributário desconstituído, tendo em vista a sua desconformidade com a ordem jurídica".[266]

Referido pagamento está no mundo fenomênico e só adquire o *status* de indevido após a incidência da ordem jurídica. Ou melhor, depois de ser verificado que não possui fundamento de validade na norma ou na Constituição. O mesmo ocorre para o dano, que está no plano dos fatos e será tido como ilegítimo na medida em que não encontra respaldo na legislação pátria.

Contudo, o pagamento indevido de tributo, como entrega de recursos financeiros ao Estado em desacordo com a legislação, não é a lesão em si perpetrada na esfera do contribuinte. Embora o pagamento signifique uma diminiuição do patrimônio, ele não é o dano. Este é a consequência do pagamento indevido, ou seja, o pagamento indevido de tributo é causa do dano, e não o próprio dano.

Nesse sentido, verifica-se que não há relação de equivalência entre estes dois conceitos (restituição de tributos e responsabilidade do Estado), restando concluir que a restituição de tributos é instituto próprio, sem identidade com a responsabilidade partimonial do Estado. Assim, as regras aplicáveis à restituição de tributos não se confundem com as regras atinentes à responsabilidade do Estado, tendo cada uma sua identidade.

Não obstante a isso, o pagamento indevido de tributo pode ser uma das causas desencadeadoras da norma de responsabilidade tributária do Estado, já que é fonte de dano ilegítimo ao

266. LAURENTIIS, Thais de. *Restituição do tributo inconstitucional.* São Paulo: Noeses, 2015, p. 87-88.

contribuinte. Vale dizer que na norma referente à devolução do indébito não está contida a relação de responsabilidade do Estado, porém, o antecedente normativo da referida norma, ocorrido no plano fático e relatado em norma individual e concreta, pode dar causa à norma de responsabilidade do Estado na medida em que ocasionar dano injusto ao contribuinte. Com isso, se ocorrer o pagamento indevido de tributo, deverá se dar a restituição por parte do Estado do que foi pago indevidamente pelo contribuinte e, se referido pagamento causar lesão,[267] deverá ser desencadeada a norma de responsabilidade do Estado.

Por isso, além da devolução de indébito tributário, o Estado estará sujeito a ressarcir os danos decorrentes do pagamento indevido, a título de sanção.[268] Isto explica que, ao admitir a natureza tributária da restituição do que foi pago indevidamente pelo contribuinte, a devolução se dará a título de tributo indevido, e não a título de sanção. Será pela norma de responsabilidade que a sanção será aplicada.

Nesse sentido, a repetição do indébito tributário não é resultado da norma responsabilidade do Estado, já que o nascimento da obrigação de restituição do tributo ocorre pelo fato do pagamento indevido deste. Como o pagamento indevido não é equivalente ao dano injusto (fato descrito no antecedente normativo da norma sancionatória de responsabilidade do Estado), não há relação de identidade entre os dois institutos. Porém, se o pagamento indevido causar lesão ao patrimônio do contribuinte, para além da diminuição de seu patrimônio correspondente ao tributo indevidamente pago, poderá se dar a incidência da norma de responsabilidade do Estado.

267. Aqui, deverão ser verificadas as causas excludentes da responsabilidade do Estado para o fim de não ser aplicada a norma sancionatória, como no caso de o pagamento indevido se dar em lançamento por homologação, em que pode ser invocada a culpa exclusiva da vítima.

268. Para aplicação da norma sancionatória de responsabilidade tributária do Estado, devem estar materializados os elementos constitutivos do instituto: conduta do Estado, dano ao sujeito passivo e nexo causal.

6.4 Prova do fato danoso tributário

A prova[269] do fato danoso tributário corresponde a algo que serve para persuadir outrem sobre a existência de um fato tributário e de um dano a ele correlato, bem como sobre a existência de um nexo causal entre referido fato e o dano. Aqui nos referimos à prova como a descrição formalizada no processo de determinação do fato constituído em realidade jurídica mediante enunciação, que permitirá a aplicação da norma de responsabilidade do Estado diante da verificação do antecedente normativo ora enunciado.

O primeiro passo está na investigação do fato que deu início ao evento danoso. Isso como condição para determinação do responsável pelo dano.

Referido fato, para o estudo específico da responsabilidade tributária do Estado, é a conduta perpetrada na exigência do cumprimento da obrigação emergente de tributo. No âmbito federativo, sendo a exação de competência federal, estadual ou municipal, será respectivamente da União, do Estado e do Município a responsabilidade por responder pelos atos violadores dos direitos dos contribuintes. Mas não é só, se dentro destes âmbitos o ato for emanado do Executivo, do Legislativo ou do Judiciário será de cada Poder respectivo a atribuição de responder pelos atos que causarem danos injustos.

Nesse sentido, o ponto inicial para a aplicação da norma de responsabilidade será a prova da conduta do Estado contida na proposição-tese da endonorma, correspondente ao poder/dever de exigir o cumprimento da obrigação tributária, aqui materializada como fato que causa a ocorrência do dano ilegítimo. Referida conduta do Estado pode ser provinda tanto da União, como dos Estados e dos Municípios, bem como

269. De acordo com Fabiana Del Padre Tomé (TOMÉ, Fabiana Del Padre. *A prova no direito tributário*. São Paulo: Noeses, 2005, p. 71), *prova* "é um fato jurídico em sentido amplo, cuja função consiste em convencer o destinatário acerca da veracidade da argumentação de determinado sujeito, levando à composição do fato jurídico em sentido estrito".

do Poder Executivo, Legislativo ou Judiciário. A identificação do responsável fica a depender da conduta provada.

Depois da prova do fato originário do dano, a segunda etapa passa pela constituição em linguagem da existência do próprio dano, isto é, quanto à existência do fato violador de direito alheio, correspondente ao transbordo dos limites ditados pela ordem jurídica. Aqui a prova será da lesão na esfera jurídica do sujeito passivo e terá como finalidade, além do efetivo desencadeamento da norma de responsabilidade, trazer os traços identificadores do montante do prejuízo injustamente suportado.

Com isso, o objeto da prova nesse segundo momento é o fato danoso tributário. Aqui se pretende verificar a ocorrência do fato lesivo[270] mediante a construção deste em linguagem competente, ou seja, com a enunciação do fato que diminui o bem tutelado do sujeito passivo.[271] Isso tudo com a finalidade de aplicar a norma de responsabilidade, compelindo o Estado a responder pelos seus atos danosos de acordo com a situação econômica da lesão sofrida pelo sujeito passivo.

Todavia, a prova do fato danoso tributário pode decorrer de presunções derivadas da conduta do Estado originária do dano, como o caso de dano moral em indevida inscrição em dívida ativa. Nesse caso, a existência da lesão na esfera jurídica do contribuinte será consequência lógica do comportamento do Estado contrário ao direito. Vejamos, no julgado abaixo, o que o Tribunal Federal da 4ª Região informa a esse respeito:

---

270. O dano hipotético ou potencial não autoriza o desencadeamento da norma de responsabilidade do Estado, pois o dano que integra o suporte fático da referida norma é o efetivamente suportado pelo sujeito passivo. Esse é o fundamento de se provar a ocorrência do fato danoso tributário.

271. Demetrius Nichele Macei (MACEI, Demetrius Nichele. *A verdade material no direito tributário:* a cidadania fiscal administrativa e judicial. São Paulo: Malheiros, 2013, p. 54) esclarece que "...quando identificamos um fato mediante o uso dos meios de prova não estamos nos referindo a identificar um fato enquanto realidade empírica, senão enunciados sobre fatos que supostamente ocorreram nessa mesma realidade. No processo, o fato é na verdade *o que se diz* a seu respeito, ou seja, a sua enunciação. Por isso, o objeto da prova é mais precisamente o 'enunciado do fato'".

> EMENTA: ADMINISTRATIVO. CIVIL. RESPONSABILIDADE CIVIL. INDEVIDA INSCRIÇÃO EM DÍVIDA ATIVA. FRAUDE PERPETRADA POR TERCEIROS. RESPONSABILIDADE CIVIL OBJETIVA. DANOS MORAIS. CONFIGURADOS. QUANTIFICAÇÃO. HONORÁRIOS. 1. Imputada a responsabilidade objetiva ao Estado, torna-se dispensável a verificação da existência de culpa do réu, bastando apenas a demonstração do nexo de causalidade entre o ato e o dano sofrido. Essa responsabilidade baseia-se na teoria do risco administrativo, em relação a qual basta a prova da ação, do dano e de um nexo de causa e efeito entre ambos, sendo, porém, possível excluir a responsabilidade em caso de culpa exclusiva da vítima, de terceiro ou ainda em caso fortuito ou força maior. 2. Cabendo à União a responsabilidade pela inscrição em dívida ativa dos débitos relativos à declaração de renda e multa, esta responde pelo prejuízo causado ao autor que sofreu as consequências da indevida inscrição. O fato de ter havido culpa de terceiro – o qual, mediante fraude, utilizou-se de dados pessoais do autor – não exime de responsabilidade a União, uma vez que o dano não decorreu de ato praticado exclusivamente por pessoa estranha à administração pública, mas sim, de conduta aliada ao ato administrativo, por meio de agente público, que reconheceu a existência de dívida fraudulenta e realizou a indevida inscrição. 3. O dano moral decorrente da inscrição indevida em cadastro de inadimplente é considerado *in re ipsa*, isto é, não se faz necessária a prova do prejuízo, que é presumido e decorre do próprio fato. 4. Na quantificação do dano moral devem ser sopesadas as circunstâncias e peculiaridades do caso, as condições econômicas das partes, a menor ou maior compreensão do ilícito, a repercussão do fato e a eventual participação do ofendido para configuração do evento danoso. A indenização deve ser arbitrada em valor que se revele suficiente a desestimular a prática reiterada da prestação de serviço defeituosa e ainda evitar o enriquecimento sem causa da parte que sofre o dano. 5. Mantida verba honorária fixada na sentença. (TRF4, APELREEX 5002533-17.2014.404.7012, 4ª T., Relator Luís Alberto D'azevedo Aurvalle, juntado aos autos em 14.04.2016)

Por terceiro, temos a prova do nexo causal, sobre a qual importa afirmar que havendo a comprovação do fato que deu origem ao evento danoso e do fato danoso, o vínculo de causa e efeito existente entre estes será decorrência lógica da norma de responsabilidade do Estado. Explica-se: a partir da descrição em linguagem competente do fato originário do dano, correspondente à exigência de uma obrigação tributária, e do fato danoso tributário correlato, causado por aquele fato, estaremos diante da descrição normativa contida na proposição-tese da endonorma, correspondente às obrigações do Estado de fazer efetivada a prestação devida pelo sujeito passivo e da construção do fato descrito na proposição antecedente da norma de índole sancionatória. O fato que integra a citada proposição antecedente é condição necessária e direta do estrapolamento do dever de o Estado implementar o cumprimento da obrigação tributária.

Em outras palavras, a causa do fato danoso tributário apto a desencadear a norma de responsabilidade deve necessariamente decorrer da conduta do Estado relacionada à implementação da obrigação tributária. Ou seja, sem que a ocorrência do fato descrito na proposição-tese da endonorma seja causa do fato danoso, não haverá o desencadeamento da norma de responsabilidade do Estado.[272]

Assim, em relação ao nexo causal é necessário trazer como prova a relação de causa e efeito entre a conduta do Estado decisiva para ocorrência do dano e o resultado desta. Referida relação é intrínseca ao desencadeamento da norma de responsabilidade do Estado, já que se reporta ao dano sofrido pelo sujeito passivo no implemento da obrigação tributária.

Importa ainda trazer que na ação de responsabilidade o ônus da prova é atribuído ao sujeito passivo quanto ao fato constitutivo de seu próprio direto, e ao Estado no que diz respeito à existência de fato impeditivo, modificativo ou extintivo desse direito. Não obstante, referido ônus da prova pode ser redistribuído pelo juiz, em despacho fundamentado, caso entenda existir dificuldade excessiva para determinada parte (originariamente com o encargo), e verifique maior facilidade para a parte adversa.[273]

272. A prova da existência do dano é indispensável, admitindo-se a presunção.

273. O Código de Processo Civil (Lei 13.105/2015) complementa o que trazemos sobre ônus da prova nos seguintes termos: "Art. 373. O ônus da prova incumbe: I – ao autor, quanto ao fato constitutivo de seu direito; II – ao réu, quanto à existência de

Nesse caso, o ônus da prova em relação às excludentes de responsabilidade ficarão a cargo do Estado, já que é fato impeditivo do direito alegado pelo sujeito passivo, autor da ação judicial. Assim, compete ao Estado provar que teve escusa legítima em relação a sua conduta (omissiva ou comissiva) originária do dano.

6.5 Prazo prescricional do direito à reparação

Prescrição é uma ficção jurídica indicadora da perda do direito de ação pelo transcurso do prazo estabelecido para seu ajuizamento. Ou, nas palavras de Rui Stocco, prescrição é "a extinção da pretensão daquele que teve seu direito violado, quando não exerce o direito de ação assinalado, ou seja, é uma consequência da inércia do titular do direito violado".[274] Assim, prescrição trata da exigibilidade do direito, isto é, do direito ao exercício da ação, não encontrando correspondência com o exercício do direito em si.[275]

fato impeditivo, modificativo ou extintivo do direito do autor. § 1°. Nos casos previstos em lei ou diante de peculiaridades da causa relacionadas à impossibilidade ou à excessiva dificuldade de cumprir o encargo nos termos do *caput* ou à maior facilidade de obtenção da prova do fato contrário, poderá o juiz atribuir o ônus da prova de modo diverso, desde que o faça por decisão fundamentada, caso em que deverá dar à parte a oportunidade de se desincumbir do ônus que lhe foi atribuído. § 2°. A decisão prevista no § 1° deste artigo não pode gerar situação em que a desincumbência do encargo pela parte seja impossível ou excessivamente difícil. § 3°. A distribuição diversa do ônus da prova também pode ocorrer por convenção das partes, salvo quando: I – recair sobre direito indisponível da parte; II – tornar excessivamente difícil a uma parte o exercício do direito. § 4°. A convenção de que trata o § 3° pode ser celebrada antes ou durante o processo".

274. STOCO, Rui. *Tratado de responsabilidade civil:* doutrina e jurisprudência. 10. ed. São Paulo: Revista dos Tribunais, 2014, p. 1.647.

275. Conforme Celso Antônio Bandeira de Mello (MELLO, Celso Antônio Bandeira de. *Curso de direito administrativo.* 23. ed. São Paulo: Malheiros, 2007, p. 1.072), "A perda da ação não significa, ou pelo menos, não necessariamente significa, a perda do direito. Exemplo: não tendo o devedor efetuado o pagamento ao credor, este disporá do tempo 'x' para acioná-lo. Não o fazendo dentro da dilação própria, prescreverá sua ação para defender tal direito. Sem embargo, o direito não haverá se extinguido, tanto que, se o devedor ulteriormente vier a pagá-lo, não poderá mais tarde propor ação de repetição de indébito."

O prazo prescricional de qualquer direito ou ação contra a Fazenda, de acordo com o que dispõe o art. 1° do Decreto 20.910/1932,[276] prescreve em cinco anos a contar da data do ato ou fato do qual se originaram.[277] Então, como expressamente estabelecido em lei, é de cinco anos o prazo para se buscar perante o Judiciário a pretensão de reparação pelo fato danoso, a contar do momento em que nasce o direito de ação.

Tratando-se de ação de responsabilidade do Estado por atos de conteúdo tributário, o prazo quinquenal da prescrição tem início no momento em que o dano suportado pelo sujeito passivo é conhecido como injusto, ou seja, no momento em que é sabido que o prejuízo suportado em decorrência da conduta do Estado, no cumprimento da obrigação tributária, está acima do contorno exigido pela legislação.

Como regra, temos o princípio da *actio nata* em que o prazo começa a contar a partir do momento em que a pretensão pode ser exigida. Nesse sentido, esclarecemos que só pode prescrever o direito que já é exigível, por isso o termo inicial da prescrição deve coincidir com a data em que materializado o fato descrito no antecedente normativo da perinorma de responsabilidade do Estado, ou seja, com a data em que a ação de reparação poderia ser proposta.

Nesse sentido, de acordo com as seguintes hipóteses fáticas exemplificativas, temos os respectivos termos do prazo prescricional: *i*) tratando-se de ação indenizatória fundada em protesto indevido de certidão da Dívida Ativa, a prescrição corre da data em que for verificado ser indevido o protesto; *ii*) quando a ação visar ao ressarcimento de prejuízos sofridos em decorrência de lei declarada inconstitucional, o prazo prescricional tem início a partir do trânsito em julgado

276. Art. 1°. As dívidas passíveis da União, dos Estados e dos Municípios, bem assim todo e qualquer direito ou ação contra a Fazenda federal, estadual ou municipal, seja qual for a sua natureza, prescrevem em cinco anos, contados da data do ato ou fato do qual se originarem.

277. O prazo de cinco anos foi expressamente estendido às autarquias por força do art. 2° do Decreto-lei 4.597/1942.

da decisão declaratória de inconstitucionalidade; e *iii*) cuidando-se de prejuízo causado pelo indeferimento de liminar ou tutela provisória, o prazo para propositura da ação contra o Estado começa a fluir da data em que transitar em julgado a sentença favorável ao sujeito passivo, proferida em sentido contrário ao indeferimento de liminar ou tutela provisória.

A despeito disso, o termo *a quo* para auferir o lapso prescricional para o ajuizamento da ação de indenização contra o Estado, não é a data em que ocorre o dano, mas sim a data em que o sujeito passivo tem ciência inequívoca que aquele dano é injusto, ou seja, que o prejuízo suportado não está legitimado pela legislação, já que é superior à mera tributação devida no cumprimento da obrigação tributária.

Não obstante, perfilhamos a tese da imprescritibilidade da ação do Estado contra seu agente que agiu com dolo ou culpa, cujo objeto é ressarcir os cofres públicos do valor pago a título de dano devido em ações de responsabilidade,[278] já que o bem jurídico indisponível aqui tutelado (patrimônio público) foi ressalvado do texto constitucional quanto ao prazo prescricional.

Vejamos que o art. 37, § 5°, da Constituição Federal estabeleceu que "A lei estabelecerá os prazos de prescrição por ilícitos praticados por qualquer agente, servidor ou não, que causarem prejuízos ao erário, ressalvadas as respectivas ações

278. O entendimento aqui adotado está em consonância com o voto vencido do Ministro Edson Fachin no Recurso Extraordinário 669069/MG, que firmou jurisprudência no sentido de que "É prescritível a ação de reparação de danos à Fazenda Pública decorrente de ilícito civil". (RE 669069, Relator(a): Min. Teori Zavascki, Tribunal Pleno, julgado em 03.02.2016, Acórdão Eletrônico Repercussão Geral - Mérito DJe-082 Divulg 27.04.2016 Public 28.04.2016). Em seu voto divergente da maioria, o citado jurista esclarece que: "O texto constitucional é expresso ao prever a ressalva da imprescritibilidade da ação de ressarcimento ao erário. Não nomeia, elenca, particulariza e nem restringe a natureza dos ilícitos que geram danos e que, assim, podem ensejar o ressarcimento dos danos ao erário. Basta haver dano. Se houver dano, desde que seja dano fruto de ato ilícito – repiso, sem que o texto constitucional elenque, particularize ou restrinja a natureza do ilícito –, poderá haver ação de ressarcimento, sem que incida sobre essa pretensão qualquer prazo prescricional. Basta, à luz do comando constitucional, a existência de ilícito que a ele cause prejuízo para que seja possível ação de ressarcimento, sem que sobre a pretensão nela veiculada incida qualquer prazo prescricional".

de ressarcimento". Aqui não há como restringir a interpretação de referido artigo para se excluir da imprescritibilidade as ações de ressarcimento referentes a ilícito civil praticado por agente público, pois a Constituição não traz excludentes em seu texto em relação ao tipo de ilícito.

O texto constitucional, mesmo em interpretação teleológica, é claro em admitir que as ações de ressarcimento, decorrentes de ilícitos praticados por qualquer agente, visam à tutela da coisa pública, de bem indisponível da coletividade. Liberar o indíviduo responsável pelo ilícito praticado após certo decurso de tempo é desvirtuar a função do texto constitucional em questão.

Desse modo, nenhum agente estaria desonerado do encargo de ressarcir a coisa pública se agiu ilicitamente e causou prejuízo ao erário, já que, de acordo com a tese adotada, a ação de ressarcimento de prejuízo causado ao Estado não encontra limite de prazo.

5.6 Análise econômica da Responsabilidade do Estado

A aplicação de fundamentos econômicos ao direito esclarece como os indivíduos podem ser estimulados ou desestimulados em suas condutas mediante as normas jurídicas. Com isso, o impacto social das normas é avaliado com a descrição dos padrões de comportamento tomados nas relações jurídicas normadas, sendo que referidos padrões são verificados pela precisão empírica das previsões das premissas de racionalidade.

Nesse sentido, a economia aparece para o direito como instrumento de análise e compreensão dos fenômenos humanos decorrentes das normas jurídicas, orientando a estruturação do sistema jurídico "na medida em que consegue demonstrar, sob o ponto de vista utilitarista da eficiência, os modelos mais racionais e pragmaticamente funcionais."[279]

279. VENTURI, Thaís Goveia Pascoaloto. *Responsabilidade civil preventiva.* A proteção contra a violação dos direitos e a tutela inibitória material. São Paulo: Malhei-

Para o presente estudo, importa a específica análise econômica do direito no campo da responsabilidade tributária do Estado, a qual traz elementos que explicam o condutivismo psicológico futuro dos agentes que atuam em nome deste, no sentido de produzir um aumento da precaução estatal com vistas a evitar danos. Essa é a racionalidade econômica preventiva verificada na responsabilidade do Estado. Ao fazer a prevenção, o Estado estará buscando a redução dos riscos e atingindo o benefício social esperado pelo instituto da responsabilidade, qual seja, dissuadir condutas que possam causar danos aos sujeitos passivos e prejuízos para o Estado.

Aqui convém trazer que a citada finalidade social da responsabilidade do Estado também atende aos interesses individuais, pois estes coincidem com os fins da própria tutela da medida, que é reduzir os riscos da convivência social.

Nesse sentido, é importante o esclarecimento de Nuno Garoupa. Vejamos:

> Numa perspectiva econômica, uma regra de responsabilidade civil é eficiente se os benefícios sociais superam os custos de determinação dessa mesma responsabilidade e da indenização. O benefício social de impor uma determinada regra de responsabilidade não é a compensação das vítimas, uma vez que existem formas mais eficientes (e.g., seguro privado nun contexto de uma economia de mercado eficientemente regulada) de indenizar a vítima do que o sistema legal, mas evitar ou dissuadir comportamentos que possam causar acidentes.[280]

De fato, o custo social dos danos justifica a conduta preventiva a ser tomada pelo Estado, já que desincentiva a prática ou omissão de comportamentos potencialmente danosos. Por isso, o foco da responsabilidade sob a ótica econômica do direito não é o pagamento dos prejuízos suportados pelo

---

ros, 2014, p. 170.

280. GAROUPA, Nuno. Combinar a economia e o direito: A Análise Econômica do Direito. Revista de Ciências Jurídicas e Econômicas, Campo Grande, v. 1, n. 1. 2009. Disponível em: https://bit.ly/2Kq1Glgw/11/12. Acesso em: 03 jun. 2019.

sujeito passivo, mas sim a cautela estatal quando do exercício da atividade de tributação (geradora de risco).

Esse entendimento também demonstra que a análise econômica do direito aplicada à norma de responsabilidade também tem finalidade psicológica, já que a reparação dos prejuízos suportados por contribuintes tem por consequência reprimir a prática futura de atos danosos aos sujeitos passivos, coibidos pelo direito.

Assim sendo, pela análise econômica em questão, verifica-se que a consequência da destinação de recursos públicos para beneficiar os indivíduos que suportam os danos tributários se reverte em incentivos para a eficiência social, ou seja, são utilizados para induzir a conduta do causador do dano à prevenção necessária de danos injustos. E isso se resolve na medida em que o Estado, seguindo o princípio da eficiência,[281] deve-se voltar à melhor ou maior eficácia econômica, relacionando os custos e benefícios inferidos a respeito das cautelas necessárias para evitar os danos suportados indevidamente pelos sujeitos passivos, com os efeitos das condenações ao ressarcimento pela violação e lesão suportadas por estes.[282]

281. Alexandre Santos de Aragão (ARAGÃO, Alexandre Santos de. *Curso de direito administrativo*. 2. ed. Rio de Janeiro: Forense, 2013, p. 73-74) explica que o princípio da eficiência está focado nos resultados das atividades estatais, que devem "obter a maior realização prática possível das finalidades do ordenamento jurídico, com os menores ônus possíveis, tanto para o Estado, inclusive de índole financeira, como para as liberdades dos cidadãos. Os resultados práticos da aplicação das normas jurídicas não constituem preocupação apenas sociológica, mas, muito pelo contrário, são elementos essenciais para determinar como, a partir de dados empíricos, elas devam ser interpretadas (ou reinterpretadas), legitimando a sua aplicação. [...] A eficiência administrativa é o dever de escolha de melhores e menos custosos meios para a produção da maior satisfação para o maior número de cidadãos, mas dentro das possibilidades legalmente admissíveis e dentro das interpretações plausíveis que existirem".

282. Não obstante o princípio da eficiência seja suficiente para que o Estado busque evitar danos decorrentes de relações jurídicas tributárias, a responsabilização pessoal do agente que atua em nome do Estado traz uma preocupação mais efetiva para que o fisco não continue agindo de forma arbitrária, evitando-se danos indevidos.

Capítulo 7

CONSIDERAÇÕES FINAIS

Com amparo no estudo dos fundamentos da responsabilidade do Estado em matéria tributária, finalizamos a pesquisa com as seguintes considerações:

1. Responsabilidade é instituto jurídico que qualifica o objeto da relação jurídica obrigacional e que versa sobre a imputação ao causador de um dano do dever de repará-lo a quem suporta o prejuízo ocasionado.

2. O dever do Estado de reparar os danos indevidamente causados aos particulares tem fundamento no Estado Constitucional, bem como é decorrência lógica do princípio da igualdade, pois o Estado deve compensar eventual agravamento desigual da esfera jurídica de alguém individualizado, afetado pelo exercício de atividades realizadas no interesse de todos.

3. A Constituição Federal adota como fundamento geral a teoria do risco administrativo, assumindo como preceito a responsabilidade objetiva, em que a culpa do agente do Estado é irrelevante para aferir a responsabilidade deste. Nesse sentido, os pressupostos para incidência da norma são a materialidade conjunta: a) da conduta do agente administrativo; b) do dano; e c) do nexo de causalidade entre o dano e a conduta do agente que representa o Estado.

4. A ação de tributar, exercida pelo Estado, excepciona o princípio constitucional que protege a propriedade, como também afeta indiretamente a liberdade dos particulares. Por essa razão, a Constituição Federal conferiu aos contribuintes direitos e garantias contra eventuais excessos do Estado no cumprimento da obrigação tributária. Referidos direitos e garantias postos na Carta Magna estabelecem verdadeiros direitos fundamentais, os quais evitam que o Estado atinja indevidamente a esfera jurídica dos contribuintes.

5. Na medida em que, ocorrendo violação na esfera jurídica do contribuinte, que resulte em um dano, deverá ser imputada ao Estado o dever de reparar a lesão, o instituto da responsabilidade do Estado é garantidor dos direitos fundamentais dos contribuintes.

6. A conduta do Estado é pautada pelo princípio da legalidade, pelo qual o comportamento estatal deve estar previamente autorizado em lei. Não obstante a isso, embora algumas leis sejam tidas como válidas no sistema nacional, se passassem pelo crivo de constitucionalidade poderia ser constatado que elas ferem os direitos constitucionais dos contribuintes, causando danos indevidos ao patrimônio particular. Então, até que seja efetivamente declarada a inconstitucionalidade da lei, as condutas estatais realizadas de acordo com essas leis serão lícitas e os danos daí resultantes podem ser coibidos pela norma de responsabilidade.

7. O ato ilícito deriva de uma ruptura do ordenamento jurídico, eis que não é a violação de apenas uma determinada norma que constitui a conduta como ilícita, mas sim a ação ou omissão que resulta na quebra da lógica de todo o sistema. Assim sendo, se a conduta estatal for realizada nos limites de uma norma válida e específica, que não encontra legitimidade no ordenamento, estaremos diante de um ato ilícito. Consequentemente, como ilicitude é predicado de uma determinada conduta desconforme com a totalidade do ordenamento jurídico, a licitude é atributo da conduta que não viola a plenitude do direito posto.

8. De acordo com o princípio da juridicidade do direito administrativo, o Estado não está adstrito apenas a uma lei formal, mas sim ao arcabouço que compõe o ordenamento jurídico como um todo sistêmico. Assim, o lícito e o ilícito no campo do direito tributário deve ser aferido mediante a vinculação da conduta do Estado à juridicidade, ou seja, à sua atuação correspondente ao direito como um todo.

9. A errônea interpretação da lei, por parte do Estado, corresponde a uma valoração do suporte fático contrária ao critério estabelecido como válido, ou seja, a uma valoração que não se coaduna com as normas do ordenamento jurídico. Por isso, quando a interpretação da lei está em desacordo com os critérios definidos pelo ordenamento, será tida como antijurídica.

10. As funções do Estado foram divididas e atribuídas a três órgãos independentes: Executivo, Legislativo e Judiciário. Referida separação clássica das funções estatais não desnaturaliza o exercício do poder soberano em uma só pessoa. Por essa razão, o Estado (como um todo) é responsável por qualquer ato praticado por seus agentes, independentemente da função à qual está incumbido. Assim, tanto o Poder Administrativo, como o Judiciário e o Legislativo podem figurar como sujeitos da relação jurídica referente à norma de responsabilidade do Estado.

11. A marcha para a plena realização de um Estado Constitucional impõe a extinção da ideia de irresponsabilidade do Estado em atos de conteúdo tributário, mesmo porque os atos desenvolvidos pelos agentes estatais, *quando da atuação em matéria tributária,* têm a mesma natureza das demais atividades do Estado.

12. Tendo em vista que o entendimento da norma de responsabilidade permite identificar as hipóteses em que o direito positivo autoriza seu nascimento, os sujeitos da relação e a dinâmica da obrigação referida, verifica-se que a *norma* é expediente adequado e sobremaneira útil para a devida

compreensão do fenômeno jurídico de responsabilidade do Estado por atos de conteúdo tributário causados em detrimento dos contribuintes, além do que oferece instrumento apropriado e eficaz para as elaborações descritivas da dogmática.

13. O estudo esquematizado da Ciência do Direito permite identificar a norma de responsabilidade do Estado emergente de obrigação tributária. A proposição-antecedente da norma de índole dispositiva é composta pela descrição hipotética de um fato jurídico tributário, de possível ocorrência em determinado tempo e espaço. Esta norma traz como proposição-tese a prescrição de uma conduta intersubjetiva, de conteúdo relacional, que enlaça o sujeito passivo e o sujeito ativo em torno de um comportamento regulado, correspondente ao dever prestacional da obrigação tributária. No caso de excesso em relação aos limites do sujeito ativo para implementação da obrigação tributária, referido fato (efeito da conduta do Estado) integrará a proposição antecedente da norma de índole sancionatória (perinorma), sendo que a proposição-tese será a prescrição do vínculo jurídico voltado a um objeto prestacional, que no caso será a relação jurídica a ser formada entre o sujeito ativo e o sujeito passivo que sofreu lesão na sua esfera jurídica, com o estabelecimento da responsabilidade do Estado, correspondente à conduta de indenizar o dano injustamente suportado.

14. O suporte fático da perinorma de responsabilidade é o dano indevido, eis que a eclosão do consequente jurídico da norma, onde está prescrita a relação jurídica entre contribuinte e Estado, se dará com a materialidade do fato danoso.

15. A relação jurídica decorrente da incidência da perinorma de responsabilidade consiste no vínculo a ser estabelecido entre o ofendido (sujeito passivo da obrigação tributária) e o causador do dano (Estado) – que tem o dever jurídico de reparar a lesão injustamente suportada por aquele. O liame instaurado entre os sujeitos constitui a própria responsabilidade, razão pela qual a relação jurídica é tratada pela doutrina como sinônimo do instituto em comento.

16. A norma de responsabilidade do Estado por atos de conteúdo tributário confirma que o dano (suporte fático da perinorma) sempre decorre de uma lesão a direito, razão pela qual referida norma tem caráter sancionatório. Assim, havendo violação de direito do sujeito passivo, materializada pela descrição em linguagem do fato danoso tributário, haverá uma sanção tendente a reparar a ordem jurídica violada.

17. Atribuir natureza sancionatória para a norma de responsabilidade do Estado por atos de conteúdo tributário não afasta o dever de o Estado indenizar o fato danoso quando decorrente de atos lícitos, pois a licitude ou ilicitude da conduta do Estado, contida na proposição-tese da endonorma, não afeta o desencadeamento da relação obrigacional referente à responsabilidade.

18. Embora a responsabilidade do Estado por atos de conteúdo tributário não esteja prevista expressamente em uma norma, pode-se inferir do ordenamento jurídico brasileiro que o dever de reparar danos causados aos contribuintes é uma realidade factível, já que o princípio geral constante no art. 37, § 6°, da Constituição Federal, que estabelece *dada a materialização de um fato danoso decorrente da conduta de agente do Estado, deve ser o dever de este reparar o dano ao ofendido*, pode ser aplicado aos danos emergentes de obrigação tributária, justificando a responsabilidade do Estado decorrente de atos tributários danosos.

19. Diante do fato de que a perinorma da norma de responsabilidade tem seu gatilho com o dano antijurídico, a análise da conduta (legal ou ilegal) do Estado anterior à lesão somente terá importância para fins de imputação da responsabilidade, ou seja, para identificar quem é o sujeito responsável pelo ressarcimento dos prejuízos decorrentes da relação jurídica prévia (tratada na proposição-tese da endonorma).

20. O dano passível de reparação pela incidência da norma de responsabilidade pode se originar tanto da ação quanto da omissão do Estado, já que ao ser constatado o dano injusto,

o desencadeamento da responsabilidade se dará de modo objetivo, sem que os elementos subjetivos (comportamento) interfiram na aplicação da norma.

21. De maneira geral, as condutas lícitas do Estado que trazem como efeitos danos indevidos são realizadas sob o manto da supremacia do interesse público sobre o privado, em que o comportamento estatal se justifica pelo necessário interesse público e social. Nesse caso, mesmo que a atuação do Estado esteja autorizada pela lei, se houver violação a uma garantia ou direito do contribuinte, com diminuição das prerrogativas dispostas nos princípios, estaremos diante de um dano indevido passível de reparação, ou seja, apto a integrar a hipótese fática da perinorma de responsabilidade do Estado.

22. A conduta lícita que altera a situação jurídica do sujeito passivo, trazendo como efeitos prejuízo e o direito subjetivo à eliminação de fato danoso, é comportamento originário de lesão indevida. E, se o efeito da conduta do Estado é passível de anulação em relação a determinado sujeito passivo, é porque, embora lícito, o comportamento traz como efeito dano indevido passível de reparação pela norma de responsabilidade.

23. A determinação da conduta lícita, passível de trazer danos indevidos, passa necessariamente pela anormalidade do dano (ocorrido quando o encargo inflingido ao sujeito passivo ultrapassar os moderados gravames jurídicos impostos pelo ordenamento jurídico), conjugado com a especialidade do prejuízo (verificado pela quebra da igualdade, em favor dos interesses da coletividade).

24. A conduta ilícita apta a originar danos passíveis de integrarem a proposição fática da perinorma de responsabilidade é a que descumpre deveres jurídicos estatuídos nas regras e princípios formadores do ordenamento, considerando-se os desígnios da ordem jurídica como um todo. Referida conduta deve ter como pressuposto invadir a esfera jurídica do sujeito passivo, causando efeitos danosos.

25. Com exceção do que ocorre nos ilícitos atípicos, somente a conduta comissiva permite a licitude como deflagradora do dano tributário indevido. Para os atos omissivos, o dano só aparece quando houver o descumprimento do dever de agir prescrito na norma.

26. Ilícitos atípicos são condutas qualificadas como lícitas no campo da análise semântica, que mudam seu estado a partir de uma análise pragmática, ou seja, se considerado todo o ordenamento jurídico. Entre suas espécies está o abuso do direito, verificado pelo uso inapropriado das permissões que a titularidade de um direito subjetivo confere, materializado na conduta que extrapola o resultado proposto com a descrição hipotética da norma. A qualificação do que é abusivo é extraída pela ponderação entre o exercício da conduta de alguém conforme permitida na norma e as garantias dadas pelo ordenamento a outrem.

27. Quando o abuso de direito tiver como efeito lesão anormal na esfera jurídica do sujeito passivo, o dano decorrente poderá desencadear a norma de responsabilidade do Estado, trazendo a consequência normativa que todo e qualquer outro dano antijurídico.

28. Nos atos discricionários, o Estado está autorizado a decidir sobre os critérios de conveniência e oportunidade faltantes no descritivo da norma, mediante a escolha entre diversas alternativas igualmente válidas perante o ordenamento. Como a norma não confere tipos fechados para a atuação do Estado, a conduta realizada nos termos da referida liberdade resultará em atos lícitos. Mas, a exorbitância do poder discricionário configurará abuso de poder que, se trouxer dano injusto ao sujeito passivo, poderá trazer a incidência da norma de responsabilidade imputada ao Estado. Nesse sentido, pode advir responsabilidade do Estado pelos atos discricionários causadores de dano injusto, praticados com abuso do poder.

29. A conduta do Estado originária do dano indevido, prescrita na proposição-tese da endonorma, traz como

consequência a imputação da responsabilidade ao Estado. Já a relação jurídica prescrita na proposição-tese da perinorma de responsabilidade tem como efeito jurídico a obrigação de reparação da lesão indevida, imputada ao causador direto do dano (Estado).

30. Além da obrigação de o Estado reparar o prejuízo perpetrado na esfera jurídica do contribuinte, como resultado da responsabilidade, o Estado ainda tem o dever de invalidar o ato originário da lesão, eis que resultante de ato incompatível com a ordem jurídica. Assim, a norma de responsabilidade do Estado por ato tributário prediz como efeitos a reparação do dano e a invalidação do ato contrário ao ordenamento.

31. O fato danoso tributário apto a integrar a proposição antecedente da perinorma de responsabildade será o que ocorre quando o resultado da conduta do Estado transborda os limites ditados pela ordem jurídica no cumprimento da obrigação tributária. Assim, sempre que a atuação do Estado resultar na violação de direitos do sujeito passivo protegidos, estar-se-á perante um eventual dano passível de indenização. Nesse sentido, a causa de imputação de responsabilidade do Estado por atos de conteúdo tributário é o dano injustamente suportado pelo sujeito passivo da obrigação tributária, seja ele decorrente de atividade lícita ou ilícita praticada pelo Estado.

32. É irrelevante saber se a conduta do Estado foi, ou não, contrária à ordem jurídica. Isto é, se foi lícita ou ilícita. O que importa é saber se a consequência do comportamento do agente ocasionou dano ilegítimo na esfera jurídica de outrem – entendendo-se como dano ilegítimo aquele que o ofendido não tem a dever jurídico de suportá-lo. Assim, para a aplicação da norma de responsabilidade tributária do Estado, interessa a materialidade do fato danoso, apto a integrar o antecedente da perinorma. Sendo desnecessário auferir a licitude ou ilicitude do comportamento estatal.

33. Todos os poderes e entes da federação exercem atividades administrativas, ou seja, realizam o complexo de

atribuições, competência ou encargos, com vistas a dar operatividade ao Estado. Referidas atividades podem ter como resultado eventual lesão necessária para desencadear a norma de responsabilidade tributária do Estado, aplicando-se, assim, o princípio comum da responsabilidade do Estado, pois referido caso enquadrar-se-á nas diretrizes gerais do problema.

34. Em regra, somente com a aplicação da norma individual e concreta é que teremos a identificação da conduta originária do dano, já que a norma geral e abstrata não tem o condão de trazer resultados comportamentais materialmente identificáveis. Porém, mesmo diante de uma norma geral e abstrata, havendo a materialização do dano indevido deverá ser a obrigação de o Estado reparar a lesão, eis que referido dever estatal independe de sua conduta originária do dano. Nesse caso, aplica-se a teoria da responsabilidade civil objetiva agravada, em que o sujeito obrigado a reparar a lesão injusta é o que realiza atividade ameaçadora conexa ao dano, ou seja, é o sujeito que coloca em risco os direitos dos indivíduos lesados.

35. A norma de responsabilidade pode incidir quando o Estado descumpre seu dever de legislar sobre determinada outorga de direito já concedida, pois a lesão na esfera jurídica dos indivíduos restará configurada na redução dos direitos garantidos aos mesmos.

36. A atividade jurisdicional pode dar azo à norma de responsabilidade tributária do Estado na medida em que tiver como resultado dano injusto, devendo o pedido se dirigir ao Estado (que detém o monopólio da prestação jurisdicional), e não ao juiz (que é apenas um agente que obra em nome do Estado).

37. O ordenamento jurídico segue como princípio a responsabilidade objetiva do Estado, cuja incidência da norma independe da verificação de dolo ou culpa da conduta de seus agentes. Ainda, adota a teoria do risco administrativo, em que é condição para o Estado figurar como sujeito obrigado ao pagamento da reparação do dano, que referido dano seja

originário de ação ou omissão estatal, isto é, que exista nexo causal (relação de causa e efeito) entre o comportamento do Estado e a lesão ao particular. Nesse contexto, não havendo o liame jurídico necessário para imputação do dano ao seu causador, não haverá incidência da norma de responsabilidade para esse sujeito.

38. O nexo causal tem a função de identificar o sujeito responsável pelo fato danoso, atribuindo ao autor da conduta a condição de sujeito obrigado a reparar a lesão adjacente. Sendo que nas condutas negativas, que não implicam alteração direta no mundo dos fatos, se a abstenção foi determinante para a ocorrência do resultado que causou o prejuízo ao sujeito passivo, o nexo causal estará presente.

39. As excludentes de responsabilidade abonam a lesão injusta imputável ao Estado, ou seja, apresentam dados que retiram do dano o caráter de injusto. Como causas clássicas verificamos a força maior, o caso fortuito, o fato exclusivo da vítima e o fato de terceiro. Referidas hipóteses de excludentes de responsabilidade são fatos que, ao justificarem a ausência de conduta do Estado apta para a ocorrência do fato danoso tributário, afastam a condição de indevido a eventual dano e, consequentemente, elidem a incidência da norma.

40. Os princípios da prevenção, da precaução, da solidariedade e da igualdade amparam a operatividade do instituto da responsabildade tributária do Estado. O primeiro princípio busca evitar o prejuízo que possivelmente aconteceria se a causalidade entre a conduta estatal e o dano não fosse interrompida. Já o segundo princípio informa que o Estado tem o dever de evitar eventos que se supõem danosos aos particulares, não permitindo o estabelecimento de nexo de causalidade com atividades estatais interventivas. O terceiro princípio, da solidariedade, afirma que deve haver uma distribuição equitativa entre toda a sociedade dos encargos suportados individualmente por alguém, sacrificado em prol da atuação estatal realizada para o interesse da coletividade. Por último, o princípio da igualdade estabelece os parâmetros pelos quais será

cumprida a repartição dos encargos públicos entre os administrados, obedecendo-se às condições de igualdade de tratamento dadas aos indivíduos.

41. O estabelecimento da teoria objetiva para reger a responsabilidade do Estado implica a facilitação do acesso das vítimas ao Judiciário, e, consequentemente, na reparação integral dos danos sofridos. Com referida simplificação da tutela, em dispensar a demonstração da culpa ou dolo do agente, os processos tornam-se muito mais céleres e menos custosos.

42. Além de facilitar o acesso ao Judiciário, a responsabilidade, sob seu fundamento objetivo, tem papel preventivo quanto à conduta do Estado em causar lesões injustas, pois promove a adoção de medidas acauteladoras em relação à ocorrência de danos indevidos.

43. A construção da norma de responsabilidade do Estado em matéria tributária, mediante linguagem competente, pode ser realizada no âmbito do Poder Administrativo ou do Poder Judiciário, a depender de qual foi o órgão instigado pelo sujeito passivo a emitir o comando. Se no âmbito administrativo, o ato decisório do Estado estará sujeito à revisão pelo controle jurisdicional. Mas, se perante o Poder Judiciário, a emissão da norma se dará pelo Estado-Juiz, que emite o comando final de forma coercitiva.

44. Reparação é gênero do qual são espécies a recomposição e o ressarcimento. A recomposição é a reparação devida em razão da privação legalmente habilitada pelo direito. Já o ressarcimento é a reparação devida por um dano não autorizado pelo ordenamento jurídico. O produto do ressarcimento é a indenização.

45. A indenização devida pelo Estado, em decorrência da aplicação da norma de responsabilidade tributária, tem por escopo compensar a vítima pelos prejuízos suportados e reprimir os comportamentos estatais lesivos. Nesse sentido, a reparação patrimonial deve passar pela entrega de uma compensação pecuniária equitativa ao prejuízo, ou seja, na exata

extensão da lesão indevidamente suportada, a fim de restituir as coisas em seu estado originário e eliminar as consequências danosas. Somado a isso, a reparação extrapatrimonial deve ser aplicada prudentemente pelo arbítrio do juiz, mediante os princípios da equidade, da razoabilidade e da proporcionalidade.

46. Embora signifique diminuição do patrimônio do contribuinte, o pagamento indevido de tributo não é dano, é causa do dano. Assim, o dano descrito na proposição fática da perinorma de responsabilidade é a consequência do pagamento indevido. Com o dano proveniente do referido pagamento indevido, poderá haver a incidência da norma de responsabilidade tributária do Estado, que não se confunde com a norma atinente à devolução do indébito tributário. Aquela é norma cuja hipótese fática descreve um dano indevido, já esta é norma cujo suporte fático descreve o pagamento indevido de tributo.

47. Para aplicação da norma de responsabilidade do Estado em matéria tributária, inicialmente deve-se ter a materialidade da conduta do Estado causadora do dano indevido contida na proposição-tese da endonorma. Após, passa-se pela constituição em linguagem da existência do próprio dano, ou seja, do fato violador de direitos do sujeito passivo. Diante desses elementos, será necessário estabelecer o vínculo de causa e efeito existente entre ambos os fatos, para fins de imputação. Aqui, o ônus da prova segue a prescrição geral contida no art. 373 do Código de Processo Civil, devendo o sujeito passivo realizar a prova quanto ao fato constitutivo de seu próprio direto, e ao Estado no que diz respeito à existência de fato impeditivo, modificativo ou extintivo desse direito. Mas, referido ônus da prova pode ser redistribuído pelo juiz, em despacho fundamentado, caso entenda existir dificuldade excessiva para determinada parte, e verifique maior facilidade para a parte adversa.

48. O direito ao exercício de ação contra a Fazenda, conforme estabelecido pelo art. 1° do Decreto 20.910/1932, prescreve em cinco anos a contar da data do ato ou fato do qual se

originaram. Com efeito, referido prazo tem início na data em que o sujeito passivo tem ciência inequívoca que o dano suportado não é legitimado pelo ordenamento jurídico, e não da data em que ocorre o dano em si, eis que só pode prescrever o direito que já é exigível, com o que o termo inicial da prescrição deve coincidir com a data em que o contribuinte tem conhecimento da materialização, em linguagem competente, do fato descrito no antecedente normativo da perinorma de responsabilidade.

49. A aplicabilidade do instituto da responsabilidade corresponde a uma maturidade na concepção das relações jurídicas tributárias violadoras do direito do sujeito passivo quando do implemento da obrigação tributária, já que representa eficácia do discurso dos direitos fundamentais em matéria tributária.

50. É impossível reparar o irreparável, ou voltar atrás quando irreversível, então deve-se impedir e prevenir para que os danos não se produzam, atribuindo responsabilidade ao causador da lesão. Nesse contexto, as indenizações decorrentes da incidência da norma de responsabilidade do Estado precisam ser efetivas, a fim de que o caráter pedagógico destas seja cumprido.

REFERÊNCIAS

ABBAGNANO, Nicola. *Dicionário de filosofia*. 5. ed. São Paulo: Martins Fontes, 2007.

AGÜERO, Antonia Agulló; PARDO, Maria Luisa Esteve; PÉREZ, Ana Belén Macho. Responsabilidad patrimonial dês Estado legislador por inconstitucionalidad de leyes tributarias. Sentencias del Tribunal Supremo de 13/7/2004 (RJ 2004, 6969) y 2/7/2004 (RJ 2004, 4330). *Revista Española de Derecho Financiero*, n.° 125. Civitas, 2005.

AHUMADA RUIZ, María de los Ángeles. Responsabilidad patrimonial del Estado por las leyes inconstitucionales (o el derecho a no ser perjudicado por una ley inconstitucional). *Revista española de derecho constitucional*, mayo-agosto 2001, (62).

ALCÂNTARA, Maria Emilia Mendes. *Responsabilidade do Estado por atos legislativos e jurisdicionais*. São Paulo: RT, 1988.

ALESSI, Renato. *L'illecito e la responsabilità civile degli enti pubblici*. 2. ed. Milano: Dott. A. Giuffrè Editore, 1972.

ALEXY, Robert. *Constitucionalismo discursivo*. Tradução Luís Afonso Heck. Porto Alegre: Livraria do Advogado, 2007.

_____. *El concepto y la validez del derecho*. Barcelona: Gedisa, 2004.

_____. *Teoria dos direitos fundamentais.* Tradução Virgílio Afonso da Silva. São Paulo: Malheiros, 2008.

ALMEIDA, Daniel Freire; CATARINO. João Ricardo; GOMES, Fábio Luiz (Org.). *Garantias dos contribuintes no sistema tributário.* São Paulo: Saraiva, 2013.

ALONSO García, María Consuelo. La responsabilidad patrimonial del Estado legislador, en *La responsabilidad patrimonial de la administración pública.* Valencia: Tirant lo Blanc, 2009.

_____. *La responsabilidad patrimonial del Estado legislador.* Marcial Pons: Madrid, 1999.

_____; Leiva-Ramírez, Eric, La responsabilidad del Estado por el hecho del legislador, *Revista Estudios Socio-Jurídicos,* 2011, *13,* (2), pp. 77-106.

ALVIM, Agostinho. *Da inexecução das obrigações e suas consequências.* 3. ed. São Paulo: Ed. Jurídica e Universitária, 1965

AMARO. Luciano. *Direito tributário brasileiro.* 15. ed. São Paulo: Saraiva, 2009.

AMATI, Nicola D'. Il diritto tributario. In AMATUCCI, ANDREA (Dir.) *Trattato di diritto tributario.* Padova: Cedam, 1994. v. 1, t. 1.

AMORIM, Filipo Bruno Silva. Código Civil de 2002: responsabilidade subjetiva ou objetiva? *Revista Jus Navigandi,* Teresina, ano 17, n. 3397, 19 out. 2012. Disponível em: https://bit.ly/2JW07MG. Acesso em: 03 jun. 2019.

ANDREAZZA, Gabriela Lucena. Responsabilidade civil do Estado pela concomitância entre processo administrativo e processo penal por crime contra a ordem tributária. *Jus Navigandi,* Teresina, ano 17, n. 3387, 9 out. 2012. Disponível em: http://jus.com.br/revista/texto/22766. Acesso em: 03 jun. 2019.

ARAGÃO, Alexandre Santos de. *Curso de direito administrativo*. 2. ed. Rio de Janeiro: Forense, 2013.

_____. *Direito dos serviços públicos*. 2. ed. Rio de janeiro: Forense, 2008.

ARAUJO, Clarice von Oertzen de. *Semiótica do direito*. São Paulo: Editora Quartier Latin, 2005.

ARMOND, Roberto. Cobrança indevida de tributos versus responsabilidade do Estado. *Boletim Jurídico,* Uberaba/MG, a. 2, no 92. Disponível em: https://bit.ly/2Z6x0d0 Acesso em: 03 jun. 2019.

ASCENSÃO, José de Oliveira. A teoria finalista e o ilícito civil. *RFDUL,* v. 27, 1986.

ATALIBA, Geraldo. Direito Material Tributário. Relação Tributária e Hipótese de Incidência. In: ATALIBA, Geraldo (Coord.). *Elementos de direito tributário.* São Paulo: RT, 1978.

ATIENZA, Manuel; MANERO, Juan Ruiz. *Ilícitos atípicos:* sobre o abuso de direito, fraude à lei e desvio de poder. São Paulo: Marcial Pons, 2014.

ÁVILA, Humberto. *Sistema constitucional tributário.* 4. ed. São Paulo: Saraiva, 2010.

_____. *Teoria da igualdade tributária.* 2. ed. São Paulo: Malheiros, 2009.

_____. *Teoria da segurança jurídica.* 3. ed. São Paulo: Malheiros, 2014.

_____. *Teoria dos princípios:* da definição à aplicação dos princípios jurídicos. 5. ed. São Paulo: Malheiros, 2006.

BACELLAR FILHO. Romeu Felipe. *Direito administrativo e o novo Código Civil.* Belo Horizonte: Fórum, 2007.

BALEEIRO, Aliomar. *Direito tributário brasileiro.* 11. ed. Edição atualizada por Mizabel Derzi. Rio de Janeiro: Forense, 1999.

_____. *Limitações constitucionais ao poder de tributar.* 7. ed. Rio de Janeiro: Forense, 1999.

BAPTISTA, Silvio Neves. *Teoria geral do dano:* de acordo como novo Código Civil brasileiro. São Paulo: Atlas, 2003.

BARBOSA, Rui. *Oração aos Moços.* 5. ed. Rio de Janeiro: Casa Rui Barbosa, 1999. Disponível em: https://bit.ly/2KpByXR. Acesso em: 03 jun. 2019.

BAZHUNI, Marco Antônio. *Da responsabilidade civil do Estado em decorrência de sua atividade administrativa.* 2. ed. Rio de Janeiro: Lumen Juris, 1998.

BECHO, Renato Lopes. *Filosofia do direito tributário.* São Paulo: Saraiva, 2009.

BECKER, Alfredo Augusto. *Carnaval tributário.* São Paulo: Saraiva, 1989.

_____. *Teoria geral do direito tributário.* 5. ed. São Paulo: Noeses, 2010.

BECKER, Josiane. Imunidade Tributária afeta às empresas da administração indireta prestadoras do serviço de Saneamento Básico. In: BALERA, Wagner (Org.). *Direito e Justiça.* Número II. Efetividade do Direito. Curitiba: Juruá, 2016.
_____. Princípio da segurança jurídica e tributação. Disponível em: https://bit.ly/2ETBWdA Acesso em: 03 jun. 2019.

BERTI, Giorgio. *Lá responsabilità pubblica.* Milano, 1994.

BINENBOJM, Gustavo. *A constitucionalização do direito administrativo no Brasil:* um inventário de avanços e retrocessos. Disponível em: http://www.direitodoestado.com/revista / RERE-13-MAR%C7O-2007-GUSTAVO-BINENBOJM.PDF Acesso em: 10 set. 2016.

BIRK. Dieter. Poteri di controllo, accertamento dell'imposta e discrezionalità dell'amministrazione. In: DI PIETRO, Adriano (Org.) *Láccertamento tributario nella comunità europea*: l'esperienza della Repubblica Federale Tedesca. Milano: Guiffrè, 1997.

BITTAR, Eduardo Carlos Bianca; ALMEIDA, Guilherme Assis de. *Curso de filosofia do direito*. 4. ed. São Paulo: Atlas, 2006.

BITTAR, Eduardo Carlos Bianca. *Linguagem jurídica:* semiótica, discurso e direito. 6. ed. São Paulo: Saraiva, 2015.

BLASCO ESTEVE, A Avelino. *La responsabilidad de la administracion por actos administrativos*. 2. ed. Madrid: Civitas, 1985.

BOBBIO, Norberto. *Da estrutura à função:* novos estudos de teoria do direito. São Paulo: Manole, 2007.

_____. *O positivismo jurídico:* lições de filosofia do Direito. São Paulo: Ícone, 1995.

_____. *Teoria da norma jurídica*. Bauru, SP: Edipro, 2005.

_____. *Teoria do ordenamento jurídico*. 10. ed. Brasília: UNB. 2006.

_____. *Teoria geral do direito*. São Paulo: Martins Fontes, 2007.

BONAVIDES, Paulo. *Curso de direito constitucional*. 4. ed. São Paulo: Malheiros, 1993.

BOTERO ARISTIZÁBAL, Luis Felipe. *Responsabilidad patrimonial del legislador*. Bogotá: Legis Editores, 2007.

BRAGA NETTO, Felipe Peixoto. *Manual da responsabilidade civil do Estado*. 3. ed. Salvador: Jus Podivm, 2015.

BRANCO, Paulo Gonet; CORREIA NETO, Celso de Barros; MEIRA, Liziane Angelotti (Coord.). *Tributação e direitos fundamentais*. São Paulo: Saraiva, 2012.

BRUNINI, Weida Zancaner. *Responsabilidade extracontratual da administração pública*. São Paulo: Revista dos Tribunais, 1981.

CAETANO, Marcello. Responsabilidade da Administração Pública. O direito, *Revista de Ciências Jurídicas e de Administração Pública*, ano 95. 1963.

CAHALI, Yussef Said. *Responsabilidade civil do Estado*. 5. ed. São Paulo: Editora Revista dos Tribunais, 2014.

CANDIOTTO, Cesar; BASTOS, Cleverson Leite; CANDIOTTO, Kleber B.B. *Fundamentos da pesquisa científica*. Petrópolis: Editora Vozes, 2011.

CANOTILHO, José Joaquim Gomes. *O problema da responsabilidade do Estado por actos lícitos*. Coimbra: Almedina, 1974.

CAPPELARI, Récio Eduardo. Reflexões sobre o dano injusto: a concretização da ideia de justiça. *Revista Justiça do Direito*, v. 24, n.1 (2010). Disponivel em: https://bit.ly/2MtuuMc Acesso em: 04 jun. 2019.

CARNELUTTI, Francesco. *Teoría general del derecho*. Tradução F. X. Osset. Madrid: 1995.

CARRASCO PARRILLA, Pedro José. *Consecuencias del retraso en el pago de las deudas tributarias*. Cuenca: Servicio de Publicaciones de la Universidad de Castilla-La Mancha, 2000.

CARRAZZA, Roque Antonio. *Curso de direito constitucional tributário*. 21. ed. São Paulo: Malheiros, 2005.

CARVALHO, Aurora Tomazini de. *Curso de teoria geral do direito:* o constructivismo lógico-semântico. São Paulo: Noeses, 2009.

_____. Aurora Tomazini de. *Curso de teoria geral do direito:* o constructivismo lógico-semântico. 4. ed. São Paulo: Noeses, 2014.

CARVALHO, Cristiano. *Teoria da decisão tributária*. São Paulo: Saraiva, 2013.

CARVALHO, Paulo de Barros. *Curso de direito tributário*. 12. ed. São Paulo: Saraiva, 1999.

_____. *Curso de direito tributário*. 17. ed. São Paulo: Saraiva, 2005.

_____. *Direito tributário*. Fundamentos Jurídicos da Incidência. 4. ed. São Paulo: Saraiva, 2006.

_____. *Direito tributário, linguagem e método*. 2. ed. São Paulo: Noeses, 2008; 5ª ed., 2013.

_____. *Estatuto do contribuinte, direitos, garantias individuais em matéria tributária e limitações constitucionais nas relações entre fisco e contribuinte*. São Paulo: Vox Legis, v. 141, 1978.

_____. *Para uma teoria da Norma jurídica*. Da teoria da norma à regra-matriz de incidência tributária. Disponível em: http//www.ibet.com.br/para-uma-teoria-da-norma-a-regra-matriz-de-incidencia-tributaria-por-paulo-de-barros-carvalho/, p. 1. Acesso em: 20 jun. 2015.

_____. *Teoria da norma tributária*. 2. ed. São Paulo: Max Limonad, 2002.

CASTILLA, Gustavo Ordoqui. Obligacion de compensar daños causados por conductas licitas. *Revista dos Tribunais*, São Paulo, v. 726, p. 11-23, abr. 1996.

CATARINO, João Ricardo. *Condenação do Estado por má-fé*. Sua admissibilidade face aos princípios gerais. CTF, n. 408, out./dez. 2002.

_____. Consentimento e garantias dos contribuintes: da crise à necessidade de (re)afirmação. In: ALMEIDA, Daniel Freire; GOMES, Fábio Luiz; CATARINO, João Ricardo (Org.). *Garantias dos contribuintes no sistema tributário*. São Paulo: Saraiva, 2013.

CATARINO, Luís Guilherme. *A Responsabilidade do Estado pela administração da justiça: o erro judiciário e o anormal funcionamento*. Coimbra: Almedina, 1999.

CAVALCANTI, Amaro. *Responsabilidade civil do Estado*. Vol. I e II. Rio de Janeiro: Borsoi, 1956.

CAVALCANTI, Themistocles Brandão. *Tratado de direito administrativo*. Vol. I e VI. 2. ed. São Paulo: Freitas Bastos, 1951.

CAVALIERI FILHO, Sérgio. *Programa de responsabilidade civil*. 3. ed. São Paulo: Malheiros, 2002.

CHECA GONZÁLEZ, Clemente. *La responsabilidad patrimonial de la administración pública con fundamento en la declaración de inconstitucionalidad de una ley, Ius et Praxis*, Universidad de Talca, Facultad de Ciencias Jurídicas y Sociales, Talca (Chile), 2004, *10*, (1).

CLEMENTE, Joan Francesc Pont I. Daños y perjuicios producidos por la actuación de la Administración tributaria. Garantía del contribuyente y responsabilidad patrimonial del Estado. In MESTRES, Magin Pont et al. *El contribuyente ante las anomalías en la actividad de la Administración tributaria*. Pamplona: Aranzadi, 1994.

COELHO, Fábio Ulhoa. *Para entender Kelsen*. 6. ed. São Paulo: Saraiva, 2013.

COELHO, Sacha Calmon Navarro. *Comentários à Constituição de 1988*. Sistema tributário. 8. ed. Rio de Janeiro: Forense, 1999.

_____. *Curso de direito tributário brasileiro*. Rio de Janeiro: Forense, 2004.

_____. *Teoria geral do tributo, da interpretação e da exoneração tributária*. 3. ed. São Paulo: Dialética, 2003. 286 p.

CONCHEIRO DEL RÍO, Jaime. *Responsabilidad Patrimonial del Estado por la declaración de inconstitucionalidad de las leyes*. Madrid: Editorial Dijusa.

CORREIA, Maria Lúcia Abrantes Amaral Pinto. *Responsabilidade do Estado e dever de indemnizar do legislador.* Coimbra: Coimbra Ed., 1998.

COSSIO, Carlos. *La teoría egológica del derecho y el concepto jurídico de libertad.* Buenos Aires: Abeledo-Perrot, 1964.

COSTA, Adriano Soares da. *Teoria da incidência da norma jurídica* – crítica ao realismo lingüístico de Paulo de Barros Carvalho. Belo Horizonte: Del Rey, 2003.

COSTA, Ramón Valdes. *Instituciones de derecho tributário*. 2. ed. Buenos Aires: Depalma, 2004.

COSTA, Regina Helena. Tributação e direitos fundamentais. In: PARISI, Fernanda Drummond; TORRES, Heleno Taveira; MELO, José Eduardo Soares de (Coord.). *Estudos de Direito Tributário em homenagem ao Professor Roque Antônio Carrazza*. Vol. 1. São Paulo: Malheiros, 2014.

CRETELLA JR., José. *O Estado e a obrigação de indenizar.* São Paulo: Saraiva, 1980.

_____. Responsabilidade do Estado por Atos Judiciais. *Revista de Direito Administrativo*. Rio de Janeiro: 99/13-32, jan./mar. 1970.

DALLARI, Dalmo de Abreu. *Elementos de teoria geral do Estado.* 16. ed. São Paulo: Saraiva, 1991.

DERZI, Misabel Abreu Machado. *Modificações da jurisprudência no direito tributário.* São Paulo: Noeses, 2009.

DI PIETRO, Maria Sylvia Zanella. *Direito administrativo.* 18. ed. São Paulo: Atlas, 2005.

_____. Responsabilidade do Estado por atos jurisdicionais. *Revista de Direito Administrativo*. 198:85-96. Rio de Janeiro: out./dez. 1994.

DIMOULIS, Dimitri; MARTINS, Leonardo. *Teoria geral dos direitos fundamentais*. 5. ed. São Paulo: Atlas, 2014.

ECHAVE, Delia Teresa; GUIBOURG, Ricardo A.; URQUIJO, María Eugenia. *Lógica, proposición y norma*. 7. reimp. Buenos Aires: Astrea, 2008.

ECO, Umberto. *Como se faz uma tese*. 25. ed. São Paulo: Perspectiva, 2014.

ENTERRÍA, Eduardo García de. *Democracia, jueces y control de la administración. una nota sobre el interés general como concepto jurídico indeterminado*. 1. ed. España: Thomson. Civitas, 2000.

_____. *La responsabilidad patrimonial del Estado legislador.* Editorial Arazandí, Thomson-Civitas, Madrid, 2005.

ESCOLA, Héctor Jorge. *El interés público como fundamento del derecho administrativo*. Buenos Aires: Depalma, 1989.

FACHIN, Zulmar. *Responsabilidade patrimonial do estado por ato jurisdicional*. Rio de Janeiro: Renovar, 2001.

FAVEIRO, Vitor António Duarte. Garantias jurídicas do contribuinte. BDGCI, Nova série, Lisboa, n. 2, 3, 4, 1° semestre de 1959.

FERNÁNDEZ. Juan Ignacio Moreno. *La responsabilidad patrimonial del Estado-legislador en materia tributaria y vías para reclamarla*. Pamplona: Thomson Reuters, 2009.

FERRAGUT, Maria Rita. *Presunções no direito tributário*. 2. ed. São Paulo: Quartier Latin, 2005.

_____; NEDER, Marcos Vinicius; SANTI, Eurico Marcos Diniz de (Coord.). *A prova no processo tributário*. São Paulo: Dialética, 2010.

FERRAZ JR, Tercio Sampaio. *Teoria da norma jurídica*. 4. ed. Rio de Janeiro: Forense, 2000.

FIGUEIREDO, Lúcia Valle. *Curso de direito administrativo*. 9. ed. São Paulo: Malheiros, 2008.

FLUSSER, Vilém. *Língua e realidade*. São Paulo: Annablume, 2004.

FRANÇA, Reginaldo de. *Fiscalização tributária:* Prerrogativas e Limites. 2. ed. Curitiba: Juruá, 2012.

FRANÇA, Vladimir da Rocha. *Estrutura e motivação do ato administrativo*. São Paulo: Malheiros, 2007.

FREITAS, Juarez de. *Direito fundamental à boa administração pública*. 3. ed. São Paulo: Malheiros, 2014.

_____. Responsabilidade civil do Estado e o princípio da proporcionalidade: vedação de excesso e de inoperância. In: FREITAS, Juarez de (Coord.). *Responsabilidade civil do Estado*. São Paulo: Malheiros, 2006. p. 170-197.

FRIEDE, Reis. *Ciência do direito, norma, interpretação, hermeneutica jurídica*. 9. ed. Barueri: Manole, 2015.

GALLO, Franco. La discrezionalità nel diritto tributario. In: AMATUCCI, Andrea (Dir.). *Trattato di diritto tributario*. Padova: Cedam, 2001.

GAMA, Tácio Lacerda. *Competência tributária:* fundamentos para uma teoria da nulidade. São Paulo: Noeses, 2009.

GARCIA NOVOA, César. *La devolución de ingressos tributarios indebidos*. Madrid: Instituto de Estudios Fiscales – Marcial Pons, 1993.

GAROUPA, Nuno. Combinar a economia e o direito: A Análise Econômica do Direito. *Revista de Ciências Jurídicas e Econômicas*, Campo Grande, v. 1, n. 1. 2009. Disponível em: https://bit.ly/2Kq1Glgw/11/12. Acesso em: 03 jun. 2019.

GODOI, Márcio Seabra de. *Justiça, igualdade e direito tributário*. São Paulo: Dialética, 1999.

GOMES, Nuno Sá. *Estudos sobre a segurança jurídica na tributação e as garantias dos contribuintes*. Lisboa: CCTF, 1993.

GONZÁLES, Clemente Checa. La responsadilidad patrimonial de la Administración tributaria (y II). *Impuestos* n.° 18, 2005.

GORDILLO, Agustín. *Tratado de derecho administrativo*. 5. ed. Belo Horizonte: Del Rey e Fundación de Derecho administrativo, 2003. Tomo 1, 2, 3, e 4.

GUERRA, Emanuel José Matias. Responsabilidade civil do Estado por erros judiciais. *Jus Navigandi*, Teresina, ano 17, n. 3400, 22 out. 2012. Disponível em: https://bit.ly/2ERlxpV Acesso em: 03 jun. 2019.

GUIBOURG, Ricardo A. *El fenómeno normativo*. Buenos Aires: Astrea, 1987.

GUIMARÃES, Vasco Branco. *A responsabilidade civil da administração fiscal emergente da obrigação de imposto*. Belo Horizonte: Fórum, 2007.

HARET, Florence. *Teoria e prática das presunções no direito tributário*. São Paulo: Noeses, 2010.

HART, Herbert Lionel Adolphus. *Das fontes às normas*. Trad. Edson Bini. São Paulo: Quartier Latin, 2005.

_____. *O conceito de direito*. Pós-escrito organizado por Penelope A. Bulloch e Joseph Raz; tradução de Antônio de Oliveira Sette-Câmara; revisão da tradução Marcelo Brandão Copolla;

revisão técnica Luiz Vergílio Dalla-Rosa. São Paulo: Martins Fontes, 2009.

HERNÁNDEZ MARÍN, Rafael. *Introducción a la teoría de la norma jurídica.* Madrid: Marcial Pons, 1998.

HUCHA CELADOR, Fernando de la. Reflexiones para una redefinición dogmática de la responsabilidad en Derecho tributario. Civitas, *Revista española de Derecho Financiero, 94, abr./jun. 1997.*

ISIDORO, Ursolino dos Santos. *O contribuinte brasileiro:* vítima do fisco. São Paulo: Ícone, 1999.

JANCZESKI, Célio Armando. Dano Moral pela Exigência Indevida de Tributo. *Revista Dialética de Direito Tributário* n.º 52, São Paulo: Dialética, jan. 2000, p. 55-59.

JARACH, Dino. *El hecho imponible:* teoría general del derecho tributario substantivo. 3.ed. Buenos Aires, Abeledo-Perrot, 1982.

_____. *O fato imponível:* teoria geral do direito tributário substantivo. Trad. Dejalma de Campos. São Paulo, RT, 1989.

KELSEN, Hans. *A ilusão da justiça.* 4. ed. São Paulo: Martins Fontes, 2008.

_____. *A justiça e o direito natural.* Coimbra: Arménio Amado, 1963.

_____. *Esencia y valor de la democrácia.* Trad. 2. ed. Alemana. Barcelona – Buenos Aires: Editorial Labor, 1934.

_____. *O problema da justiça.* 3. ed. São Paulo: Martins Fontes, 1998.

_____. *Teoria geral das normas.* Porto Alegre: Fabris Editor, 1986.

_____. *Teoria geral do direito e do Estado.* 3. ed. São Paulo: Martins Fontes, 2000.

_____. *Teoria pura do direito*. 8. ed. São Paulo: Martins Fontes, 2009.

KISZKA, Iraci de Oliveira. Responsabilidade civil do Estado por atos legislativos municipais no âmbito tributário. *Revista Científica Semana Acadêmica*. Fortaleza, ano MMXIV, Nº. 000064, 01/12/2014. Disponível em: http://semanaacademica.org.br/artigo/responsabilidade-civil-do-estado-por-atos-legislativos-municipais-no-ambito-tributario Acesso em: 30 set. 2015.

LAPATZA, José Juan Ferreiro. *Direito tributário:* teoria geral do tributo. São Paulo: Manole, 2007.

LAURENTIIS, Thais de. *Restituição do tributo inconstitucional*. São Paulo: Noeses, 2015.

LEITÃO, Alexandra Ludomila Ribeiro Fernandes. *O enriquecimento sem causa da administração pública*. Lisboa, 1998.

LEITE, Eduardo de Oliveira. *Monografia jurídica*. 9. ed. São Paulo: Editora Revista dos Tribunais, 2011.

LIMA, Hermes. *Introdução à ciência do direito*. 13. ed. Rio de Janeiro: Freitas Bastos, 1964.

LIMA, Manoel Pedro Ribas de. *Antinomos*. Da Modulação da Estrutura da Norma Frente aos Relacionamentos Intersubjetivos. Curitiba: Juruá, 2016.

LIMA, Sávio Carmona de. A responsabilidade civil do Estado em razão dos danos decorrentes das sanções políticas inconstitucionais. São Paulo: *Repertório IOB de Jurisprudência*, 2006.

LINS, Robson Maia. *Controle de constitucionalidade da norma tributária:* decadência e prescrição. São Paulo: Quartier Latin, 2005.

LOBÃO, Marcelo Meireles. *Responsabilidade do Estado pela desconstituição de contratos administrativos en razão de vícios de nulidade*. São Paulo: Malheiros, 2008.

LÓPES, Rafael Muñoz. *La responsabilidad patrimonial de la autoridad fiscal em México*. México: Academia de Estudios Fiscales, Themis, 2008.

LOPEZ, Teresa Ancona. *Princípio da precaução e evolução da responsabilidade civil*. São Paulo: Quartier Latin, 2010.

MACEI, Demetrius Nichele. *A verdade material no direito tributário:* a cidadania fiscal administrativa e judicial. São Paulo: Malheiros, 2013.

MACHADO, Hugo de Brito. *Direitos fundamentais do contribuinte e a efetividade da jurisdição*. São Paulo: Atlas, 2009.

_____. Responsabilidade pessoal do agente público por danos ao contribuinte. *Revista Jus Navigandi*, Teresina, ano 7, n. 58, 1 ago. 2002. Disponível em: https://bit.ly/2Wd7MI3. Acesso em: 03 jun. 2019.

_____. Sanções Políticas como Meio Coercitivo na Cobrança de Tributo. Incompatibilidade com as Garantias Constitucionais do Contribuinte. In: *Revista Dialética de Direito Tributário*, São Paulo, n. 150, p. 85-101, mar. 2008.

MAURÍCIO, Ricardo; SOARES, Freire. *Elementos de teoria geral do direito*. São Paulo: Saraiva, 2013.

MEDAUAR, Odete. *O direito administrativo em evolução*. São Paulo: Revista dos Tribunais, 1992.

_____. *O direito administrativo moderno*. 14. ed. 2. tir. São Paulo: Revista dos Tribunais, 2010.

MEIRELLES, Hely Lopes. *Direito administrativo brasileiro*. 32. ed. São Paulo: Malheiros, 2006.

MELLO, Celso Antônio Bandeira de. *Curso de direito administrativo*. 23. ed. São Paulo: Malheiros, 2007.

_____. Celso Antônio Bandeira de. *Curso de direito administrativo*. 31. ed. São Paulo: Malheiros, 2014.

_____. *Discricionariedade e controle jurisdicional*. 2. ed. 6. tir. São Paulo: Malheiros, 2003.

_____. *Grandes temas de direito administrativo*.1. ed. 2. tir. São Paulo: Malheiros, 2009.

MENDONÇA, Diogo Naves. *Análise econômica da responsabilidade civil*. O dano e sua quantificação. São Paulo: Editora Atlas, 2012.

MESQUITA, Maria Margarida Cordeiro. *Direito de resistência e ordem fiscal* – reflexões sobre o art. 106°, n° 3, da Constituição da República Portuguesa. Coimbra, 1996. Separata ao v. 40 do Suplemento ao BFD.

MORTARI, Cezar A. *Introdução à lógica*. 4. reimp. São Paulo: Editora UNESP, 2001.

NABAIS, José Casalta. *O dever fundamental de pagar impostos*: contributo para a compreensão constitucional do estado fiscal contemporâneo. Coimbra: Almedina, 2004.

NOGUEIRA, Alberto. *A reconstrução dos direitos humanos da tributação*. Rio de Janeiro: Renovar, 1997.

OLIVEIRA, Felipe Faria de. *Direito tributário e direitos fundamentais*. Belo Horizonte: Arraes Editores, 2010.

OLIVEIRA, Regis Fernandes de. *Indagação sobre os limites da ação do Estado*. São Paulo: Editora Revista dos Tribunais, 2015.

ORGAZ. Alfredo. *El daño resarcible* (Actos Ilícitos). Buenos Aires: Bibliografica Argentina, 1952.

PASTOR, Juan Alfonso Santamaría. *La teoría dela responsabilidad del Estado legislador*. Disponível em: https://bit.ly/2EORCPe Acesso em: 3 jun. 2019.

PERELMAN, Chaïn. *Lógica jurídica*. São Paulo: Martins Fontes, 2000.

PIETRO, Maria Sylvia Zanella Di. *Direito administrativo*. 18. ed. São Paulo: Atlas, 2005.

_____. *Discricionariedade administrativa na Constituição de 1988*. 3. ed. São Paulo: Atlas, 2012.

PIÑEROS PERDOMO, Mauricio. La responsabilidad del Estado por la adopción de leyes tributarias inconstitucionales. In: GARCIA NOVOA, Cesar (Coord.); HOYOS JIMENEZ, Catalina (Coord.). *El tributo y su aplicación:* perspectativas para el siglo XXI (En homenage al L aniversario del instituto latinoamericano de derecho tributario): Tomo I. Buenos Aires: Marcial Pons, 2008.

PITTALUGA, Luis Fraga. Breves notas sobre la responsabilidad patrimonial de la Administración Tributaria. *Revista de derecho Tributario*, n.° 83, abril-mayo-junio. Caracas: Asociación Venezoelana de derecho tributário, 1999.

POSNER, Richard. *El análisis económico del derecho*. Trad. Eduardo L. Suárez. 4. ed. Cidade do México: Fondo de Cultura Económica, 1998.

QUEIROZ, Luís Cesar Souza de. *Responsabilidade tributária objetiva no direito tributário (e aduaneiro)?* Disponível em: https://bit.ly/2WlED2m . Acesso em: 3 jun. 2019.

QUEIROZ, Mary Elbe. O combate ao comportamento abusivo no direito tributário brasileiro. In: PARISI, Fernanda Drummond; TÔRRES, Heleno Taveira; MELO, José Eduardo Soares de; (Coord.). *Estudos de Direito Tributário em homenagem ao Professor Roque Antônio Carrazza*. Vol. 3. São Paulo: Malheiros, 2014.

QUEIROZ, Rafael Mafei Rabelo. *Monografia Jurídica*: passo a passo. Rio de Janeiro: Forense; São Paulo: Método, 2015.

REBOLLO PUIG, Manuel. *El enriquecimiento injusto de la administración pública*. Madrid: Marcial Pons, 1995.

ROSS, Alf. *Direito e justiça*. Trad. Edson Bini. 2. ed. São Paulo: EDIPRO, 2007. 432 p.

SANCHES. José Luís Saldanha. *A segurança jurídica no Estado Social de Direito, conceitos indeterminados, analogia e retroactividade no direito tributário*. Lisboa: CCTF, 1995.

_____. *Manual de direito fiscal*. Lisboa: Lex, 1998.

SARLET, Ingo Wolfgang. *A eficácia dos direitos fundamentais*. 2. Ed. Porto Alegre: Livraria do Advogado, 2001.

SCAFF, Fernando Facury. *Responsabilidade do Estado intervencionista*. São Paulo: Saraiva, 1990.

SERRANÒ, Maria Vittoria. Il diritto all'informazione e la tutela della buona fede nell'ordinamento tributario italiano. In: *Rivista di diritto tributario,* v. 11, feb. 2001.

SIERRA, María Teresa Mata. *La responsabilidad patrimonial de la administración tributária*. Valladolid: Lex Nova, 1997.

SILVA, José Afonso da. *Curso de direito constitucional positivo*. 16. ed. São Paulo: Malheiros, 1999.

SILVA, Wilson Melo da. *O dano moral e sua reparação*. 2. ed. Rio de Janeiro: Forense, 1969.

SOARES. Ricardo Maurício Freire. *Elementos da teoria geral do direito*. São Paulo: Saraiva, 2013.

SOUSA, Domingos Pereira. *As garantias dos contribuintes*. Lisboa: Universidade Lusíada, 1991.

SOUSA, Jorge Lopes de. Juros nas relações tributárias. In: CAMPOS, Diogo Leite de. *Problemas fundamentais do direito tributário*. Lisboa: Vislis Ed., 1999.

SOUZA, Carlos Eduardo Silva e. *O princípio neminem laedere e a prevenção dos danos ambientais*. Disponível em: https://bit.ly/2XnQpW9. Acesso em: 03 jun. 2019.

STERMAN, Sonia. *Responsabilidade do Estado*. 2. ed. São Paulo: Editora Revista dos Tribunais, 2011.

STOCO, Rui. *Tratado de responsabilidade civil:* doutrina e jurisprudência. 10. ed. São Paulo: Revista dos Tribunais, 2014.

SUAZO, Santiago Herrero. La responsabilidad patrimonial de la Administracion de la Hacienda Publica. In: *Derechos y garantias del contribuyente*. Madrid: Instituto de Estudios Fiscales, 1983.

SUNDFELD, Carlos Ari. *Fundamentos de direito público*. 5. ed. São Paulo: Malheiros, 2010.

TORRES, Ricardo Lobo. *Restituição de tributos*. Rio de Janeiro: Forense, 1983.

TOMÉ, Fabiana Del Padre. *A prova no direito tributário*. São Paulo: Noeses, 2005.

TROIANELLI, Gabriel Lacerda. *Responsabilidade do Estado por dano tributário*. São Paulo: Dialética, 2004.

TRUJILLO, Élcio. *Responsabilidade do Estado por ato lícito*. São Paulo: LED Editora de Direito, 1996.

USTÁRROZ, Daniel. *Responsabilidade civil por ato lícito*. São Paulo: Atlas, 2014. VASCONCELOS, Arnaldo. *Teoria da norma jurídica*. 6. ed. São Paulo: Malheiros, 2006.

_____. *Teoria geral do direito*. Teoria da norma jurídica. 3. ed. v. 1. São Paulo: Malheiros, 1993.

VENOSA, Silvio de Salvo. *Direito civil:* responsabilidade civil. 4. ed. São Paulo: Atlas, 2004.

VENTURI, Thaís Goveia Pascoaloto. *Responsabilidade civil preventiva*. A proteção contra a violação dos direitos e a tutela inibitória material. São Paulo: Malheiros, 2014.

VILANOVA, Lourival. *Causalidade e relação no direito*. 5. ed. São Paulo: Noeses, 2015.

_____. Proteção jurisdicional dos direitos numa sociedade em desenvolvimento. In: VILANOVA, Lourival. *Textos jurídicos e filosóficos*. v. 2. São Paulo: Axis Mundi: IBET, 2003.

_____. *Universo das formas lógicas e o direito*. Escritos jurídicos-filosóficos. vol. 1. São Paulo: IBET/Axis Mundi, 2003.

WITTGENSTEIN, Ludwig. *Tractatus logico-philosophicus*. São Paulo: Edusp, 1994.

XAVIER, Alberto Pinheiro. *Aspectos fundamentais do contencioso tributário*. Lisboa: CCTF, 1972.

_____. *Conceito e natureza do acto tributário*. Coimbra: Almedina, 1972.

XXV jornadas latinoamericanas de derecho tributario. Cartagena de Indias / Colombia. Tomo II. *Responsabilidad del Estado por actos de contenido tributario. Memorias*. Buenos Aires: Abeledo Perrot, 2010.

XXV jornadas latinoamericanas de derecho tributario. Cartagena de Indias / Colombia. Tomo III. *Responsabilidad del Estado por actos de contenido tributario. Memorias*. Buenos Aires: Abeledo Perrot, 2010.

ZANCANER, Weida. *Da responsabilidade extracontratual da administração pública*. São Paulo: Revista dos Tribunais, 1981.

ZOCKUN, Carolina Zancaner. Da Responsabilidade do Estado na omissão da Fiscalização Ambiental. In: FREITAS, Juarez de (Coord.). *Responsabilidade Civil do Estado*. São Paulo: Malheiros, 2006.

ZOCKUN, Maurício. *Responsabilidade patrimonial do Estado.* Matriz Constitucional, a responsabilidade do Estado por atos legislativos, a obrigatoriedade da prévia indenização e a responsabilidade pessoal do parlamentar. São Paulo: Malheiros, 2010.

Impressão e acabamento
psi7 | book7
psi7.com.br book7.com.br